Hans Georg Knapp
Logik der Prognose

Hans Georg Knapp

Logik der Prognose

Semantische Grundlegung technologischer
und sozialwissenschaftlicher Vorhersagen

Verlag Karl Alber Freiburg/München

Gefördert durch die Kulturreferate
der Steiermärkischen Landesregierung
und der Landeshauptstadt Graz

CIP-Kurztitelaufnahme der Deutschen Bibliothek

Knapp, Hans Georg
Logik der Prognose: semant. Grundlegung technolog. und sozialwissenschaftl. Vorhersagen. – 1. Aufl. – Freiburg [im Breisgau], München: Alber, 1978.
  (Alber-Broschur Philosophie)
  ISBN 3–495–47382–3

Alle Rechte vorbehalten – Printed in Germany
© Verlag Karl Alber GmbH Freiburg/München 1978
Satz und Druck: Presse-Druck Augsburg
ISBN 3–495–47382–3

Inhalt

Zur Zielsetzung und Problematik der Arbeit 7

I. Typische Beispiele 13

    1. Prognose als Ausdruck 13
    2. Prognose als Problem 21

II. Prognose und Erwartung 27

    1. Struktur des Prognoseausdrucks 28
        a. Die Beschreibung von Ereignissen 29
        b. Relevante Information 40
    2. Das semantische Modell 49
        a. Einführung der Symbole 50
        b. Konstruktion eines vorläufigen Modells 60
        c. Fortsetzung der Modellkonstruktion 64
            1) Erwartung und Notwendigkeit 65
            2) Erwartung und Unbestimmtheit 77
            3) Erwartung und Inexaktheit 84
            4) Erwartung und Pflicht 102
        d. Wahrscheinlichkeit und Prognose 116
    3. Syntax der Erwartungen – Der Informationsbegriff 129
        a. Über die Zusammensetzung von Prognosen 130
        b. Zur Syntax der Prognose 139

    c. Prognose, Information und Wahrscheinlichkeit 154

III. Inexakte Prognoseprobleme 186

  1. Trendprognose 187
    a. Prognose des kommenden Absatzes 188
    b. Trendumkehr 212
  2. Goodmans Problem 228
    a. Das Beispiel Goodmans als Prognoseproblem 229
    b. Die Lösung des Prognoseproblems 258
  3. Der teleologische Begriff „Information" 278
    a. „Fragesysteme" und semantische Bewertung 281
    b. Die Typen inexakter Probleme und vervollständigbarer Information 295

Anhang 310

Literaturverzeichnis 316

Personenregister 331

Sachregister 333

Zur Zielsetzung und Problematik der Arbeit

In neuester Zeit verstärkt sich der Druck auf politische und wirtschaftliche Organisationen lokaler, nationaler und internationaler Art, Entscheidungen im Rahmen von Plänen zu untermauern. Dies wird immer drängender, je länger der Zeitraum ist, über den sich die betreffende Planung erstrecken soll. Auf der anderen Seite handelt es sich dabei um eine Frage der Wirtschaftlichkeit und der technischen wie auch der politischen Durchsetzbarkeit. Entsprechend dieser allgemeinen Tendenz wird eine große Zahl von Studien erstellt, die in einem großen Umfange und in zunehmender Weise veröffentlicht werden. Es ist an dieser Stelle nicht notwendig, diese Entwicklung im einzelnen zu verfolgen. Angesichts der steigenden Zahl vorliegender Grundlagenstudien für derartige Pläne, die vor allem auch in *prognostischen* Untersuchungen bestehen, ist es jedoch erstaunlich, daß bis vor kurzem so gut wie keine Versuche unternommen wurden, derartige Untersuchungen in *logisch-methodologischer* Hinsicht zu analysieren. Ein derartiger Versuch soll mit der folgenden Arbeit unternommen werden.
Vom Standpunkt der Wissenschaftstheorie aus betrachtet erscheint eine derartige Untersuchung schon deshalb von besonderem Interesse zu sein, weil von verschiedenen Seiten in mehr oder weniger scharfer Form die *Unmöglichkeit* der Erstellung eines großen Teils der zur

Planung erforderlichen Prognosen betont wird (vgl. *Popper* 1972 b). Dieser in sehr scharfer Form wiederholt vorgetragenen Stellungnahme steht bis heute keine wissenschaftstheoretische Konzeption gegenüber, die der seit langem auf den verschiedensten Sektoren ausgeübten Prognosepraxis in entsprechender Weise Rechnung trägt. Es wird daher in der Folge zu zeigen sein, daß das angedeutete Problem der mangelnden Koordination zwischen Prognosepraxis und Wissenschaftstheorie nicht durch die Bildung von mehr oder weniger emotionell bestimmten Parteien – der Prognostiker bzw. Planer auf der einen Seite und der auf Reinheit der Wissenschaft bedachten Methodologen und Wissenschaftstheoretiker auf der anderen Seite – zu lösen ist. Vielmehr empfiehlt sich wohl auch in diesem Zusammenhang ein Weg *rationaler* Problemanalyse, der in folgendem beschrieben werden soll.

Schließlich ist noch die Unmöglichkeit eines von vielen Methodologen innerhalb der Wirtschaftswissenschaften beschrittenen Weges zu betonen. Dort wird zwar registriert, daß eine Wirtschaftswissenschaft *ohne* die genannten Prognosen sowohl in theoretischer als auch in praktischer Hinsicht nicht erwünscht bzw. sogar unmögist, trotzdem aber wird zugleich versucht, den eben erwähnten krassen Standpunkt des sogenannten kritischen Rationalismus in seiner rigorosen Gestalt zu vertreten. Dies geschieht häufig auf dem Wege des Aufstellens von *Forderungen* an die ihnen bisher nicht entsprechende Wissenschaft, häufig aber auch durch Umdeutung wissenschaftstheoretischer Termini – wie z. B. „empirisch" oder „theoretisch", „Experiment" usf. – so daß mit dieser unausgesprochenen Deutung kritisch-rationalistischer Aussagen eine *scheinbare* Untermauerung des anzutreffenden Tatbestandes in wissenschaftstheoretischer Hinsicht erreicht wird. Das in diesem Zusammenhang auftretende Registrieren der Notwendigkeit einer methodologischen Klärung gerade der Prognosepraxis geschieht hier zunächst in einer durchaus begrüßenswerten Weise. Allerdings wird dieser Vorteil in großem Umfange wieder zunichte gemacht durch die anschließenden Strategien, die zu einer Versöhnung von gegensätzlichen Standpunkten führen sollen. Gerade die Existenz einer recht umfangreichen Gruppe derartiger Stellungnahmen weist wiederum eindringlich auf die Notwendigkeit hin, sich der Prognoseproblematik in möglichst eingehender Weise vom Standpunkt der Wissenschaftstheorie aus zu widmen!

Bereits die vorliegende kurze Andeutung der Situation, in der sich der Prognostiker und Planer heute befindet, legt die Thematik der vorliegenden Arbeit nahe: Wir haben sie mit „Logik der Prognose" überschrieben, weil sie der oben geforderten *rationalen Analyse* von einfachen, aber als typisch erachteten Prognoseproblemen gewidmet ist. Es handelt sich dabei – unserer Auffassung nach – um eine zunächst *logische* Aufgabe der Bestimmung der Struktur von *Ausdruckssystemen,* die den untersuchten Problemen entsprechen. Dementsprechend wird zunächst von einer *intuitiven* Schilderung typischer Prognoseprobleme ausgegangen (Kap. I). Diese führt zu einer Analyse von Ausdrücken der *Erwartung*. In der Folge ist zwischen *begründeten* und nicht-begründeten Erwartungsausdrücken zu unterscheiden, wodurch eine *semantische Betrachtungsweise* der Prognoseprobleme nahegelegt wird. Dabei werden begründete Erwartungen als *Prognosen* bezeichnet. Die Problematik der Prognoseerstellung wird auf dieser Stufe der Analyse als Frage nach der Auszeichnung bestimmter Erwartungsausdrücke als begründet gesehen. Dieser Ansatz führt im Wege über eine vergleichende Betrachtung verwandter logischer Systeme – der Modallogik, der Logik des Unbestimmten, der Logik des Inexakten und der deontischen Logik – zur Konstruktion eines *semantischen Modells* der Erwartungslogik (vgl. Kap. II; Anhang A). Bereits bei der Betrachtung der Beispiele in Kap. I tritt jedoch auch ein zweiter Aspekt der Prognoseproblematik hervor, der in engem Zusammenhang mit der skizzierten semantischen Fragestellung steht, aber trotzdem von ihr zu unterscheiden ist. Es handelt sich dabei um die Frage der zur Erstellung einer angestrebten Prognose *relevanten Information*. Die schrittweise erfolgende Klärung dieser Problematik führt im dritten Teil des zweiten Kapitels zu einer *syntaktischen* Kennzeichnung unterschiedlicher *Prognoseprobleme* und der in ihrem Rahmen auftretenden relevanten Information. Auf der Seite der Probleme führt dies zur grundlegenden Unterscheidung zwischen *exakten* und *inexakten* Problemen, einer Unterscheidung, die sich in letzter Zeit immer klarer in der einschlägigen Literatur andeutet. Sie wird allerdings nirgends in logisch befriedigender Weise expliziert.

Die bereits im Zusammenhang mit der angedeuteten Informationsproblematik hervortretende grundlegende Frage der *Interpretation* bestimmter Sachverhalte im Sinne der gestellten *Frage* nach dem Eintritt eines bestimmten Ereignisausgangs wird zum Kernproblem bei der Lösung *inexakter* Prognoseprobleme. Auf semantischer Seite wird in diesem Zusammenhang die Frage nach der Bereinigung von *Konflikten* gestellt, die bei der vorliegenden Interpretation auftreten. Sie erscheint bei der Behandlung exakter Probleme als bereits in eindeutiger Weise beantwortet. Bei der Behandlung *inexakter* Probleme ist sie zunächst offen, kann aber bei Berücksichtigung der aus der *Fragestellung* folgenden Forderungen an die möglichen Antworten (Prognosen) mit Hilfe unterschiedlicher Strategien beantwortet werden. In diesem Zusammenhang steht eine Betrachtung des interessanten Ansatzes von *Churchman* und seiner Schule, der im Anschluß an *Singer* die Lösung von Prognoseproblemen im Rahmen sogenannter *Fragesysteme* („Inquiring Systems") sieht (vgl. III/3 a). Man sieht im Anschluß daran leicht, daß die solchermaßen aufgefaßte Problematik zu einer jeweils unterschiedlichen Deutung des im Rahmen des semantischen Modells (vgl. Anhang A) festgelegten *Wahrheitsbegriffs* führt (vgl. Anhang C).

Auf der *syntaktischen* Seite steht – wie betont – dieser vorwiegend semantischen Betrachtungsweise eine schrittweise Klassifizierung der verschiedenen Informationsbegriffe gegenüber. Im Rahmen dieses Prozesses lassen sich Fragen der Unterscheidung zwischen sozialwissenschaftlichen Modellen und formalen Modellen einerseits und empirischen Theorien andererseits zwanglos klären (vgl. Kap. II/3). Ebenso läßt sich das untersuchte Problem der Erstellung von Prognosen klar von wahrscheinlichkeitstheoretischen Problemen unterscheiden. Dies ist im Hinblick auf die vielfach geäußerte Ansicht von besonderer Bedeutung, wonach Wahrscheinlichkeitstheorie und Statistik die wichtigsten Prognoseprobleme lösen. Schließlich erweist sich der Begriff der *zusätzlichen Information* (Kap. III) als teleologische Klasse bzw. teleologisches System als unumgänglich bei der Behandlung von Fällen vervollständigbarer Information in inexakten Problemen. Gewisse Hinweise in der neueren Literatur deuten in Richtung auf den in diesem Zusammenhang andeutungsweise verfolgten Prozeß der *Informationsergänzung*. Es wird dort immer häufiger

auf die Rolle hingewiesen, die Lernprozesse bei der Lösung von Prognoseproblemen spielen.
Das Ergebnis dieser Arbeit ist im Anhang kurz zusammengefaßt. Die darin enthaltene Systematik von Prognoseproblemen und Informationskategorien ist als erster tastender Versuch zu sehen, der in der Folge sicherlich noch wesentlich zu verfeinern sein wird. Wichtig aber ist jedenfalls das Ergebnis, wonach man es bei der wissenschaftstheoretischen Prognoseproblematik mit einem *logischen* und nicht – wie häufig angenommen – mit einem wahrscheinlichkeitstheoretischen Problem zu tun hat. Am Beginn jeder Prognose steht – in dieser Weise betrachtet – die *Fragestellung* und damit die *Interpretation* der vorliegenden Situation! – Im Zusammenhang mit dieser Feststellung sind auch die im dritten Kapitel ausführlich behandelten Beispiele der Trendprognose und der Farbprognose nach *Goodman* zu sehen (vgl. III/1, 2). Ein offenes Problem bleibt vorderhand die Frage nach dem *Zusammenwirken* zwischen *Statistik* und *Logik* im Rahmen der Prognostik! –
Es kann jedoch nach Ausführung der vorliegenden Untersuchung unterstrichen werden, daß Voraussetzung zum Gelingen jeder Prognose die möglichst explizite Feststellung des Standpunktes des Prognostikers ist. Gerade gegen diese Empfehlung wird heute noch allzuoft verstoßen. Kommt man dieser Forderung nach, läßt sich jedoch kein Grund für die behauptete Unwissenschaftlichkeit von Prognosen feststellen!

I. Typische Beispiele

1. Prognose als Ausdruck

Jemand kauft sich ein Los. Er hofft, daß dieses gezogen wird. Eines der verkauften Lose hat gemäß den Regeln dieser Lotterie die Chance, gezogen zu werden. Auch soll es sich um eine faire Lotterie handeln: Jedes der verkauften Lose hat demzufolge dieselbe Aussicht, ein Treffer zu werden. Kann in dieser Situation der folgende *Ausdruck der Erwartung* des Loskäufers, daß sein Los gezogen wird, als *Prognose* des Ausgangs der Losziehung betrachtet werden? –

(1) Los Nr. i wird gezogen.

Mit Recht wird man unseren Käufer darauf hinweisen, daß ja jeder der Besitzer eines der genannten Lose mit gleichem Recht dieselbe Behauptung bezogen auf sein Los Nr. i aufstellen kann. Dies ergibt sich aus dem fairen Charakter der betreffenden Lotterie. Wenn aber jeder Beteiligte in entsprechender Weise (1) behaupten kann, so wird jeder bis auf einen in seiner Erwartung enttäuscht werden: Nur ein Los gewinnt! – Diese Hinweise führen zum Zweifel daran, ob die *Erwartung (1)* zu Recht besteht oder nicht.

Sicherlich kann unser „Prognostiker" keinen Grund für seine Annahme (1) geben, soll dieser allgemein einleuchtend sein. Vielmehr spricht vieles dafür, daß das Gegenteil von (1) gilt: Der Besitzer des Loses Nr. i kann nicht erwarten, daß gerade sein Los gezogen wird. Bei der Formulierung dieser *negativen Erwartung* muß man allerdings mit größter Vorsicht und Sorgfalt zu Werke gehen. Von einer scharfen Unterscheidung zwischen negativen Erwartungen und Erwartungen negativer Sachverhalte hängt dabei vieles ab. So können die folgenden Ausdrücke nicht unter allen Umständen gleichgesetzt werden:

(2) Los Nr. i wird *nicht* gezogen.
(3) Es kann *nicht* erwartet werden, daß Los Nr. i gezogen wird.

Eine bedenkenlose Identifizierung dieser beiden Ausdrücke führt zum vieldiskutierten *Lotterieparadox* (vgl. *Kyburg* 1961, S. 197 f. und 1970, S. 176; *Hilpinen* 1968, S. 39–42). Auf die damit verbundene Problematik wird an geeigneter Stelle ausführlich eingegangen (vgl. II/3 b). Zunächst kann festgehalten werden:

(i) Unter einer *Prognose* wird in diesem Zusammenhang der *Ausdruck einer Erwartung* verstanden.
(ii) Diese Erwartung muß *begründet* sein. Der Prognostiker muß in der Lage sein, einen *plausiblen Grund* für die geäußerte Erwartung anzugeben.

Im vorliegenden Beispiel ist zwar die erste Bedingung erfüllt – der Losbesitzer drückt seine Erwartung durch (1) aus –, die zweite Bedingung aber ist nicht erfüllt. Die in (1) ausgedrückte Erwartung ist unbegründet, da wir es mit einer fairen Lotterie zu tun haben: Der Ausdruck (1) ist daher nicht als Prognose zu bezeichnen.

Als Prognose ist dagegen der folgende Erwartungsausdruck zu verstehen:

(4) Der Stein S wird zum Zeitpunkt t auf dem Boden aufschlagen.

Dies allerdings nur dann, wenn die folgende Situation vorliegt:
Der Stein S befindet sich jetzt, d. h. zum Zeitpunkt t, in der Höhe h über dem Boden und wird losgelassen. Auf die Frage, warum er (4) erwarte, antwortet der Prognostiker in diesem Fall damit, daß er die genannte Situation beschreibt und zusätzlich auf die Geltung des Fallgesetzes von Galilei hinweist. Aus diesen beiden Voraussetzungen – so kann er sagen – *folgt logisch* die Aussage (4). Damit kann die Erwartung (4) als begründet angesehen werden. Es liegt somit eine Prognose vor. Die hier kurz dargestellte Auffassung, wonach eine Prognose eine Aussage ist, die mit Hilfe von Gesetzen aus vorliegenden Randbedingungen auf rein logischem Wege ableitbar ist, geht auf *Popper* zurück (vgl. *Popper* 1935). Sie wurde durch *Hempel* und *Oppenheim* präzisiert (vgl. *Hempel/Oppenheim* 1948). Die genannten Autoren sehen diese Art der Begründung als *Erklärung* an, Prognosen der Art von (4) werden daher in folgendem *erklärende Prognosen* oder *Gesetzesprognosen* genannt. Diese sehr klare und einleuchtende Fassung des Begründungsproblems von Erwartungen täuscht sehr leicht darüber hinweg, daß Situationen der geschilderten Art im Rahmen der Prognostik selten auftreten. Die bei der Betrachtung des Beispiels erwähnte Identifizierung von Aussagen mit Erwartungsausdrücken, wie sie in diesem Zusammenhang möglich erscheint, ist nicht in jedem Falle unproblematisch. Sie hat unter anderem zur Folge, daß die Feststellung, daß der Stein S zum angegebenen Zeitpunkt t nicht auf dem Boden aufschlägt, bei vorausgesetztem Zutreffen der angegebenen Randbedingungen zu einer Revision der zur Begründung herangezogenen Gesetze führen muß. Das bedeutet zunächst, daß die Erwartung (4) in diesem Falle als unbegründet betrach-

tet wird: Der bisher als geltend angenommene Grund hat sich als ungültig erwiesen! – Gerade dieser Effekt aber tritt in den folgenden Beispielen nicht auf.

Im Bericht der Marktforschungsabteilung eines Unternehmens wird die Erwartung ausgedrückt, daß gilt:

(5) Der Gesamtumsatz des Unternehmens im kommenden Jahr wird 2 Mill. S. betragen.

In der vorliegenden Situation sei bekannt, daß der jährliche Gesamtumsatz dieses Unternehmens innerhalb der vergangenen fünf Jahre um *durchschnittlich* 5% des jeweiligen Vorjahreswertes gestiegen ist. Der Wert des letzten Jahres beträgt 1,9 Mill. S. Diese kurze Schilderung zeigt bereits, daß die Erwartung (5) als Prognose aufgefaßt werden kann: Der Prognostiker ist in der Lage, einen Grund für seine Erwartung anzugeben. Damit unterscheidet sich diese Situation maßgeblich von der des Lotteriebeispiels, in dem dies nicht möglich ist. Andererseits findet man auch einen wichtigen Unterschied im Vergleich mit dem Beispiel der Gesetzesprognose. Es liegt hier eine Durchschnittsangabe vor. Setzen wir wieder voraus, daß der Umsatzwert des kommenden Jahres ermittelt ist. Er beträgt aber nicht 2 Mill. S., sondern nur 1,8 Mill. S. Muß in diesem Fall der Grund für die Erwartung revidiert werden? – Nein, denn es fand zwar im letzten Jahr anstelle des prognostizierten Anstiegs von 5% sogar ein leichter Rückgang des Umsatzes statt, aber es war lediglich von einem Durchschnittswert die Rede. Von einem derartigen Wert wird nicht angenommen, daß er tatsächlich auftritt. Er dient vielmehr der Charakterisierung einer bestimmten Gesamtheit im statistischen Sinne. Die angenommene Entwicklungstendenz kann im großen und ganzen erhalten bleiben, obwohl im betrachteten Einzelfall eine Abwei-

chung festzustellen ist. Damit zeigt sich, daß in diesem Fall Erwartungsausdrücke und Aussagen nicht ohne weiteres identifiziert werden können! –
Das Auseinanderfallen von Erwartungsausdruck und Aussage zeigt sich allerdings in noch deutlicherer Weise bei der Betrachtung des folgenden Beispiels. Es wird erwartet, daß gilt:

(6) In der Zeitspanne zwischen 1980 und 1985 wird ein Personenfahrzeug erfunden und entwickelt, das mit Hilfe elektrischer Energie Geschwindigkeiten erreicht, die denen der heutigen Pkw's entsprechen.

Die vorliegende Situation ist dadurch gekennzeichnet, daß derartige Fahrzeuge bisher noch nicht entwickelt wurden. Es ist daher nicht möglich, entsprechende Angaben wie im zuletzt behandelten Beispiel über die vorliegende Situation zu machen. Man hat aber *Experten* in etwa folgender Weise befragt:

(a) Wird Ihrer Ansicht nach im Zeitraum zwischen 1980 und 1985 ein neues Personenfahrzeug entwickelt?
(b) Haben Sie positiv geantwortet, zählen Sie die wichtigsten Eigenschaften dieses neuen Produktes auf.

Diese Befragung wurde unter ganz bestimmten festgelegten Bedingungen durchgeführt. Sie hat ergeben, daß 80% der Befragten auf die Frage (a) positiv geantwortet haben. Die restlichen 20% teilten sich auf negative und neutrale Antworten auf. Auf die Frage (b) gaben 70% der angesprochenen Fachleute an, das neue Fahrzeug sei mit einem Elektromotor ausgestattet; 60% waren der Meinung, daß ein derartig ausgestattetes Fahrzeug die Geschwindigkeiten der heutigen Pkw's erreichen wird. – Diese durch die Beurteilung von Experten gewonnene Situationsschilderung kann als Grund für die

Erwartung (6) angesehen werden. Diese Erwartung ist daher ebenfalls als Prognose zu betrachten.

Selbstverständlich kann an dieser Stelle nicht auf die Diskussion dieses kurz angedeuteten Verfahrens der Expertenbefragung näher eingegangen werden. Methoden dieser Art wurden durch *Helmer* und *Rescher* eingeführt (vgl. *Helmer/Rescher* 1959) und in der Folge durch diese und andere Autoren im Rahmen verschiedener Anwendungen mehr und mehr verfeinert. Sie werden unter bestimmten Voraussetzungen auch *Delphi-Verfahren* genannt. Nicht wie beim früher betrachteten *Trendverfahren* – es stützt sich auf Beobachtungen aus der vorliegenden historischen Situation – stützt man sich bei der Anwendung von *Delphi-Verfahren* auf die Auskunft von Personen über *ihre Einschätzung* der Situation im Hinblick auf die Zukunft. Der Begründungscharakter dieses Vorgehens bei der Erstellung von Prognosen wird deshalb häufig angezweifelt. Eine in dieser Hinsicht bezeichnende Stellungnahme findet man in der Argumentation *Freys* (vgl. *Frey* 1970, S. 115 f.), wonach es sich bei Verfahren dieser Art um „pseudowissenschaftliche" Methoden handelt, die in die engste Nachbarschaft zu astrologischen Praktiken gebracht werden. Bei derartigen Stellungnahmen wird jedoch übersehen, daß bei der Erstellung von Prognosen der Standort des Prognostikers bzw. der Prognostiker, bezogen zur gegebenen Situation, in der Regel eine wichtige Rolle spielt, die im folgenden noch eingehend betrachtet werden wird (vgl. III). Es ist daher der Sache nicht angemessen, wenn man sich auf einen objektivistischen Standpunkt stellt, von dem aus gesehen Antworten von Auskunftspersonen als bloß subjektiv erscheinen und somit nicht ernstgenommen werden können! – Wie bereits die kurze Betrachtung aller unserer Beispiele zeigt, ist gerade auf dem Boden der Prognostik

jeder Versuch einer allzu scharfen Unterscheidung und Konfrontierung zwischen subjektiven und objektiven Momenten fehl am Platz: Begründungen für Erwartungen lassen sich auf die verschiedensten Arten geben. Die Frage kann in diesem Zusammenhang nicht sein, ob diese in subjektiver oder in objektiver Weise erfolgt, sondern vielmehr ob die gewählte Art der Begründung der vorliegenden Situation, d. h. dem gestellten *Prognoseproblem* entspricht oder nicht! –
Im Zusammenhang mit dem erörterten Beispiel einer Delphi-Prognose ist zu betonen, daß die entsprechenden Begründungsverfahren nicht nur – wie bei der Trendprognose – durch die Feststellung abweichender Resultate nicht revidiert werden müssen, sondern daß sie häufig auch zur Begründung *verschiedener* Erwartungen, d. h. zur Erstellung unterschiedlicher Prognosen bei gegebener Situation, führen. Dies ist dann gegeben, wenn bestimmte Fragen durch annähernd gleichstarke Expertengruppen in abweichender Weise beantwortet werden. Angesichts derartiger *Alternativprognosen* bleibt die Frage nach *der* Aussage, die mit dem Erwartungsausdruck zu identifizieren ist, erst recht offen. Es kann sich in einem derartigen Fall weder um eine Disjunktion noch um eine Konjunktion handeln. Nimmt man z. B. in unserem Fall an, daß sich 45% der Befragten gegen das Elektrofahrzeug zum angegebenen Zeitpunkt entschieden haben, 40% dafür und die restlichen 15% sich der Stimme enthielten, so wird man sicherlich jede der folgenden Erwartungen als Prognosen ansehen:

(7) In der Zeitspanne zwischen 1980 und 1985 wird das beschriebene Elektrofahrzeug nicht entwickelt.
(8) In der Zeitspanne zwischen 1980 und 1985 wird das beschriebene Elektrofahrzeug entwickelt.

Es hätte sicherlich kaum einen Sinn, sich auf den geringen Unterschied von 5% zwischen den (7) begründenden Antworten und den (8) begründenden Antworten zu stützen und daher (7) als gerechtfertigt, (8) als nicht gerechtfertigt anzusehen. Dies ist schon aufgrund der relativ hohen Anteile der Stimmenthaltungen – 15% gegenüber 5% – kaum zu vertreten. Die in (7) und (8) ausgedrückte *Alternativprognose* läßt sich aber sicherlich nicht als Konjunktion zwischen (7) und (8) ansehen, obwohl beide Erwartungen gleichermaßen als begründet angesehen werden. In diesem Fall nämlich könnte man sicher sein, daß diese Erwartung *nicht erfüllt* wird: Die durch konjunktive Verknüpfung von (7) und (8) entstehende Aussage ist eine *Kontradiktion!* – Man müßte in diesem Fall also annehmen, daß eine Erwartung *begründet* sein kann, von der man weiß, daß sie *nicht erfüllbar* ist. Dies erscheint zumindest fragwürdig (vgl. II/3 b). Faßt man diese Alternativprognose aber als Disjunktion auf, so erhält man durch disjunktive Verknüpfung von (7) und (8) eine *Tautologie*. In diesem Fall ist von vornherein bekannt, daß diese Erwartung erfüllt werden muß! – Abgesehen davon, daß man sich schwer vorstellen kann, was es heißen soll, den Eintritt von etwas *begründen* zu wollen, das *unabhängig* von jeder speziellen Situation eintritt, muß man mit einem Protest der Befragten bei Bekanntwerden dieser „Prognose" rechnen: Sicherlich wird nämlich *keiner* der Experten sich mit dieser Erwartung identifizieren. Jeder von ihnen hat ja *eine bestimmte* Antwort auf die gestellten Fragen gegeben. Er hat damit nicht gesagt, daß das bestimmte Fahrzeug entwickelt werden wird *oder* nicht! – Dies gilt sogar für die Unentschiedenen: Sie sehen *keinen* Grund für die Annahme eines der beiden entschiedenen Fälle, nicht aber einen Grund dafür, daß jeder der beiden entschiedenen Fälle eintreten kann und mindestens einer von ihnen eintreten wird. – Man sieht also deutlich – an späterer Stelle werden diese Zusammenhänge noch eingehend erörtert (vgl. II/3 b) – bereits an dieser Stelle, daß im Falle der Delphi-Prognosen eine Identifizierbarkeit zwischen Erwartungsausdruck und Aussage nicht besteht.

Damit kann das folgende vorläufige Ergebnis festgehalten werden:

(i) Im allgemeinen ist klar zwischen *Erwartungsausdrücken* und *Aussagen* zu unterscheiden: Verknüpfungen zwischen Erwartungsausdrücken und solche zwischen Aussagen lassen sich in der Regel nicht identifizieren.

(ii) Das Verhältnis zwischen Erwartung und entsprechender Aussage ist durch die jeweils vorliegende *Prognose-Situation* bestimmt. Dieser Beziehung entsprechend werden unterschiedliche *Prognoseverfahren* angewandt.

(iii) Diese Verfahren dienen der *Begründung von Erwartungen*. Begründete Erwartungen werden *Prognosen* genannt.

2. Prognose als Problem

Betrachtet man den Erwartungsausdruck (5) nicht so sehr als sprachlichen Ausdruck, sondern eher als *Ergebnis* einer Prognose*aufgabe*, ist die bisher gegebene Schilderung der Situation noch unzureichend: Wir wissen in diesem Zusammenhang lediglich, daß der Prognostiker in der Reihe der ihm zugänglichen letzten fünf Umsatzziffern eine durchschnittliche Anstiegstendenz sieht. An

Hand der vorliegenden Umsatz*zahlen* und der Kenntnis über dieses Wachstum wird die Erwartung (5) begründet. Damit scheint auf den ersten Blick das vorliegende Prognose*problem* durch eine bloße Betrachtung der vorliegenden *Zahlenreihe* zu lösen sein! – Dies aber kann sicherlich nicht angenommen werden. Man muß in dieser Situation vielmehr die Frage stellen, welches *Produkt* im Rahmen des beobachteten Umsatzprozesses vertrieben wird. Die oben beschriebene Art der Begründung von (5) erhält nämlich ganz unterschiedliches Gewicht, je nachdem ob es sich bei diesem Produkt um ein langlebiges oder um ein kurzlebiges Gut handelt: Ist unser Unternehmen z. B. ein Mitglied der Modebranche, das Kleiderstoffe herstellt bzw. vertreibt, so muß der bei dieser Prognoseaufgabe ins Auge gefaßte Zeitraum von *einem Jahr* als relativ lang betrachtet werden. Derartige Stoffe sind als kurzlebige Güter zu bezeichnen. Sie sind ja in Qualität und Dessin dem jeweiligen Modetrend unterworfen, der zumindest vierteljährlich wechselt! – Haben wir es dagegen mit einem Flugzeughersteller zu tun, muß der Prognosezeitraum von einem Jahr als relativ kurz betrachtet werden, da sich Typenänderungen bei Flugzeugen erst in einem längeren Zeitraum realisieren lassen. Dieser wichtige Unterschied hinsichtlich der gestellten Prognose*aufgabe* – in der einschlägigen Literatur wird zwischen kurzfristiger und langfristiger Prognose unterschieden – weist in die Richtung einer *Typisierung der entsprechenden Prognoseprobleme.*

Führt man im Falle der kurzfristigen Prognoseausgabe – das Unternehmen vertreibt Flugzeuge – die geschilderte *Trendprognose* durch, wird dadurch das gestellte Problem eher als gelöst betrachtet werden, als im Falle der langfristigen Prognose im Rahmen der Modebranche. Man wird also sagen können, daß im erstgenannten

Fall die Erwartung (5) begründeter erscheint als im letztgenannten Fall. Dies ergibt sich daraus, daß das Verfahren der Trendprognose immer von der Annahme der gleichbleibenden durchschnittlichen Tendenz (Trend) ausgeht. Im Falle der relativ kurzen Prognosezeitspanne, bezogen auf langlebige Güter, erscheint diese Annahme in wesentlich stärkerem Maße gesichert als im Falle einer relativ langen Zeitspanne der Prognose bezogen auf kurzlebige Güter.

Diese vergleichende Betrachtung zeigt den deutlichen Unterschied des Begründungscharakters für Erwartungen in Abhängigkeit von der im Rahmen einer Prognoseaufgabe vorliegenden Situation. Dabei spielt aber nicht die *zeitliche* Charakterisierung der Situation die ausschlaggebende Rolle, obwohl dies bei Betrachtung der bisher gegebenen Schilderung nahe liegt. Dies zeigt ein Vergleich dieses Prognoseproblems mit der bei der Begründung der *Gesetzesprognose* (4) gestellten Aufgabe: Die in diesem Beispiel ausgedrückte Erwartung betrifft bestimmte Zustände eines *Steins*. Der Physiker idealisiert im Rahmen des angedeuteten Begründungsverfahrens die geschilderte Situation. Er ersetzt dabei den Stein S durch einen *Punkt M*. Dadurch gelangt zum Ausdruck, daß bei der Begründung der Erwartung (4) vom Gewicht und der konkreten Gestalt von S abgesehen werden kann. Eine Rolle spielt im Sinne des genannten Fallgesetzes lediglich die relative Höhe h über dem Erdboden, bei der S fallen gelassen wird, und die Zeitdifferenz zwischen dem Loslassen und der jeweiligen Lage von S auf der Fallstrecke. Warum führt diese Idealisierung zum Erfolg, d. h. zu einer befriedigenden Begründung der Erwartung (4)? – Offenbar hat in diesem Zusammenhang die Frage nach der *Kurz-* bzw. *Langlebigkeit* des Steines S keinen Sinn. Es wird vielmehr angenommen, daß S im Rahmen der geschilderten Situation immer in derselben Weise zu charakterisieren ist: nämlich durch Angabe einer Entfernung und einer Zeitstrecke – als sogenannter Raum-Zeit-Punkt im Sinne der Kinematik. Damit wird jede in dieser Weise gestellte Prognoseaufgabe mit einem *kurzfristigen* Problem identifizierbar. Jede bestimmte Zeitspanne ist relativ zur Dauer für die S durch M beschreibbar ist kurz! – Offenbar besteht gerade im Hinblick auf die *Beschreibbarkeit* zwischen den früher betrachteten *Produkten* und dem zuletzt betrachteten *physikalischen Objekt* „Stein" ein wichtiger Unterschied: Der Physiker kann in diesem Fall voraussetzen, daß die einmal treffend gewählte exakte Beschreibung in allen entsprechenden Fällen wieder treffend ist. Dies läßt sich bei Produkten wirtschaftlicher und technologischer Art nicht von vorneherein annehmen! –

Es handelt sich hier um einen Unterschied in der Problemstruktur, der die Wahl des geeigneten Begründungsverfahrens für die geäußerte Erwartung maßgeblich beeinflußt: Je kurzfristiger die gestellte Aufgabe ist, desto eher wird man zu Begründungsweisen neigen, die dem Schema von *Hempel* und *Oppenheim* (vgl. *Hempel/ Oppenheim* 1948) entsprechen. Beim Übergang zu längeren Fristen wird man sich zunächst auf *Trendverfahren* zu stützen versuchen. Erwartungen im Rahmen *langfristiger* Probleme versucht man mit Hilfe von Expertenbefragungsmethoden zu begründen. Diese Unterschiede sind nicht in erster Linie pragmatischer Natur, was die Terminologie nahelegt, sondern *begrifflicher* Art. Worauf es dabei ankommt, zeigt die Aufgabe der Prognose eines neuen Produkts. Die dabei geäußerte Erwartung (5) wird auf Grund der vorliegenden Situation durch Befragung von Fachleuten zu begründen versucht. Dabei liegt die Aufgabe vor, sich über die Gestalt eines Personenfahrzeugs in einem Zeitraum Gedanken zu machen, der ungefähr zehn Jahre in der Zukunft liegt. Sicherlich ist das vorliegende Problem als langfristig zu bezeichnen, da Autos innerhalb dieses Zeitraums ohne weiteres in technischer Hinsicht geändert werden können. Die zu begründende Erwartung betrifft die Ausstattung von Fahrzeugen mit Elektromotoren bestimmter Art: Herkömmliche Verbrennungsmotoren werden erwartungsgemäß durch Elektromotoren ersetzt. Das bedeutet, daß unter den *Begriff* „Auto" in zehn Jahren andere Objekte fallen werden als heute. In diesem Faktum liegt der Grund dafür, daß in diesem Problem ein Trendverfahren nicht in naiver Weise zur Begründung der Prognose herangezogen werden kann. Für jedes Objekt muß eindeutig feststellbar sein, ob es ein Auto ist oder nicht. Es gibt kein Objekt, von dem man nicht sagen kann, daß es ein Auto ist oder, daß es kein Auto ist. Betrachtet man Objekte innerhalb kurzer Frist, kann man den Begriff „Auto" sicherlich in dieser Weise exakt bestimmen. Erstreckt man aber die Betrachtung über lange Frist, so wird jede derartige Feststellung fragwürdig. Im vorliegenden Beispiel läßt sich eine dermaßen endgültige Entscheidung nicht für alle Objekte treffen, wie oben bereits angedeutet wurde. Der Begriff „Auto" ist im Rahmen des vorliegenden Prognoseproblems *inexakt* (vgl. *Körner* 1970 b, S. 56 f.). Probleme, die inexakte Begriffe enthalten, werden in der Folge als *inexakte Probleme* bezeichnet. *Mitroff* und *Blankenship* bezeichnen entsprechende Probleme im Rahmen der Entscheidungstheorie als „schlecht strukturiert" („wicked") (vgl. *Mitroff/Blankenship* 1973, S. 340 f.). Im Gegensatz dazu ist der Begriff „Stein" in kinematischer Hinsicht durch den entsprechenden

Raum-Zeit-Punkt in *exakter* Weise gefaßt: Man kann für jedes in diesem Zusammenhang auftretende physikalische Objekt sagen, ob es dieser Stein ist oder nicht! – Jedes der genannten Prognoseprobleme ist dann gelöst, wenn die entsprechende Erwartung begründet ist. Eine Begründung erfolgt in jedem Falle durch ein bestimmtes Verfahren, in dem inexakte durch exakte Begriffe ersetzt werden. Man spricht in derartigen Fällen von *Identifizierung* dieser Probleme (vgl. *Körner*, 1970b, S. 225–235; *Mitroff/Blankenship* 1973; S. 343). Das Problem der Prognose besteht demnach in erster Linie in der Identifizierung der entsprechenden Strukturen. Dabei treten zwei unterschiedliche *Problemtypen* auf:

(i) *Exakte Probleme:* Die zur Begründung der entsprechenden Erwartung wichtigen Begriffe sind alle exakt, d. h. für jedes relevante Objekt kann gesagt werden, ob es unter diesen Begriff fällt oder nicht.

(ii) *Inexakte Probleme:* Die zur Begründung der entsprechenden Erwartung wichtigen Begriffe sind zumindest zum Teil inexakt. Es gibt relevante Objekte, über deren Zugehörigkeit zum Begriff von Fall zu Fall entschieden werden muß.

Im Fall (ii) ist die Identifizierung – die Ersetzung des inexakten durch einen entsprechenden exakten Begriff – nur teilweise möglich. Das entsprechende Prognoseproblem erhält dadurch seinen spezifischen Charakter. In diesem Sinne sprechen auch *Helmer* und *Rescher* von inexakten Problemen (vgl. *Helmer/Rescher* 1959).

II. Prognose und Erwartung

Anschließend an die Ergebnisse von I/1 ist das Verhältnis zwischen Prognose und Erwartung eingehender zu untersuchen. Die folgenden *Ausdrücke* werden auf rein intuitiver Basis bei der Behandlung der genannten Beispiele als Erwartungsausdrücke – kurz *Erwartungen* – bezeichnet:

(1) Los Nr. i wird gezogen.
(2) Der Stein S wird zum Zeitpunkt t auf dem Boden aufschlagen.
(3) Der Gesamtumsatz des Unternehmens im kommenden Jahr wird 2. Mill. S. betragen.
(4) In der Zeitspanne zwischen 1980 und 1985 wird ein Personenfahrzeug erfunden und entwickelt, das mit Hilfe elektrischer Energie Geschwindigkeiten erreicht, die denen der heutigen Pkw's entsprechen.

Es ist nun zu fragen, ob die aufgezählten Erwartungen eine gemeinsame logische Struktur aufweisen. Ist dies der Fall, so ist sie in geeigneter Weise zu charakterisieren. Für eine positive Antwort auf diese Frage spricht die Feststellung (i) auf Seite 21, wonach zwischen Erwartungen und Aussagen möglichst klar zu unterscheiden ist. Es ist also zunächst in der dadurch angedeuteten Richtung weiterzugehen. Ist die eben angedeutete Frage nach dem Verhältnis zwischen Erwartung und *entsprechender* Aussage beantwortet (vgl. II/1), läßt sich der Versuch der Aufstellung eines semantischen Modells zur Erfassung der aufgewiesenen Struktur unternehmen (vgl. II/2). Dabei ergibt sich die Feststellung der tragenden Rolle der zur Begründung der Erwartung eingehenden *Information*. Sie wird daher in II/3 eingehender untersucht. Diese Analyse stützt sich auf die Feststellung (ii) auf Seite 21, daß eine begründete Erwartung als Prognose betrachtet wird. Ausgeklammert wird in diesem Kapitel der in I/2 angeschnittene Problemkreis, der mit der Betrachtung der Prognose als in einer bestimmten Situation zu lösenden Aufgabe zusammenhängt. Es soll zunächst erst ein möglichst sicherer Boden zur Behandlung dieser zentralen Fragestellungen erarbeitet werden.

1. Struktur des Prognoseausdrucks

Den Erwartungen (1–4) sind im folgenden Aussagen bestimmten Charakters gegenüberzustellen. So *entsprechen* die Aussagen (5–8) diesen Ausdrücken in bestimmter Weise:

(5) Los Nr. i ist Treffer der Lotterie L.
(6) Der Stein S schlägt zum Zeitpunkt t auf dem Boden auf.
(7) Der Gesamtumsatz des Jahres J beträgt 2 Mill. S.
(8) Das in (4) beschriebene Personenfahrzeug ist in der Zeitspanne zwischen 1980 und 1985 erfunden und entwickelt.

Alle diese Aussagen *beschreiben* ganz bestimmte Sachverhalte: Sie sind *wahr* genau dann, wenn diese eintreten; sie sind *falsch* genau dann, wenn diese nicht eintreten (vgl. *Tarski* 1969, S. 152–278). Die in den genannten Beispielen beschriebenen Sachverhalte sind der Reihe nach:

(9) Ziehung des Loses Nr. i in der Lotterie L.
(10) Aufschlagen des Steins S auf dem Boden.
(11) Erzielen des Gesamtumsatzes von 2 Mill. S. durch das Unternehmen im Jahr J.
(12) Erfindung und Entwicklung eines bestimmten Personenfahrzeugs zwischen 1980 und 1985.

Derartige Sachverhalte werden *Ereignisse* genannt. Das angedeutete Verhältnis zwischen Erwartungen und Aussagen kann dann in vorläufiger Weise durch die folgende Feststellung umschrieben werden:

(i) In Erwartungsausdrücken ist von bestimmten *Ereignissen* die Rede. Dabei stehen Erwartung und *ereignisbeschreibende Aussage* in einem *charakteristischen Verhältnis* zueinander.

Aus diesem Ergebnis ist ersichtlich, daß sich die folgende Untersuchung um zwei Themenkreise gruppieren muß: Zunächst ist die Art zu untersuchen, in der Aussagen Ereignisse beschreiben (vgl. II/1 a). Anschließend hat man das angesprochene charakteristische Verhältnis zwischen diesen Aussagen und den entsprechenden Erwartungen genauer zu fassen (vgl. II/1 b).

a. Die Beschreibung von Ereignissen

Die Ereignisse (9–12) werden durch die Aussagen (5–8) beschrieben. Hinsichtlich des Wahrheitswertes dieser Aussagen muß festgehalten werden, daß er zwar bestimmt, aber nicht unabhängig von der jeweiligen Situation festgelegt ist. Es ist z. B. ohne weiteres denkbar, daß der Sachverhalt (9) nicht eintritt: Das Los Nr. i wird nicht gezogen, aber dafür das Los Nr. k. Die Aussage (5) ist dann falsch. Ebenso besteht die Möglichkeit, daß (9) eintritt und daher die Aussage (5) wahr ist. Das Ereignis (9) ist *nicht notwendig* in dem Sinne, daß nur einer der genannten *Ausgänge* eintreten kann. Die beschreibende Aussage (5) ist daher *kontingent*. Entsprechendes gilt auch für die übrigen Aussagen: Der Stein S kann durchaus zu einem von t verschiedenen Zeitpunkt auf dem Boden aufschlagen. Die Aussage „Der Stein S schlägt zum Zeitpunkt t auf dem Boden auf" ist dann falsch. Ebensogut kann sie aber auch wahr sein, wenn eben der Stein S zum angegebenen Zeitpunkt t auf dem Boden aufschlägt. Stellt man im Jahr J in einem Unternehmen den Gesamtumsatz von 2 Mill. S. nicht fest, sondern z. B. den Gesamtumsatz von 3 Mill. S., so ist eben die Aussage (7) falsch. Wird dieser Gesamtumsatz im Jahr J festgestellt, so ist (7) wahr. Beide Ausgänge des Ereignisses (11) sind denkbar. Bis spätestens am Ende des Jahres 1985 kann man auch feststellen, ob die Aussage (8) wahr oder falsch ist, je nachdem, ob das Ereignis (12) eintritt oder nicht. Auch dieses Ereignis hat also zwei mögliche Ausgänge.

Ereignisse, auf die sich Erwartungen beziehen, haben daher verschiedene *Ausgänge*. Wäre es z. B. undenkbar, daß der Gesamtumsatz des Unternehmens im kommenden Jahr J einen anderen Wert als 2 Mill. S. betragen kann, so wäre die Erwartung, daß dieser 2 Mill. S. betragen wird, gegenstandslos. Der Ausdruck einer derartigen Erwartung ist mit dem Ausdruck der Erwartung gleichbedeutend, daß gilt $2+3=5$. Daß dieser Satz gilt – er ist eine Tautologie – ist bekannt. Seine Geltung braucht daher nicht erwartet zu werden. Entsprechendes kann für Sachverhalte gesagt werden, die durch Kontradiktionen beschrieben werden. Auch in diesem Fall geht man von einem vollständigen Wissen aus. Erwartungen sind in solchen Fällen gegenstandslos. Diese Argumentation wird erst im Zusammenhang mit inexakten Problemen (vgl. I/2) problematisch. Diese Fälle aber werden erst in Teil III betrachtet.

Durch die vorliegenden Aussagen (5–8) wird immer auf Ereignisse Bezug genommen, die *an bestimmten Orten* und *zu bestimmten Zeiten* stattfinden. An *Zeitangaben* finden wir in den genannten Beispielen der Reihe nach: „Lotterie L", „Aufschlagspunkt t", „Jahr J" und „Zeitspanne zwischen 1980 und 1985". Die entsprechenden *Ortsangaben* lauten: „Lotterie L", „Stein S" und „Boden", „Gesamtumsatz des Unternehmens"; auch im Falle (8) findet man eine versteckte Ortsangabe vor, wenn man daran denkt, daß sowohl Entwicklung als auch Erfindung eines Produkts auf einem bestimmten Markt stattfinden. Das Ereignis (12) tritt daher in einem bestimmten Gebiet – z. B. in Mitteleuropa, auf dem Weltmarkt etc. – auf. Im Falle der Lotterie L ist ebenfalls festzustellen, daß Lotterien immer an bestimmten Orten und zu bestimmten Zeiten ausgespielt werden. Auf eine solche Ausspielung ist hier Bezug genommen! – Die Voraussetzung der raumzeitlichen Bestimmtheit von Ereignissen, auf die sich Erwartungen beziehen, ist allerdings nicht in gleichem Maße von Bedeutung wie die zuerst genannte Bedingung ihrer Beschreibbarkeit durch kontingente Aussagen. Sie deutet jedoch in Richtung auf eine allgemeinere Bedingung, wonach Ereignisse in bestimmter Hinsicht *situationsgebunden* sind (vgl. II/2). In diesem Zusammenhang genügt jedoch die Feststellung der Tatsache, daß die Beschreibung von Ereignissen durch Aussagen erfolgt, deren Wahrheitswert nicht festgelegt werden kann, wenn man nicht *Determinanten außer-logischer Art* – sogenannte *Informatio-*

nen – dazu heranzieht (vgl. *Knapp* 1975; auch *Stegmüller* 1973, S. 281–285 bewegt sich in seiner Argumentation in diese Richtung!).

Der jeweils vorliegende *Erwartungsausdruck* (1–4) beschreibt nicht nur das entsprechende *Ereignis* (9–12) und stellt im Zuge dieser Beschreibung die verschiedenen *Ausgänge* desselben fest; vielmehr bringt er eine *Erwartung* über den Ausgang des betreffenden Ereignisses zum Ausdruck. (1) etwa sagt nicht, daß gilt:

(13) Los Nr. i ist Treffer der Lotterie L *oder* Los Nr. i ist nicht Treffer der Lotterie L.

(14) Es ist möglich, daß Los Nr. i Treffer der Lotterie L ist.

Sowohl die Feststellung des Faktums (13) als auch der Aufweis der bloßen *Möglichkeit* entspricht nicht dem Geiste des Erwartungsausdrucks: „Los Nr. i wird gezogen." Dabei spielt es keine Rolle, in welchem Sinne der in (14) auftretende Modaloperator gedeutet wird: Weder eine logische Möglichkeit noch eine naturgesetzliche oder eine Denkmöglichkeit kann in diesem Sinne befriedigen! – Es wird vielmehr eben *erwartet*, daß der in (5) beschriebene *Ausgang* des Ereignisses (9) eintritt. Daß es sich dabei weder um eine Aufzählung der möglichen Ausgänge des betreffenden Ereignisses (13) noch um den Ausdruck einer Möglichkeit (14) handelt, sieht man daran, daß der Käufer des Loses Nr. i *nicht* durch Hinweis auf einen der genannten Umstände seinen Kauf motiviert. Dagegen läßt er sicherlich die in (1) geäußerte Erwartung als Motiv dafür gelten. Dabei spielt zunächst keine Rolle, ob dieses Motiv als allgemein einleuchtend betrachtet wird oder nicht, ob also die betreffende Erwartung im Sinne der früheren Ausführungen begründet ist oder nicht (vgl. I/1).

Auf die zuletzt getroffene Feststellung greifen die Vertreter der *personalistischen* Wahrscheinlichkeitstheorie zurück, indem sie *Wetten* betreffend den Ausgang der betreffenden Ereignisse als Normsituationen zur Bestimmung von Wahrscheinlichkeitswerten ansehen (vgl. *Savage* 1954; *Shimony* 1955; *Kemeny* 1955). Ausgehend von derartigen Wettergebnissen lassen sich erwartete Ereignisausgänge als wahrscheinliche Ereignisausgänge auffassen. Dies allerdings nur dann, wenn ganz bestimmte Bedingungen über die *Prognosesituation* erfüllt sind: Diese muß *exakt* sein (vgl. I/2). Diese Bedingung wird in der Regel nicht beachtet, sofern man Prognosen mit Aussagen über wahrscheinliche Zustände identifiziert (vgl. II/2 d).

An dieser Unklarheit leidet auch der Versuch der Explikation des *Begründungsbegriffs* bei *Stegmüller (Stegmüller* 1973, S. 324): Es wird hier ohne Umschweife sofort von *„statistischer* Begründung" gesprochen, obwohl zumindest eine vorbereitende Diskussion über die Begründung von Prognosen, abgesehen vom engeren statistischen Problem, vorher zu erfolgen hätte. Auf diese Weise wird der aus der treffenden Unterscheidung zwischen „Vernunftsgrund" und „Seinsgrund" (vgl. *Stegmüller* 1969, S. 171 f.) im Sinne des in *Stegmüller* 1969 aufgestellten Programms (vgl. *Stegmüller* 1969; S. 775 f.) gewonnene Unterschied zwischen „Begründung" und „Erklärung" *(Stegmüller* 1973, S. 317 ff.) zumindest teilweise wieder verwässert! –

In diesem Zusammenhang ist auch der wichtige Ansatz von *Chisholm* (vgl. *Chisholm* 1957, S. 3–21), in dem er ausgehend von dem vorerst *undefinierten* Ausdruck: „h ist glaubwürdiger für S als i" – i und h sind Zeichen für Propositionen, S ist der Name einer Person – den Ausdruck: „S weiß, daß h wahr ist" zu analysieren

versucht. Auch Chisholm geht von der eben festgestellten Ursprünglichkeit des von ihm in subjektiver Weise interpretierten Erwartungsbegriffs aus. Er spricht in diesem Zusammenhang von der Berechtigung h zu glauben (Glaubwürdigkeit) und läßt diesen Terminus unanalysiert stehen. Darüber hinaus sieht er aber diese Beziehung als *epistemologische* Relation an. In diesem Zusammenhang versucht er zumindest, dieses Fundament *unabhängig* von statistisch-wahrscheinlichkeitstheoretischen Festlegungen zu legen. Sinngemäß wird bei ihm im folgenden Kapitel (vgl. *Chisholm* 1957, S. 23–29) die bei *Stegmüller* vermißte grundlegende Diskussion begonnen. Im Verlauf dieser Diskussion aber verfällt er schließlich doch wieder dem erwähnten Irrtum, wonach „Glaubwürdigkeit von h für S" mit „Wahrscheinlichkeit von h bezüglich der totalen Evidenz von S" identifizierbar ist. Daß diese Identifizierbarkeit nicht gegeben ist, zeigt bereits *Sleigh* in seinem Diskussionsbeitrag im Journal for Philosophy (vgl. *Sleigh* 1964 a). Auf die im Hinblick auf diese Kritik erfolgte Korrektur seitens *Chisholm*s braucht an dieser Stelle nicht näher eingegangen werden. Wir kommen an geeigneter Stelle noch ausführlich auf die im Rahmen der genannten Diskussion aufgedeckten formalen Eigenschaften des Erwartungsbegriffs zurück (vgl. II/3).
Aus diesen kurzen Erörterungen geht jedenfalls zweierlei hervor:

(i) Der *Erwartungsbegriff* läßt sich in unserem Zusammenhang als *grundlegender* Begriff betrachten, der zwar seiner Struktur nach beschrieben, aber nicht in einfachere begriffliche Komponenten analysiert werden kann.

(ii) Dieser Begriff läßt sich *nicht* grundsätzlich mit wahrscheinlichkeitstheoretischen Vorstellungen adäquat umschreiben. Solche Festlegungen sind erst nach entsprechenden *Situationsklärungen* in geeigneten Fällen möglich.

Mit anderen Worten: Die Begründung von Erwartungen – das Aufstellen von Prognosen also – ist nicht in erster Linie Angelegenheit der Statistik! – Es ist vielmehr auf logisch-epistemologischer Ebene anzusiedeln. Demzufolge wird über mögliche Ausgänge von Ereignissen in einer ganz spezifischen Weise gesprochen, die als *Erwartung* bezeichnet wird. Sie besteht in einer Art *Auszeichnung* der im vorliegenden Ausdruck genannten Möglichkeit vor anderen. Die große Bedeutung dieses Sachverhalts für die Prognose hat bereits *Leibniz* klar erkannt (vgl. *Knapp* 1975). Eine entsprechende Bedingung zur Rechtfertigung rationaler Prognosen gibt er daher in seinem Satz vom zureichenden Grunde an (vgl. *Leibniz* 1875, I, § 44). *Stegmüller* spricht daher in diesem Zusammenhang von der sogenannten „Leibniz-Bedingung" (vgl. *Stegmüller* 1973, S. 311–317). Diese in der Tradition meist in rein metaphysischem Sinne verstandene Bedingung erhält erst in diesem Zusammenhang eine relativ klar umrissene logische Gestalt, die den Intentionen von *Leibniz* wesentlich besser entsprechen dürfte als die metaphysische Variante. Andererseits wird auch an dieser Stelle wieder klar, daß die durch *Stegmüller* versuchte enge Verknüpfung dieser Bedingung mit der Statistik den Kern dieses Problems nicht treffen dürfte: *Leibniz* selbst kann aus historischen Gründen nicht an derartig festgelegte Entsprechungen gedacht haben, da die Wahrscheinlichkeitstheorie zu seiner Zeit erst in den Kinderschuhen steckte und von einer

Statistik im heutigen Sinne überhaupt noch keine Rede sein konnte. Trotzdem aber ist die Bedingung, wonach man immer einen Grund angeben kann, warum zu erwarten ist, daß eher das Erwartete als ein Anderes eintritt, bei ihm bereits im Kontext mit „zukünftigen Zufällen" – rationalen Erwartungen also – zu finden.

Den Ergebnissen dieser Untersuchung entsprechend lassen sich die *Erwartungsausdrücke* (1–4) in folgender Weise analysieren:

(i) Erwartungen umfassen den *Ausdruck eines* in der Regel raumzeitlich *bestimmten Ereignisses* in Gestalt einer *kontingenten Aussage:* (5–8).

(ii) Sie umfassen zusätzlich den *Ausdruck der Auszeichnung eines bestimmten Ausgangs* des in (i) genannten Ereignisses vor anderen möglichen Ausgängen („Leibniz-Bedingung") in Gestalt eines *Operators,* der auf die Aussage unter (i) angewandt, diese zu einem Erwartungsausdruck macht.

In den genannten Beispielen wird der *Operator* „Es wird erwartet" bzw. „Erwartungsgemäß gilt" etwa auf die *Aussage* „Los Nr. i ist Treffer der Lotterie L" (5) angewandt. Auf diese Weise erhält man den *Erwartungsausdruck* „Es wird erwartet, daß Los Nr. i Treffer der Lotterie L ist". Dieser Ausdruck entspricht der Erwartung (1): „Los Nr. i wird (bei Ausspielung der Lotterie L) gezogen." Entsprechende Vorgänge führen zu den folgenden Erwartungsausdrücken: „Es wird erwartet, daß der Stein S zum Zeitpunkt t auf dem Boden aufschlägt", „Es wird erwartet, daß der Gesamtumsatz des Unternehmens im (kommenden) Jahr J 2 Mill. S. beträgt", „Es wird erwartet, daß in der Zeitspanne zwischen 1980 und 1985 ein Personenfahrzeug erfunden und entwickelt ist, das mit Hilfe elektrischer Energie

Geschwindigkeiten erreicht, die denen der heutigen Pkw's entsprechen". Diese Ausdrücke entsprechen der Reihe nach den Erwartungen (2–4).

Die Wirkung des in diesen Ausdrücken zur Interpretation entsprechender Aussagen angewandten Erwartungsoperators ist im Sinne der vorstehenden Erörterungen zu verstehen. So spielt dabei die *pragmatische Beziehung* zwischen der erwartenden Person und der durch sie geäußerten Erwartung keine Rolle. Die Betrachtung des Beispiels (4) zeigt die Unabhängigkeit der Erwartungsausdrücke von konkreten Personen oder Personengruppen, die sie äußern: Die Erwartung (4) wird hier in der Regel durch *keinen* der befragten Experten in dieser Gestalt geäußert. Es handelt sich vielmehr um einen Ausdruck, der im Rahmen der vorliegenden Prognoseaufgabe relevant ist. Sinngemäß greift man bei der Begründung dieser Erwartung – bei der Erstellung der Prognose – auf eine Art *Durchschnittsbildung* zurück. Von ihr *hofft* man, daß sie einen Ausdruck liefert, der einigermaßen *problemgerecht* ist (vgl. *Dalkey/Helmer* 1963). Auch im Beispiel (2) ist diese pragmatische Unabhängigkeit klar ersichtlich, denn es kommt in diesem Fall immer nur auf die Zeitdifferenz zwischen dem Loslassen von S in der Höhe h über dem Erdboden und seinem Aufschlagen auf dem Boden an. Diese ist unabhängig vom Erwartenden bzw. dem die Erwartung Äußernden.

Erwartungen der unter (i) und (ii) beschriebenen Gestalt haben offenbar *keinen* Wahrheitswert. Dies geht besonders daraus hervor, daß in ihnen gemäß (ii) Aussagen interpretiert werden. Diese besitzen voraussetzungsgemäß bestimmte Wahrheitswerte. Die entsprechende Erwartung – hätte auch sie einen bestimmten Wahrheitswert – müßte eine *Wahrheitsfunktion* von diesen Aussagen sein. Sie wäre dementsprechend wahr oder falsch in Abhängigkeit von Eintritt oder Nichteintritt des durch die Aussage beschriebenen *Ereignisausgangs*. Der Ausgang des Ereignisses bestimmte damit, ob die entsprechende Erwartung zu Recht besteht oder nicht. Stellte man also angesichts der Erwartung des kommenden Jahresumsatzes des Unternehmens von 2 Mill. S. in dem betreffenden Jahr fest, daß der Umsatz nur 1,5 Mill. S. beträgt, daß also die ereignisbeschreibende Aussage *falsch* ist, so hätte man bei der Wahrheitsbeurteilung dieser Erwartung zwei Möglichkeiten: Entweder es wird angenommen, daß diese ebenfalls *falsch* sei oder aber man nimmt deren *Wahrheit* an. Die letzte Version erscheint absurd, da in diesem Fall entweder kein Unterschied zwischen dieser Erwartung und der Erwartung des Umsatzes von 1,5 Mill. S. im Hinblick auf deren Wahrheitswert bestünde oder aber das Eintreten des Erwarteten zum Urteil führen müßte, daß diese Erwartung ungerechtfertigt, d. h. *falsch*, sei. Wendet man sich aber der erstgenannten Version zu, so könnte jede Erwartung erst hinsichtlich ihres Wahrheitswertes beurteilt werden, wenn der Zeitpunkt eingetreten ist, an dem das entsprechende Ereignis eintreten soll. Damit ist die Entscheidung über die Rechtfertigung einer Erwartung zeitabhängig, was sicherlich ebenso absurd anmutet. Man muß sich also in dieser Frage der Meinung *Stegmüllers* anschließen, der betont, daß eine Prognose eben entweder gerechtfertigt ist oder nicht, unabhängig davon, ob sie „enttäuscht" wird oder nicht (vgl. *Stegmüller* 1973, S. 284 f.; *Knapp* 1972; *Martino* 1972a, S. 11–16).

Von dieser Betrachtung der Erwartung als eines sprachlichen Ausdrucks ist eine Interpretation derselben streng zu unterscheiden, dergemäß sie ein *empirisches Faktum* ist. So kann man sich z. B. dafür interessieren, wie viele Österreicher erwarten, daß in spätestens zwei Jahren ein Krieg in Mitteleuropa ausbrechen wird. Im Rahmen einer sozialwissenschaftlichen Untersuchung lassen sich ausgewählte Österreicher nach ihrer diesbezüglichen Erwartung befragen. Man kann dabei feststellen, welcher Prozentsatz von den Befragten diese Kriegserwartung geäußert hat. Schließlich ist aus diesem Ergebnis – vorausgesetzt bestimmte statistische Bedingungen über die Auswahl dieser Stichprobe sind erfüllt – auf die gesuchte Anzahl zu schließen. Hierbei geht es offensichtlich um die Feststellung des Eintritts eines bestimmten Ereignisses, das durch die Äußerung der angegebenen Kriegserwartung durch eine befragte Person bestimmt ist. Der *Ausdruck* „Herr X erwartet den Ausbruch eines Krieges in Mitteleuropa in längstens zwei Jahren", der dieses Ereignis beschreibt, ist ohne Zweifel eine *Aussage*. Es kann in jedem einzelnen Fall festgestellt werden, ob das Ereignis – die Kriegserwartung durch X – eintritt oder nicht. So ist der entsprechende Ausdruck immer entweder *wahr* oder *falsch*. In diesem Sinne kann also eine Erwartung als Aussage aufgefaßt werden. Dagegen läßt sich diese Auffassung nicht vertreten, wenn die genannte Kriegserwartung im Hinblick auf das Ereignis „Kriegsausbruch" betrachtet wird. Gefragt ist hier nicht die *Meinung des Herrn X*, sondern der *Ausbruch des beschriebenen Krieges;* eine Erwartung, die unter Umständen unter Rückgriff auf die Auskunft des Herrn X begründet werden kann. Damit aber werden die vorhin angestellten Erörterungen in diesem Zusammenhang relevant: Die Beziehung zwischen Erwartung und Erwartetem ist von Interesse, nicht die Erwartung als Ereignis: Erwartet Herr X den Kriegsausbruch, so kann diese Erwartung erfüllt werden oder nicht. X ist aber der Meinung, daß sie eher erfüllt werden wird. Diese Erwartung hat sicherlich keinen Wahrheitswert (vgl. *Knapp* 1972, 1975).

Häufig wird allerdings zur *Begründung* der Erwartung – hier der Kriegserwartung – auf *Meinungsforschung* im oben geschilderten Sinne zurückgegriffen. Erhält man nämlich z. B. das Resultat der Befragung der Österreicher nach ihrer Kriegserwartung, wonach 80 Prozent der Befragten den Kriegsausbruch erwarten, so läßt sich dies als *Zeichen* dafür ansehen, daß die geäußerte Erwartung *begründet* ist. Man nimmt dabei an, daß eine Mehrheit von Personen nicht unbegründete Erwartungen äußert. Diese wird Befragungen aller Art zugrunde gelegt! – Damit sind wir wieder bei der Erörterung der Begründung von Erwartungen angelangt. Die hier angedeutete Annahme stellt eine der genannten außerlogischen *Informationen* dar, die der Begründung von Erwartungen dienen.

b. Relevante Information

Die Betrachtung unserer Beispiele (1–4) führt bereits auf rein intuitiver Ebene zu einer Unterscheidung zwischen (1) und den übrigen Erwartungsausdrücken im Hinblick auf ihre Begründetheit (vgl. I/1). Ihr gemäß wird (1) als *unbegründet* angesehen. (2–4) dagegen sind *begründet* und werden daher als *Prognosen* bezeichnet. Die Frage nach dem Prognosecharakter der entsprechenden Erwartungen wird dabei unter Hinweis auf verschiedene bekannte Verfahren gegeben: Erklärung (Deduktion), Trendverfahren und Expertenbefragung. Inwiefern können diese regelmäßigen Vorgangsweisen, die zu den entsprechenden Prognosen führen, tatsächlich als *Begründungsverfahren* bezeichnet werden? –

Äußert der Besitzer des Loses Nr. i der Lotterie L die Erwartung, daß sein Los gezogen werden wird (1), so sagt er damit gemäß unserer Analyse (vgl. II/1 a) zweierlei:

(i) Los Nr. i kann Treffer dieser Lotterie sein oder nicht.
(ii) Der Käufer ist aber der Ansicht, daß Los Nr. i *eher* Treffer sein wird als, daß es nicht Treffer sein wird.

Bezüglich (i) tritt vorerst keine Frage in unserem Zusammenhang auf. Hinsichtlich der in (ii) geäußerten Ansicht des Losbesitzers ist eben die Frage zu stellen, *woher dieser weiß*, daß gerade sein Los gezogen wird! – Damit ist die Frage nach bestimmten *Kenntnissen* des Losbesitzers gestellt – *Informationen über den erwarteten Ausgang* des betreffenden Ereignisses. Der Gefragte kann in diesem Fall z. B. darauf hinweisen, daß er bei Glücksspielen bisher meistens Glück gehabt hat oder, daß er geträumt hat, Los Nr. i werde diesmal gewinnen, usw. Alle diese Angaben werden nicht als *relevante Informationen* über den erwarteten Ereignisausgang angesehen, denn unser Informant bezieht sich damit immer auf Mitteilungen, die nur ihn persönlich betreffen und daher keinesfalls durch andere Personen überprüft werden können. In diesem Sinne *relevante Informationen* kann unser Losbesitzer nicht angeben, da es sich voraussetzungsgemäß um eine faire Lotterie handelt. So läßt sich in diesem Fall sicherlich der Schluß vom früher eingetretenen Glück auf gegenwärtiges Glück nicht ziehen, da man sich dabei auf gewisse Zusammenhänge zwischen verschiedenen Ereignisausgängen berufen müßte. Dies aber ist ausgeschlossen.

Die Erwartung (2), daß der Stein S zum Zeitpunkt t auf dem Boden aufschlagen wird, zeigt in dieser Hinsicht ein vollkommen anderes Bild. Wieder wird mit der Äußerung dieser Erwartung zweierlei ausgedrückt:

(i) Der Stein S schlägt zum Zeitpunkt t auf dem Boden auf oder er schlägt zu diesem Zeitpunkt nicht auf.
(ii) Es besteht die Ansicht, daß S eher zum Zeitpunkt t aufschlägt als, daß dies nicht der Fall ist.

Wird hier der Erwartende gefragt, woher er *wisse*, daß S gerade zum Zeitpunkt t aufschlägt, kann dieser antworten, daß S in der Höhe h vom Erdboden losgelassen werde, und daß nach dem *Fallgesetz* von Galilei S daher zu diesem Zeitpunkt die Strecke h durchlaufen haben müsse. Diese *Information* muß als *relevant* bezeichnet werden. Der Fragende ist jederzeit in der Lage, diese Angaben zu überprüfen, indem er die genannten Bedingungen herstellt. Relevante Informationen dienen als *Grund* für die Annahme, daß gerade der erwartete Ausgang des betreffenden Ereignisses eintritt. So gesehen sind relevante Informationen *teleologische Objekte*, die im Hinblick auf den *Zweck* der Begründung von Erwartungen bestimmt sind (vgl. *Churchman* 1971, S. 42 f.; *Mitroff/Blankenship* 1973, S. 341 f.). Relevante Information ist in dem Sinne eine *teleologische Klasse*, daß sie zur Auszeichnung der erwarteten Ereignisausgänge unter den möglichen Ausgängen dient. Sie umfaßt als solche *verschiedene* Objekte, die diesem Zweck dienen, die relevanten Informationen. Informationen, die nicht dieser Auszeichnung angesichts einer bestimmten Erwartung dienen, sind *irrelevant* (vgl. III/3).

Die Erwartung (3), daß der Gesamtumsatz des Unternehmens im kommenden Jahr 2 Mill. S. betragen wird, kann nur dann als *Prognose* betrachtet werden, wenn relevante Information im oben genannten Sinne vorliegt. Durch sie soll diese Erwartung begründet werden,

d. h. unter den möglichen Ausgängen des beschriebenen Umsatzprozesses soll gemäß der Leibnizbedingung *einer* – nämlich der genannte – ausgezeichnet werden. In der geschilderten Situation liegen fünf Umsatzwerte vor. Ausgehend von dieser Information allein läßt sich aber die genannte Erwartung *nicht* begründen. Dies sieht man besonders deutlich, wenn man die geschilderte Situation graphisch darstellt: Trägt man die beobachteten Umsatzwerte in ein rechtwinkeliges Koordinatensystem, gebildet aus der Abszisse „Zeit", gemessen in Jahren, und der Ordinate „Umsatz", gemessen in Millionen Schilling, so erhält man eine Folge von fünf Punkten. Diese sind über die durch beide Achsen aufgespannte Ebene verstreut. Diese fünf Punkte können durch die verschiedensten Kurven verbunden werden. Jede von ihnen liefert für den sechsten Zeitpunkt – das kommende Jahr – einen anderen Punkt, und damit wird in jedem Fall ein anderer Umsatzwert prognostiziert: Mit anderen Worten: Jeder mögliche Umsatzwert (Ereignisausgang) kann auf Grund der fünf beobachteten Werte als Erwartung begründet werden. Damit erweist sich die vorliegende Information als *irrelevant:* Sie führt nicht zur Auszeichnung eines der möglichen Ereignisausgänge im Sinne einer Erwartung. Keiner der auf diese Weise erhaltenen Umsatzwerte kann in diesem Sinne als begründete Erwartung und damit als Prognose bezeichnet werden (vgl. *Hullett/Schwartz* 1967; *Blackburn* 1973, S. 83–96; *Swinburne* 1973, S. 108–113; *Hempel* 1960, S. 459 f.).

Dieses Problem der irrelevanten Information zeigt sich besonders deutlich im Rahmen der *Trendprognose*. Dort ist als Vorbereitung zur Anwendung der Prognosetechnik in der Regel die Frage zu stellen, welchen Trendverlauf man in dem vorliegenden Informationsmaterial sieht. Dies führt zur Feststellung des jeweiligen Typs der Trendkurve, deren Parameter unter Rücksichtnahme auf die vorliegenden Informationen statistisch zu schätzen sind. In dem von uns diskutierten Beispiel der Prognose (3) ist diese Frage durch den Prognostiker bereits entschieden, indem er eine durchschnittliche jährliche Steigerung der Umsatzwerte relativ zu den Vorjahreswerten annimmt. Die erwähnte Schätzung hat die Rate von 5% pro Jahr ergeben. Offenbar führt erst die Kenntnis dieses Sachverhalts zur *Auszeichnung genau eines Umsatzwertes* für das kommende Jahr und damit zur Begründung der geäußerten Erwartung (3) – zur Erstellung der entsprechenden Prognose. Sie stellt daher die *relevante Information* dar. Offenbar läßt sich dieses Beispiel so lange mit dem Beispiel (1) der fairen Lotterie vergleichen, bis die entsprechende Entscheidungsproblematik gelöst ist: Die *verschiedenen* Annahmen über den Verlauf des beobachteten Prozesses sind so lange irrelevante Informationen, bis unter ihnen eine entsprechende Auswahl im Hinblick auf das gestellte Prognoseproblem (vgl. I/2) getroffen ist (vgl. III/1 a).

Die besondere Bedeutung dieses Auswahlproblems bei der Begründung von Erwartungen wird durch Beispiele dokumentiert, in denen sogenannte *Wendepunktprognosen* zu erstellen sind (vgl. *Kröber-Riehl/Rolloff* 1972): Betrachtet man den Umsatzverlauf *eines* bestimmten Marken*produkts* auf einem bestimmten Markt innerhalb eines bestimmten Zeitraums, z. B. wöchentlich innerhalb der ersten sechs Wochen nach seiner Einführung auf diesem Markt, so findet man eine mehr oder weniger regelmäßig ansteigende Reihe von Umsatzwerten. Zur Begründung einer Umsatzerwartung dieses Produkts bezogen auf die zehnte zukünftige Woche – also die sechzehnte Woche nach der Produkteinführung – ist die bisher genannte Information irrelevant. Wichtig zu diesem Zweck ist dagegen die Annahme, die der Prognostiker angesichts der geschilderten Situation über den Verlauf des Umsatzprozesses trifft. Da es sich hier um die Umsatzentwicklung *eines Produktes* auf *einem definierten Markt* handelt, neigt der Prognostiker zur Annahme, daß die Bäume nicht in den Himmel wachsen, d. h. er rechnet damit, daß der Umsatzprozeß innerhalb eines bestimmten Zeitraums sich einem bestimmten Niveau nähern wird, das er nicht überschreitet: Der Markt wird im Hinblick auf dieses Produkt gesättigt sein! – Diese Vorstellung führt zur Annahme, daß sich die bisher steigende Wachstumstendenz des Umsatzes in Zukunft verlangsamen wird, daß also die Tendenz dieses Prozesses zu einem Zeitpunkt in der Zukunft *umschlagen* wird. In der oben geschilderten Weise graphisch dargestellt ergibt sich an der diesem Zeitpunkt entsprechenden Stelle ein *Wendepunkt der Kurve*. Die Kenntnis über die Lage dieses Wendepunktes stellt in diesem Zusammenhang eine relevante Information dar (vgl. *Parfitt/Collins* 1968). Offensichtlich ist die hier nur oberflächlich geschilderte relevante Information ihrer Art nach deutlich von der vorher geschilderten irrelevanten Information unterscheidbar: Sie entstammt nicht der direkten Beobachtung, sondern einem nicht genauer festgelegten Wissensbereich, der dem Prognostiker bereits *vor* Durchführung der entsprechenden Beobachtung zur Verfügung steht. Man nennt diesen daher häufig *Vorwissen* (prior knowledge). In diesem Zusammenhang ist besonders auf die bereits zitierte Arbeit von *Helmer* und *Rescher* hinzuweisen (vgl. *Helmer/Rescher* 1959; *Helmer* 1966, S. 16 f.). Sie strebt eine klarere Unterscheidung zwischen dem meist nicht exakt artikulierten Vorwissen und den durch bestimmte Beobachtungen im weiteren Sinne erhaltenen artikulierten Informationen an (vgl. III/1 b).

Schließlich ist an dieser Stelle noch auf das bekannte Paradox von *Goodman* hinzuweisen (vgl. *Goodman* 1965). Dieses weist eine enge Verwandtschaft zu den geschilderten Prognoseproblemen auf. Zugleich unterstreicht es die von jeder quantitativen Betrachtung unabhängige Eigenart des hier vorliegenden Problems der relevanten Information: Eine Anzahl von Smaragden wird auf ihre Farbe hin untersucht. Man stellt dabei für jeden von ihnen fest, daß er grün ist. Es stellt sich nun die Frage, welche Farbe der nächste untersuchte Smaragd haben wird. Wir betrachten an dieser Stelle eine gegenüber der *Goodman*schen Fassung abgeänderte und vereinfachte Fassung des Problems (vgl. dazu III/2 a): Es zeigt sich dabei, daß beim Vorliegen dieser Information allein neben der Erwartung, daß dieser grün sein wird (a) auch die Erwartung jeder anderen Farbe, z. B. daß er blau sein wird (b) in weitgehend übereinstimmender Weise begründet werden kann. Die vorliegende Information ist daher irrelevant. Der Prognostiker hat in beiden Fällen die vorliegende Information entsprechend zu deuten. Das geschieht dadurch, daß er alle Beobachtungsergebnisse als *Instanzen eines Prädikats* auffaßt. Im Fall (a) ist dies das Prädikat „Grün", im Fall (b) das durch *Goodman* erklärte Prädikat „Grue". Die Anwendung *beider* Prädikate setzt voraus, daß *zusätzliches Wissen* über die geschilderte Untersuchungssituation in ihnen *artikuliert* wird: Kann man auf Grund dieses Vorwissens annehmen, daß zwischen der letzten Untersuchung und der folgenden Untersuchung ein Zeitpunkt t liegt, an dem „Grün" in „Blau" umschlägt, so hat man „Grue" zur Begründung der Farberwartung heranzuziehen und (b) gilt als Prognose. Ist dagegen auf Grund dieses Vorwissens die Existenz dieses Zeitpunkts t nicht anzunehmen, ist „Grün" zur Begründung der Farberwartung zu benützen: (a) gilt als Prognose. – Bei entsprechendem Vorwissen über die vorliegende Situation läßt sich also die Farbe des nächsten untersuchten Smaragds prognostizieren. Liegt ein derartiges Wissen nicht vor, ist eine Farbprognose unmöglich. Die relevante Information wird daher in diesem Beispiel durch die entsprechenden Prädikate ausgedrückt. Die in diesen Beispielen angedeutete enge Beziehung zwischen Vorwissen und Prognose wird an späterer Stelle eingehend untersucht werden. Eine derartige Analyse steht im Zusammenhang mit der Betrachtung der Prognose als Aufgabe (vgl. I/2) und wird daher in Teil III wieder aufgegriffen und fortgeführt.

Auch im Rahmen der *Delphi-Prognosen* (allgemein: Expertenschätzungen) ist klar zwischen relevanter und irrelevanter Information zu unterscheiden. Stellt man z. B. an ausgewählte Experten die folgende Frage, so ist damit direkt nach relevanter Information gefragt:

„Nehmen Sie an, 1980 wird die Abtreibung erlaubt: Erwarten Sie dann eine Senkung des Anteils der Körperbehinderten an der Gesamtbevölkerung in Österreich?" – (Für vergleichbare Fragestellungen, allerdings in quantifizierter Gestalt vgl. *Turoff* 1972, S. 312 ff.).

In diesem Zusammenhang tritt die irrelevante Information gegenüber der relevanten zurück: Beobachtungsergebnisse liegen in dieser Situation keine vor, da hier nach dem Zusammenhang zwischen zwei *zukünftigen Ereignissen* gefragt ist. Besteht ein solcher Zusammenhang, so führt er zur Begründung des Ansteigens des Körperbehindertenanteils, besteht er nicht, ist diese Erwartung unbegründet. Die beiden Ereignisse werden durch die folgenden *Aussagen* beschrieben:

(i) 1980 wird die Abtreibung erlaubt.
(ii) Der Anteil der Körperbehinderten an der Gesamtbevölkerung in Österreich steigt.

Ist die eben geäußerte Erwartung eine Prognose, ist die Annahme begründet, daß (ii) wahr ist, daß also das entsprechende Ereignis in der geschilderten Weise ausgeht. Diese Begründung wird unter Hinweis auf das unter (i) beschriebene Ereignis gegeben, dessen positiver Ausgang vorausgesetzt wird. Der dabei vorausgesetzte Zusammenhang ist nicht genauer beschrieben. Die Relevanz der Information wird hier lediglich auf Grund der Voraussetzung seiner Existenz beurteilt. Man sieht also, daß zur Begründung von Erwartungen im allgemeinen nur die Feststellung der *Existenz* von relevanter Information von Bedeutung ist. Ob diese in bestimmter Gestalt vorliegt oder nicht spielt dabei keine Rolle. In dieser Richtung bewegt sich auch die Untersuchung *Hansons*, „Good Inductive Reasons" (*Hanson* 1971, S. 234–248). Danach ist zwar im Zusammenhang der Begründung von Erwartungen immer ein *logisches Argument* in Wenn/dann-Form möglich. Dieses ex post aufgestellte formale Argument trägt aber nichts zur Begründung bei. Vielmehr sind nach *Hanson* interpretierte Informationen der Gestalt „Auf den Eintritt des Ereignisses X *folgt* der Eintritt des Ereignisses Y" aufzuzählen. Der dadurch aufgewiesene Zusammenhang zwischen Ereignisausgängen stellt die in diesem Fall relevante Information dar. Wird seine Existenz in der geschilderten Weise aufgewiesen, ist zugleich auch kein Grund dafür vorhanden, daß diese Interpretation in der Zukunft nicht zutreffen wird! – Vom Standpunkt der Begründung von Erwartungen aus gesehen, zeigt sich in einem derartigen Vorgehen keinerlei *Unvollständigkeit*.

Diese scheint nur dann aufzutreten, wenn man die eben angedeutete logische Rekonstruktion als Argument seiner Auffassung von der Begründung bestimmter Erwartungen zugrunde legt. Dies geschieht u. a. bei *Hempel* (vgl. *Hempel* 1942), wo von „Erklärungsskizzen" die Rede ist (vgl. dazu auch die Darstellung *Stegmüllers* in *Stegmüller* 1969, S. 346–352).

Zusammenfassend kann also gesagt werden:

(i) Die Klärung des *Prognosebegriffs* ist nicht ohne die Klärung des Zusammenhangs zwischen *Erwartung* und *Information* möglich.

(ii) *Information* erweist sich dabei als eine *teleologische Klasse* von Informationen, deren gemeinsamer Zweck die Auszeichnung des erwarteten Ereignisausgangs ist.

(iii) Im Hinblick auf diesen Zweck ist zwischen *relevanter* und *irrelevanter* Information zu unterscheiden.

(iv) *Relevante Information* stützt sich auf den *Aufweis der Existenz* eines entsprechenden *Zusammenhangs zwischen entsprechenden Ereignissen*.

2. Das semantische Modell

Die bisher erarbeiteten Resultate über die strukturelle Eigenart der *Erwartungen* und *Prognosen* als sprachliche Ausdrücke (vgl. I/1) gestatten die Konstruktion eines *semantischen Modells*, das diese in adäquater Weise *formal* faßt. Dazu werden die Ergebnisse von II/1 a und II/1 b herangezogen (vgl. S. 36: (i) und (ii); S. 49: insbesondere (iv)). Diese technische Aufgabe wird in Teil (b) gelöst. Voraussetzung dazu ist allerdings die in (a) erfolgende Einführung geeigneter *Zeichen* zur Beschreibung der bereits auf intuitiver Ebene geschilderten strukturellen Zusammenhänge. Anschließend wird eine Diskussion über das Verhältnis der so gefaßten schematischen Struktur zu benachbarten logischen Auffassungen geführt (vgl. II/2 c). Sie illustriert die in dieser Arbeit vertretene Auffassung über Prognose und Erwartung.

a. Einführung der Symbole

Gemäß II/1 haben *Erwartungen* die folgende Gestalt: Der *Operator* „Es wird erwartet" wird auf kontingente *Aussagen* angewandt. Dabei entstehen Ausdrücke der Gestalt „Es wird erwartet, daß ... gilt". An die Stelle der Punkte tritt eine *Aussage* im Sinne der Aussagenlogik. Angesichts dieser Feststellung hat man daher zunächst Zeichen folgender Art einzuführen:

(i) *Aussagenvariable.* Dafür werden in Übereinstimmung mit der Gepflogenheit der Aussagenlogik die Kleinbuchstaben vom Ende des Alphabets benutzt: p, q, r ...

(ii) *Ein Operator.* Dieser wird in Anlehnung an seine intuitive Bedeutung als Erwartungsoperator durch E bezeichnet.

Erwartungsausdrücke werden gebildet, indem man den Operator E vor die betreffende Aussagenvariable setzt. Diese Aneinanderreihung – Juxtaposition – von Symbolen bezeichnet die Anwendung des Operators auf die entsprechende Aussage, die Bildung des Erwartungsausdrucks – kurz der *Erwartung*. Es gilt die folgende Interpretationsregel für E:

(iii) Die *Aussage* A wird durch Anwendung des Operators E als *Erwartung* EA interpretiert.

A steht hierin als Mitteilungszeichen für eine beliebig strukturierte Aussagenvariable. Liegt etwa p vor, so wird diese Aussage durch E als Erwartung Ep interpretiert. Diese formale Interpretation wird auf intuitiver Ebene als *Auszeichnung* des durch die Aussage p beschriebenen Ereignisausgangs aufgefaßt.

Mit dem Begriff der logischen Aussage werden zugleich die Verknüpfungen zwischen Aussagen erfaßt. Im folgenden werden daher die bekannten *Junktorenzeichen* sinngemäß verwendet:

(iv) (–) für die Negation; (v) für die Disjunktion.

Weitere Zeichen werden bei Bedarf durch Definition auf syntaktischem Wege eingeführt. Sie treten daher bei der Konstruktion des semantischen Modells der Logik der Erwartungen nicht auf. Die genannten Verknüpfungen betreffend gelten die aus der Aussagenlogik bekannten *Formationsregeln* zur Bildung wohlgeformter Ausdrücke:

(v) p, q, r, . . . sind wohlgeformte Ausdrücke der Erwartungslogik.
Ist A ein wohlgeformter Ausdruck, so ist auch (–A) ein wohlgeformter Ausdruck.
Sind A und B wohlgeformte Ausdrücke, so ist auch (AvB) ein wohlgeformter Ausdruck.

Da wir es aber in diesem Zusammenhang mit Ausdrücken der *Erwartungslogik* zu tun haben, muß die folgende Regel für Erwartungen hinzugefügt werden:

(vi) Ist A ein wohlgeformter Ausdruck, so ist auch EA ein wohlgeformter Ausdruck.

A und B sind Mitteilungszeichen der beschriebenen Art: Durch entsprechende Einsetzungen können wohlgeformte Ausdrücke verschiedenster Struktur gebildet werden. Von besonderem Interesse sind etwa die Ausdrücke E (pvq) und E (–q) bzw. (–Ep) und (EpvEq), deren Verhältnis zueinander noch ausführlich zu untersuchen ist. Abschließend ist noch das Ergebnis (iv) von S. 49 symbolisch adäquat zu fassen. Die Existenz der dort charakterisierten *relevanten Information* entscheidet ja über die *Auszeichnung* bestimmter wohlgeformter Ausdrücke – bestimmter Erwartungen – als *Prognosen*. Es gilt:

I Eine *Erwartung* ist eine *Prognose* genau dann, wenn *relevante Information* über den erwarteten *Ereignisausgang* vorliegt.

Diese Regel kann in einem an späterer Stelle noch zu explizierenden Sinn als semantische Belegungsregel für Erwartungsausdrücke aufgefaßt werden (vgl. II/2 b). Zu einer in formaler Hinsicht befriedigenden Fassung derselben ist die korrekte Bezeichnung der relevanten Information Voraussetzung. In ihr wird die *Existenz* eines Zusammenhanges zwischen verschiedenen Ereignissen vorausgesetzt: Es handelt sich hier also um eine *Relation*, die wir durch R bezeichnen, deren Existenz zugrunde gelegt wird. Ihre Struktur ist zu untersuchen.
Im diskutierten Trendbeispiel (3) wird die Erwartung des Gesamtumsatzes von 2 Mill. S. im kommenden Jahr dadurch begründet, daß man einen Zusammenhang zwischen zwei aufeinander folgenden Umsätzen annimmt. Man sagt: Der jeweils folgende Umsatz ist um 5 Prozent größer als dieser. Es ist in diesem Zusammenhang wichtig, daß man klar zwischen *Ereignissen* und zugehörigen *Ausgängen* unterscheidet. Die Zahlenangaben, auf die sich die angestrebte Prognose in (3) unmittelbar stützt, sind durch *Beobachtungen* bestimmter Ereignisse gewonnen, d. h. die Umsatzzahlen werden unter Rück-

sichtnahme auf ganz bestimmte Regeln jährlich *festgestellt.* Damit wird zugleich der *Wahrheitswert* der *Aussage über das Ergebnis* der betreffenden Feststellung festgelegt. Die Aussage „Der Gesamtumsatz im Jahr beträgt 1,9 Mill. S." ist auf Grund der für dieses Jahr erfolgten Umsatzfeststellung *wahr.* Dagegen ist die Aussage „Der Gesamtumsatz im letzten Jahr beträgt 1,5 Mill. S." auf Grund *derselben* Feststellung *falsch.* Mit anderen Worten: Die eben betrachteten Aussagen beschreiben *Ausgänge eines* bestimmten *Ereignisses,* nämlich der *Umsatzfeststellung,* die zum gegebenen Zeitpunkt unter ganz bestimmten Bedingungen erfolgt. Soll nun – wie im vorliegenden Beispiel – von der vorliegenden Umsatzzahl auf die erwartete geschlossen werden, ist dies nur unter der *Annahme* möglich, daß die genannten Umsatzfeststellungen nicht voneinander unabhängig sind, daß also das eine Ereignis nicht zu einem beliebigen Resultat führen kann, wenn das andere Ereignis bereits zu einem bestimmten Ergebnis geführt hat. Dieser Zusammenhang, der sich unmittelbar auf die Verteilung der Wahrheitswerte der entsprechenden Aussagen auswirkt, besteht somit *zwischen Ereignissen:* Bei der Beobachtung zum ersten Zeitpunkt (letztes Jahr) ergibt sich ein Umsatz von 1,9 Mill. S., bei der folgenden Beobachtung ergibt sich (also) ein Umsatz von 2 Mill. S.: Beide entsprechenden Aussagen sind *wahr.* Die Beurteilung der Relevanz der vorliegenden Information gründet sich auf die Existenzbehauptung dieses Zusammenhangs zwischen zwei Ereignissen. Die *Relation* R ist also zwischen Ereignissen erklärt, nicht etwa zwischen *Aussagen.* Wir setzen daher zunächst fest:

(vii) *Wohlunterschiedene Ereignisse* werden durch Großbuchstaben vom Ende des Alphabets bezeichnet.

Dabei steht P für ein Ereignis, das einen durch p beschriebenen Ausgang besitzt.

Der Terminus „wohlunterschieden" deutet darauf hin, daß Ereignisse intuitive Objekte sind. Sie sind als solche klar zu unterscheiden. Im vorliegenden Beispiel geschieht dies durch Angabe des Zeitpunktes der Ausführung der geforderten Feststellungsprozedur. Zugleich wird auch auf die *Regelmäßigkeit* dieses Vorgangs besonders hingewiesen. Die Festlegung der betreffenden Gegenstände in dieser Hinsicht ermöglicht ihre Erfassung als intuitive Objekte (vgl. *Knapp* 1969, S. 77 ff.). Derartige Objekte sind Elemente einer *intuitiven* Klasse – im Beispiel: der Klasse der jährlichen Umsatzfeststellungen bei der genannten Unternehmung unter den entsprechenden Bedingungen. Wir nennen derartige Klassen „Ereignisklassen" und bezeichnen sie im jeweils vorliegenden Fall durch X.

Der Zweck der relevanten Information besteht in der Begründung der jeweils entsprechenden Erwartung, und zwar auf die Weise, daß der erwartete Ereignisausgang *eindeutig* bestimmt wird. Die Beurteilung der Relevanz vorliegender Information erfolgt daher im Hinblick auf die folgenden Gesichtspunkte:

(a) *Vorliegen* eines wohldefinierten *Zusammenhangs zwischen* Elementen der Ereignisklasse X.
(b) *Wahrheitsbewertung* der Aussagen p, q, . . . als Beschreibungen der Ausgänge der betreffenden Ereignisse P. Q, . . . aus X, die in dem unter (a) genannten Zusammenhang stehen.

Es ist nämlich zunächst die Frage, ob der unter (a) genannte Zusammenhang R zwischen Elementen von X tatsächlich als bestehend angenommen werden kann oder nicht. Er soll die folgenden Eigenschaften *mindestens* aufweisen: Die Relation R soll zweistellig sein: d. h. sie soll zwischen je zwei verschiedenen Ereignissen bestehen (i). Sie soll zusätzlich auf der Ereignisklasse X *erklärt* sein (ii).

Eine Relation dieser Art bezeichnen wir folgendermaßen:

(viii) Für jedes *Paar* aus X (Element aus der Paarmenge XxX) gilt entweder R (P, Q) *oder* Nicht-R (P, Q).

Nur in diesem Fall wird das Zeichen „R (P, Q)" in der Folge angewandt. Die *Zweistelligkeit* von R ergibt sich daraus, daß der Zusammenhang zwischen unterschiedlichen Ereignissen darzustellen ist. Im Endeffekt handelt es sich ja um die Fassung der Behauptung: „Ereignis P beeinflußt das Ereignis Q." Dabei hat man es mit einer Behauptung zu tun, nicht etwa mit einer Feststellung von in gewissem Sinne unabänderlichen Tatsachen. Mit anderen Worten: Man stellt in diesem Rahmen die *Interpretation* gewisser Sachverhalte fest, nicht diese selbst. Die besonders in (viii) ausgedrückte *Erklärtheit von R* auf X bedeutet, daß für jedes Paar aus der Ereignisklasse X *feststeht*, ob R auf dieses zutrifft oder nicht. Es gibt diesbezüglich keine unterschiedlichen Fälle (vgl. *Robinson* 1965, S. 9 f.). Voraussetzung zur Begründung der betreffenden Erwartung ist jedenfalls die *Entschiedenheit der Interpretation* der Ereignisse als Grund für die betreffende Erwartung. Es muß daher klar sein, ob von einem Einfluß des Ereignisses P auf das Ereignis Q innerhalb von X gesprochen werden kann oder nicht, und zwar im Hinblick auf die angestrebte Prognose.

Es ist nun häufig der Fall, daß gerade diese Definiertheit von R in Frage steht. In diesem Sinne ist der Begründungsvorgang für Erwartungen genauer zu untersuchen. Wird eine Erwartung Ep geäußert, so läßt sie sich nur dann als Prognose auffassen, wenn die Ereignisklasse X zu dem Ereignis P, dessen Ausgang die Aussage p beschreibt, weitere Ereignisse enthält, die zu P in der Relation R stehen.

Wird im Beispiel der Umsatzprognose die *Erwartung* „Der Umsatz des Jahres J beträgt 1,9 Mill. S." als *Prognose* behauptet, so ist also zunächst im Hinblick auf die bisher durchgeführten Umsatzfeststellungen (Ereignisse) zu fragen, inwieweit diese die im kommenden Jahr erfolgende Umsatzfeststellung beeinflussen. Anders ausgedrückt wird somit gefragt, ob unter den Umsatzfeststellungen der vergangenen Jahre solche enthalten sind, von denen gesagt werden kann, daß sie das in Frage stehende Ereignis – die Umsatzfeststellung des kommenden Jahres – beeinflussen oder nicht. Die bisher aufgetretenen Ereignisse werden daher eingeteilt in solche, die in einer definierten Relation R zu dem ausgewählten Ereignis stehen bzw. nicht stehen und in solche, deren Zusammenhang zum ausgewählten Ereignis *nicht wohldefiniert* ist. Offensichtlich handelt es sich in diesem Zusammenhang um ein echtes *Interpretationsproblem:* Die als Prognose geäußerte Aussage: „Der Umsatz des Jahres J beträgt 1,9 Mill. S." ist als *Erwartungsausdruck* zu verstehen, der sich im Sinne von I auf *relevante Information* stützt. In diesem Sinne ist zunächst nachzuweisen, daß eine *Interpretationsgrundlage* gegeben ist, dergemäß die vorliegende *Erwartung* hinsichtlich des Ereignisses P (Umsatzfeststellung des kommenden Jahres) durch *Aussagen* interpretierbar ist, die *Ausgänge ausgewählter Ereignisse* – Ergebnisse der Feststellungen des Umsatzes vergangener Jahre – beschreiben. Diese Auswahl wird im Hinblick auf die geschilderte Relation

R getroffen. Das in dieser Weise geschilderte Interpretationsproblem entspricht in formaler Hinsicht dem durch *Kripke* dargestellten Problem bei der semantischen Deutung von *Modalkalkülen*, sofern die *Existenz* der Interpretationsgrundlage bereits festliegt (vgl. *Kripke* 1959). Hierin beschreibt die Relation R den Zusammenhang zwischen unterschiedlichen Interpretationen eines modalen Ausdrucks. Auf das Verhältnis zwischen Modallogik und Logik der Prognose gehen wir deshalb im folgenden Abschnitt genauer ein (vgl. II/ 2 c 1).

Zunächst ist also der Begriff der Interpretationsgrundlage im oben geschilderten Sinne zu erklären:

Als „Interpretationsgrundlage für P auf X" wird die *Klasse* aller Elemente Q aus X, für die *entschieden* werden kann, ob sie in der Relation R zu dem Element P aus X stehen oder nicht, herangezogen. Es handelt sich also um diejenige *Teilklasse* (echt oder unecht!) von der Ereignisklasse X, für deren Elemente Q bei fest ausgewähltem Ereignis P genau einer der folgenden Zusammenhänge besteht:

(i) R (Q, P).

(ii) Nicht-R (Q, P).

Die Interpretationsgrundlage für P auf X wird bezeichnet durch I (P/X). Bezüglich dieser Teilklasse von X lassen sich die folgenden Fälle unterscheiden:

(i) I (P/X) $\neq$ O, d. h. einige Ereignisse aus X sind auch Elemente der Interpretationsgrundlage für P auf X: Die Teilklasse I (P/X) von X ist nicht leer.

(ii) I (P/X) = O, d. h. kein Ereignis aus X ist Element der Interpretationsgrundlage für P auf X: Die Teilklasse I (P/X) von X ist leer.

Offenbar ist Fall (i) *Voraussetzung* für die Existenz relevanter Information, denn die Elemente Q von I (P/X) können im Sinne von R zur Interpretation des Ereignisses Q entweder im positiven oder im negativen Sinne herangezogen werden: Im einen Fall besteht die Interpretation von P durch die Ereignisse Q, im anderen Fall besteht diese nicht. Gilt (i), so sprechen wir davon, daß die Interpretationsgrundlage I (P/X) *existiert* bzw. *vorliegt*. Im Fall (ii) wird diese als nicht existent bzw. nicht vorliegend bezeichnet. Liegt I (P/X) nicht vor, kann die entsprechende Erwartung Ep bezüglich P jedenfalls *nicht* als *begründet* betrachtet werden. Angesichts des Auftretens von Fall (ii) muß allerdings von einer Gleichsetzung zwischen „nicht-begründet" und „unbegründet" gewarnt werden. Wir kommen darauf an späterer Stelle zurück (vgl. II/2 c 2). Zunächst gehen wir davon aus, daß I (P/X) vorliegt. Auf dieser Grundlage stellen wir die Frage nach der unter (b) gesuchten *Wahrheitsbewertung* von Aussagen als Beschreibungen von Ereignisausgängen: Zuerst läßt sich sagen, daß von relevanter Information im Sinne von I nur gesprochen werden kann, wenn sie zur Auszeichnung von Ep hinsichtlich P führt; wenn man also sagen kann: Ep ist hinsichtlich P begründet. Unterscheidet man nun in I (P/X) zwischen Elementen Q, die zu P in der Relation R stehen, und solchen, die nicht in dieser Relation zu P stehen, so kann die genannte Auszeichnung nur im Hinblick auf die erstgenannten Ereignisse bestehen: Die Umsatzfeststellungen Q, von denen gesagt werden kann, sie beeinflußten die Umsatzfeststellung P, sind gerade diejenigen Ereignisse, die in der Relation R zu P stehen. Sie führen jeweils zur Ermittlung einer bestimmten Umsatzzahl z, dem Ausgang des betreffenden Ereignisses Q. Aussagen der Gestalt „Der Jahresumsatz beträgt Z Mill. S." beschreiben diese Ereignisausgänge. Jede Aussage ist *wahr* genau dann, wenn gilt: Z=z. Andernfalls ist eine Aussage dieser Gestalt *falsch*. Werden nur Aussagen der beschriebenen Gestalt betrachtet, die sich auf Umsatzfeststellungen beziehen, die die Feststellung P beeinflussen, so kann ein bestimmter Ausgang von P nur im Falle erwartet werden, daß jede der beschreibenden Aussagen hinsichtlich des entsprechenden Ereignisses (Umsatzfeststellung zum 31. 12. des Jahres J) *wahr* ist. Kommen dagegen unter diesen Aussagen *falsche* vor, ist eine entsprechende Erwartung nicht begründet. Angesichts der eben geschilderten Bedingungen (a) und (b) enthalten beschreibende Aussagen genau dann *relevante Information* über den Ausgang „p" des Ereignisses P aus X, wenn bei Vorliegen der Informationsgrundlage I (P/X) für P über X die Ausgänge „q" der über P informierenden Ereignisse Q durch wahre Aussagen q beschrieben werden. Regel I kann in diesem Sinne präzisiert werden:

I. 1 Unter der *Voraussetzung*, daß die *Informationsgrundlage* I (P/X) *existiert*, heißt die *Erwartung* Ep eine *Prognose* bezüglich des Ereignisses P aus X genau dann, wenn für alle Ereignisse Q mit R (Q, P) gilt: Die beschreibende Aussage q ist wahr bezüglich Q.

Die eingangs genannte einschränkende Voraussetzung ist an die Spitze von I. 1 zu stellen. Sie stellt erst sicher, daß der genannte Erwartungsausdruck überhaupt erst im Sinne der folgenden Bedingung über die Wahrheitsbewertung beurteilt werden kann. Dabei treten die folgenden Fälle auf:

(i) Die Teilklasse von I (P/X) mit R (Q, P) ist nicht leer. Alle entsprechenden Ereignisausgänge „q" werden durch *wahre* Aussagen beschrieben. In diesem Fall ist die betreffende *Erwartung* bezüglich P als *begründet* zu betrachten: Ep ist eine Prognose bezüglich P.

(ii) Die Teilklasse von I (P/X) mit R (Q, P) ist nicht leer. Es gibt aber entsprechende Ereignisausgänge „q", die durch *falsche* Aussagen beschrieben werden. In diesem Fall ist die betreffende Erwartung bezüglich P als *unbegründet* zu betrachten: Ep ist *keine Prognose* bezüglich P.

(iii) Die Teilklasse von I (P/X) mit R (Q, P) ist *leer*. Dann besteht für alle Q aus I (P/X) die Relation Nicht-R (Q, P) zu P, d. h. die Q interpretieren das Ereignis P *nicht*. Die entsprechende Erwartung läßt sich daher *nicht* als *begründet* betrachten: Ep ist *keine Prognose* bezüglich P.

Betrachtet man z. B. die Lotterie, so heißt sie „fair" genau dann, wenn Fall (ii) erfüllt ist: Es liegt zwar die Interpretationsgrundlage I (P/X) vor. Alle Ziehungen sind aber laut Voraussetzung voneinander unabhängig. Sie können daher *alle nicht* zur Interpretation der Ziehung Z herangezogen werden. Jede Erwartung über ein Ziehungsergebnis ist daher unbegründet.

b. Konstruktion eines vorläufigen Modells

Mit Hilfe der in II/2 a eingeführten Symbole läßt sich nun die Frage nach der Auszeichnung der wohlgeformten Ausdrücke der Logik der Erwartungen stellen und in korrekter Weise beantworten. Dies geschieht durch die Konstruktion eines *semantischen Modells*. Dadurch soll die bereits intuitiv angedeutete *Belegungsfunktion F* hinsichtlich ihrer Anwendung auf Ausdrücke der Erwartungslogik formal einwandfrei festgelegt werden.

Spricht man davon, daß ein Ereignis P den Ausgang „p" habe, so kann dies in folgender Weise semantisch präzisiert werden: Die Aussage p erhält in dem genannten Fall den Wahrheitswert w, allerdings nur dann, wenn p eben einen möglichen Zustand von P beschreibt. Gemäß dieser Betrachtungsweise liegt also eine semantische *Funktion* vor, die der Aussage p den Wahrheitswert w bezüglich des Ereignisses P zuordnet. Wir schreiben: $F(p; P) = w$. Hat dagegen das Ereignis P nicht den Ausgang „p", so ist p im Hinblick auf F *falsch*. In Zeichen heißt das: $F(p; P) = f$. Eine entsprechende Zuordnung zwischen einem wohlgeformten Ausdruck und einem Wahrheitswert, bezogen auf ein bestimmtes Ereignis, tritt auch auf, wenn eine Erwartung der Gestalt Ep gemäß (I) als *Prognose* bezeichnet wird. Dies zeigt sich bereits in (I. 1) deutlich, wird aber im folgenden noch klarer gezeigt werden. Es ist nun unsere Aufgabe, diese *Funktion F* zu präzisieren. Sie wird *Belegungsfunktion* genannt.

Neben dieser Funktion treten in dem dazu konstruierten Modell noch die folgenden Zeichen auf:

(i) Die *Ereignisse* P, Q, ... als Elemente der *Ereignisklasse* X.
(ii) Die *wohlgeformten Ausdrücke* der Erwartungslogik (vgl. II/2a: v, vi als Elemente der *Klasse der Ausdrücke* A.
(iii) Die *Interpretationsgrundlage* I (P/X) (vgl. II/2a).
(iv) Die Klasse der Wahrheitswerte W mit den Elementen w und f.

Die *Belegungsfunktion* F ist eine *eindeutige Zuordnung* zwischen *Paaren,* gebildet aus je einem Element aus A und je einem Element aus X, und einem Element aus W. Unter der *Voraussetzung,* daß I (P/X) existiert, interpretiert F die Aussagen aus A entsprechend der *Erwartungslogik* genau dann, wenn diese Funktion die folgenden Regeln erfüllt:

II.1 Für jedes P aus X und jedes p aus A gilt:
Entweder $F(p; P) = w$ oder $F(p; P) = f$.

II.2 Für jedes P aus X und jedes p aus A gilt:
$F(-p; P) = w$ genau dann, wenn $F(p; P) = f$.

II.3 Für jedes P aus X und jedes p aus A gilt:
$F(pvq; P) = w$ genau dann, wenn $F(p; P) = w$ oder $F(q; P) = w$.

II.4 Für jedes P aus X und jedes p aus A gilt:
$F(Ep; P) = w$ genau dann, wenn für jedes Q aus $I(P/X)$ mit $R(Q, P)$ gilt: $F(p; Q) = w$.

Das geordnete Tripel (X, R, F) wird unter der genannten Voraussetzung im Falle der Geltung von II.1–4 *semantisches Modell* der Erwartungslogik genannt.

An dieser Stelle bleibt die Frage nach der Konstruktion eines semantischen Modells der Erwartungslogik offen, das von der einschränkenden Bedingung über die Interpretationsgrundlage für P auf X absieht und so der allgemeinen Prognoseaufgabe gerecht wird.

Die vorliegenden Belegungsregeln können in zwei Gruppen eingeteilt werden. Die Regeln II.1–3 beziehen sich auf die Bewertung zusammengesetzter Ausgangsbeschreibungen. Alle diese Bewertungen finden auf dem Hintergrund jeweils *ein und desselben* Ereignisses P statt. Dementsprechend spielt in ihnen $I(P/X)$ keine Rolle. Der Zusammenhang zwischen verschiedenen Ereignissen einer Ereignisklasse beeinflußt dabei die semantische Bewertung der Ausdrücke nicht. Dagegen ist dieser Zusammenhang bei der Bewertung von Erwartungen nach II.4 Voraussetzung. Hiebei bezieht man sich auf *eine Klasse wohlunterschiedener Ereignisse*.

In diesem Sinne kann davon gesprochen werden, daß die Klasse der nach den ersten drei Regeln bewerteten Ausdrücke sich auf die Beschreibung von reinen *Zufallsereignissen* bezieht: Alle drei Regeln lassen sich auf dem Boden des Beispiels einer fairen Lotterie erläutern. Hier ist von *einem* Ereignis – der *Ziehung* – die Rede. Diese findet zu einer bestimmten Zeit nach festgelegten Regeln statt. Angesichts der entsprechenden *Lotterie* ist festzustellen, daß jedes der ausgespielten Lose entweder gezogen wird oder nicht gezogen wird. Die Aussage „Los Nr. i wird gezogen" ist daher *wahr* bezüglich dieser Ziehung oder sie ist *falsch* bezüglich dieser Ziehung. Es gibt keine weitere Möglichkeit. Dies entspricht der Regel II.1. Stellt man bei der genannten Ziehung fest, daß die eben genannte Aussage nicht zutrifft, d. h. das Los Nr. i nicht gezogen wird, kann man sagen, daß die Aussage „Das Los Nr. i wird nicht gezogen" in diesem Falle *wahr* ist. Umgekehrt ist im Falle des Zutreffens der Aussage, daß das Los Nr. i gezogen wird, ist die Aussage, daß dieses Los nicht gezogen wird, *falsch*. Damit ist die Wirkungsweise von II.2 illustriert. Betrachtet man aus Anlaß einer und derselben Ziehung die beiden Aussagen: „Los Nr. i wird gezogen" und „Los Nr. k wird gezogen" – i und k seien verschiedene Zahlen –, so läßt sich daraus die Aussage bilden: „Los Nr. i wird gezogen *oder* Los Nr. k wird gezogen." Diese Aussage trifft gerade dann zu, wenn die Ziehung Z einen der beiden durch eine der genannten Aussagen beschriebenen Ausgänge hat. Wenigstens eine der beiden Teilaussagen ist daher *wahr*. Regel II.3 bringt diesen Zusammenhang zum Ausdruck.
Im Zusammenhang mit der Begründung von Erwartungen ist dagegen Regel II.4 von ausschließlichem Interesse. Voraussetzung zu ihrer Anwendung ist die Ent-

scheidung über das Vorliegen der Interpretationsgrundlage I(P/X). Ein Vergleich zwischen der Formulierung I.1 und der Regel II.4 führt zur Feststellung, daß der Ausdruck „Prognose bezüglich des Ereignisses P" durch den Ausdruck „$F(x;P) = w$" ersetzbar ist, sofern die Bedingung: $I(P/X) \neq O$ erfüllt ist. Dabei steht x für einen mit Hilfe von (II/2a: vi) konstruierten *Erwartungsausdruck*. Darin ist der Grund für die Möglichkeit zu sehen, I.1 als Belegungsregel im Rahmen des Modells (X, R, F) zu sehen. Liegt ein beliebiger Erwartungsausdruck Ep vor, so gibt es im Hinblick auf seine Wertebelegung die folgenden Möglichkeiten:

(a) Die Interpretationsgrundlage I(P/X) existiert. Dann ist der *Wahrheitswert* von Ep gemäß (X, R, F) *bestimmt*.

(b) Die Interpretationsgrundlage I(P/X) *existiert nicht*. Dann ist über die Werteverteilung vorläufig nichts bekannt. Die Erwartung Ep ist *nicht-begründet* im Sinne des Modells (X, R, F). Dieser Zustand ist streng von der *Unbegründetheit* von Erwartungen zu unterscheiden, der im Rahmen von (a) unter ganz genau festgelegten Bedingungen auftritt (vgl. S. 59 f.: (ii), (iii)).

Im Unterschied zur Grundlegung der *Modallogik* besteht bei der Konstruktion eines vollständigen Modells der *Erwartungslogik* die Notwendigkeit, den Fall (b) besonders zu berücksichtigen.

c. Fortsetzung der Modellkonstruktion

Eine oberflächliche Betrachtung des vorliegenden semantischen Modells der Erwartungslogik (II/2b) zeigt bereits dessen enge Verwandtschaft zu Systemen der *Mo-*

dallogik. Diese wird in der Folge genauer zu analysieren sein (c 1). Die eingehendere Betrachtung der Übereinstimmung und des grundlegenden Unterschieds zwischen *Erwartungs*begriff und *Notwendigkeits*begriff führt zu einer genaueren Betrachtung der bereits angedeuteten *Unbestimmtheit* der semantischen Bewertung der Erwartungsbegriffe und damit zu einer vergleichenden Betrachtung zwischen Erwartungslogik und der *dreiwertigen Logik* nach *Kleene*, in der ein „Wert" der *Unbestimmtheit* eingeführt wird (c 2). Dabei zeigt sich, daß die Logik dieses Typs dem System der Erwartungslogik ebenfalls nur unter einschränkenden Bedingungen entspricht: Die charakteristische Beziehung zwischen Ausdrücken der Gestalt E(pvq) bzw. E(-p) und (EpvEq) bzw. (-Ep) wird in diesem Zusammenhang nicht adäquat erfaßt. Dies gelingt in weit angemessenerer Weise im System der *modifizierten zweiwertigen Logik* nach *Körner*. Daher werden anschließend diese beiden Systeme einer vergleichenden Betrachtung unterworfen (c 3). Dabei stellt sich die enge Benachbarung der *Körner*schen Logik zur *deontischen* Logik in der Deutung *Weinbergers* heraus, die abschließend genauer verfolgt wird (c 4). Diese vergleichenden Untersuchungen führen zu einem tieferen Verständnis des logischen Erwartungsbegriffs, das der im dritten Teil (III) erfolgenden weiterführenden Betrachtung zugrunde gelegt wird.

1) Erwartung und Notwendigkeit

Das eben aufgestellte semantische Modell (X, R, F) läßt sich mit semantischen Modellen der *Modallogik* vergleichen. Dazu wird das durch *Hughes* und *Cresswell* beschriebene herangezogen (vgl. *Hughes/Cresswell* 1968, S. 73):

Hinsichtlich der Klasse der *wohlgeformten Ausdrücke* besteht kein Unterschied zwischen den zu vergleichenden Systemen. Auch die Elemente der Klasse X des Erwartungssystems lassen sich ohne Schwierigkeiten durch die Elemente w der Klasse W ersetzen. Die Ereignisklasse entspricht dann der Klasse der „möglichen Welten". In struktureller Hinsicht besteht auch kein Unterschied zwischen den jeweils charakteristischen Operatoren E „Erwartung" und L „Notwendigkeit". Sie interpretieren die betreffenden Aussagen in entsprechender Weise. Anstelle des Zeichens F tritt bei *Hughes* und *Cresswell* das Zeichen V auf. Die Klasse der Wahrheitswerte enthält in der Notierung dieser Autoren die Elemente 1 für „wahr" und 0 für „falsch". Entsprechend diesen Feststellungen lassen sich die Belegungsregeln II.1–3 unseres Systems in die Regeln III.1–3 übertragen:

III. 1 Für jedes w aus W und jedes p aus A gilt:
Entweder $V(p;w) = 1$ oder $V(p;w) = 0$.

III. 2 Für jedes w aus W und jedes p aus A gilt:
$V(-p;w) = 1$ genau dann, wenn $V(p;w) = 0$.

III. 3 Für jedes w aus W und jedes p aus A gilt:
$V(pvq;w) = 1$ genau dann, wenn $V(p;w) = 1$
oder $V(q;w) = 1$

Die Modallogik unterscheidet sich also im Hinblick auf die operatorfreien Ausdrücke nicht von der Erwartungslogik. In dieser Hinsicht besteht auch kein Unterschied zwischen der Modallogik und der zweiwertigen Aussagenlogik. Aus der Sicht der Erwartungslogik entspricht diese Beschränkung einer ausschließlichen Betrachtung diverser Ausgänge eines einzigen Ereignisses P. Im Sinne der Wahrscheinlichkeitsrechnung handelt es sich um reine Zufallsereignisse. Aus der Sicht der Modallogik entspricht dies der Betrachtung verschiedener Zustände einer „Welt". Aussagenlogisch interpretiert, sieht man nur bestimmte Zustände bzw. Sachverhalte ohne Rücksicht auf ihre Deutung als Zustände bestimmter „Welten" oder als Ausgänge bestimmter Ereignisse.

Im Hinblick auf die Wertbelegung von Ausdrücken, die mit Hilfe eines charakteristischen Operators gebildet sind, zeigt sich der Unterschied zwischen *erwartungs-* und *modal-logischer* Interpretation. Die entsprechende Übertragung der Belegungsregel II.4 ist nur unter der *Voraussetzung* der Existenz der Interpretationsgrundlage I(P/X) möglich. Bei Ersetzung des dort auftretenden Operators E durch L erhält man dann:

III. 4′ Für jedes w aus W und jedes p aus A gilt:
V(Lp; w) = 1 genau dann, wenn für jedes w aus I (w/W) mit R (w′, w) gilt: V (p; w′) = 1.

Dagegen gilt im Rahmen des semantischen Modells der Modallogik:

III. 4 Für jedes w aus W und jedes p aus A gilt:
V(Lp; w) = 1 genau dann, wenn für jedes w′ aus W mit R (w′, w) gilt: V (p; w) = 1.

Zwischen diesen Regeln besteht ein wichtiger Unterschied: An die Stelle von I(w/W) im Rahmen der Erwartungslogik tritt in der Modallogik die Klasse der möglichen Welten W. Der Operator „L" hat im allgemeinen in den genannten Zusammenhängen unterschiedliche Bedeutung: „Notwendigkeit" und „Prognose" sind ohne Einschränkung betrachtet verschiedene Begriffe! – Allerdings hat die dem Vergleich zugrunde gelegte Voraussetzung der Existenz der Interpretationsgrundlage I(P/X) zur Folge, daß I(P/X) als unechte Teilklasse

von X betrachtet werden kann. Es ergeben sich demgemäß die beiden Möglichkeiten:
(i) $I(P/X) = X$.
(ii) $I(P/X) \neq X$.
Die erwähnte Ersetzung von X durch W und P durch w führt im Falle (i) dazu, daß I (w/W) aus Regel III. 4′ durch W ersetzt werden kann: In diesem Fall entspricht also Regel III. 4′ der Regel III. 4 – selbstverständlich immer unter der Voraussetzung, daß $I(P/X)$ nicht leer ist. Diese Voraussetzung ist umgekehrt unter der Bedingung (i) immer erfüllt, da die Ereignisklasse X als nicht leer vorausgesetzt wird. Man kann also sagen: Die Klasse der möglichen Welten entspricht der Ereignisklasse X, genau dann, wenn diese Klasse der Interpretation $I(P/X)$ entspricht. „Mögliche Welten" im Sinne der Modallogik sind daher „Ereignisse" im Sinne der Erwartungslogik, die entweder P interpretieren oder nicht P interpretieren.

Diese Feststellung führt zu einer Deutung des durch (ii) ausgedrückten Unterschieds zwischen Erwartungs- und Modallogik bei Vorliegen der Interpretationsgrundlage I (P/X): Der Ereignisbegriff unterscheidet sich vom Begriff der möglichen Welt dadurch, daß nicht für jedes Ereignis entschieden ist, ob es das Bezugsereignis interpretiert oder nicht. Derartige Ereignisse – wir nennen sie unbestimmt – treten unter der Bedingung $I(P/X) \neq O$ in Fall (ii) auf. Die Ereignisklasse X enthält also neben bestimmten Ereignissen – für sie ist das Interpretationsverhältnis im oben geschilderten Sinne geklärt – auch unbestimmte Ereignisse. Darin unterscheiden sich die beiden semantischen Modelle (X, R, F) und (W, R, V) bei existierender Interpretationsgrundlage I (P/X). Unbestimmte Ereignisse sind aus der modallogischen Betrachtung ausgeschlossen. Angesichts dieses Unterschieds erweisen sich die häufig unternommenen Versuche der Zurückführung von Prognosen auf Notwendigkeiten und entsprechend Erwartungen auf Möglichkeiten als gescheitert. Als in diesem Sinne klassisches Beispiel kann die Argumentation *Poppers* gegen die Begründetheit langfristiger Sozialprognosen gelten (vgl. *Popper* 1972b, S. V f.). Im Rahmen unserer Terminologie sprechen wir in diesem Zusammenhang anstelle von „Prognosen" von „Erwartungen", da ja die Begründetheit derartiger Ausdrücke in Frage steht. Er geht in diesem Zusammenhang davon aus, daß Erwartungen, die sich auf Ereignisausgänge beziehen, die in weiterer Zukunft auftreten, zu ihrer Begründung die *Kenntnis* von zum gegenwärtigen Zeitpunkt noch nicht eingetretenen Sachverhalten voraussetzt. Diese ist gerade im Falle der Langfristigkeit der angestrebten Prognose jedoch nicht gegeben. Man müßte dazu in der Gegenwart wissen, was man erst in der Zukunft wissen kann. Wie bereits *Stenner* (vgl. *Stenner* 1964, S. 418) treffend hervorhebt, wird in diesem Argument von einem sehr ungenau umschriebenen *Wissensbegriff* ausgegangen. Danach besteht ein „Wissen" in einer Klasse von Aussagen, die sich auf Ereignisse beziehen. Dabei bleibt der durch Popper im Rahmen des vorliegenden Arguments hervorgehobene *zeitliche* Unterschied zunächst unerwähnt. Um die erwähnte Schlußfolgerung aber ziehen zu können, ist anstelle dieses *allgemeinen* Wissensbegriffs von dem *spezielleren* Begriff „gegenwärtigen Wissens" auszugehen (vgl. *Lorenzen/Schwemmer* 1973, S. 82). Dieses faßt nur Vergangenheits- und Gegenwartsaussagen zusammen. Zukunftsaussagen werden ausgeschlossen. In diesem Sinne scheint es tatsächlich trivial, wird die Möglichkeit jedes „Zukunftswissens" als Klasse von Zukunftsaussagen abgelehnt: Die Wertebelegung von Aussagen über zukünftige Ereignisse ist tatsächlich nicht bestimmt, solange bis darüber wieder gegenwärtiges Wissen vorliegt. Unsere bisher durchgeführte semantische Modellbetrachtung weist allerdings darauf hin, daß auf dem bisher angedeuteten Weg doch von einer Art des „Zukunftswissens" gesprochen werden kann; wenn man sich dabei auf eine Klasse *modaler* Aussagen bezieht (vgl. *Lorenzen/Schwemmer* 1973, S. 81). Sieht man modale Aussagen als solche an, die aus jedem möglichen gegenwärtigen Wissen logisch ableitbar sind (vgl. *Lorenzen/Schwemmer* 1973, S. 82 f.), so ist darin der Zusammenhang zwischen gegenwärtigem und zukünftigem Wissen festgehalten. Er besteht – wie bei *Popper* – in der *logischen Ableitbarkeit* (vgl. *Popper* 1935). *Prognosen* über zukünftige Ereignisse sind in diesem Sinne mit *Notwendigkeitsaussagen* zu identifizieren. Sie lassen sich logisch begründen, und sind daher auch im Sinne *Poppers* als echte Prognosen zu betrachten. *Langfristige* Prognosen im Sinne *Poppers* unterscheiden sich daher von den eben geschilderten Prognosen. Das „Wissen", dessen Existenz von ihm abgelehnt wird, läßt sich nicht als „Zukunftswissen" der geschilderten Art auffassen: *Poppers* Argument bezieht sich daher auf einen Wissensbegriff, der sich auf eine Ereignisklasse X bezieht, die *nicht* mit der Interpretations*grundlage* I(P/X) *identifizierbar* ist. Es treten also *unbestimmte Ereignisse* auf, auf die sich die in diesem „Wissen" zusammengefaßten Ausdrücke beziehen. „Zukünftiges Wissen", wie es *Popper* nennt, wird als unmöglich gehalten. Erwartungen, die sich auf derartige Ereignisse beziehen, sind nach *Popper* unbegründet.

An der Existenz unbestimmter Ereignisse wird nicht gezweifelt. *Lorenzen* und *Schwemmer* beschreiben treffend einen Typ derselben:

„Nach dem Versuch, eine Kultursituation S zu reproduzieren, sind aber wir – die die Reproduktion von S versuchen – Teil der hergestellten Situation S. Als Teil der Situation S hatten wir dagegen nicht versucht, S zu reproduzieren" (*Lorenzen/Schwemmer* 1973, S. 185).
Wird also ein Ereignis als die *Herstellung* einer bestimmten Situation beschrieben, die zu einer bestimmten Zeit stattfindet, so läßt sich zunächst nicht entscheiden, ob ein bestimmtes Ereignis ein festgewähltes interpretiert oder nicht: Ein Vergleich zweier Ereignisse im Hinblick auf ihre Resultate ist jedenfalls *nicht* möglich, wie zu Recht hervorgehoben wird. Gerade auf die unbeabsichtigte Änderung der Situationen kommt es ja in diesem Zusammenhang an.
Es ist nun nicht einzusehen, warum eine Erwartung, die auf eines der geschilderten Ereignisse P bezogen ist, schon deshalb unbegründet sein soll – so *Popper* –, weil dieses Ereignis in X auftritt. Unter den Ereignissen aus X können durchaus solche auftreten, die zur Interpretation von P herangezogen werden können. Die Interpretationsgrundlage I(P/X) liegt in diesem Falle vor. Eine Bewertung nach (X, R, F) erscheint möglich. Dies ist jedenfalls dann möglich, wenn wie in der Schilderung von *Lorenzen* und *Schwemmer* Situationen herzustellen sind, die beim erforderlichen Herstellungsprozeß nicht nachhaltig durch äußere Einflüsse mitbeeinflußt werden. Bei der Begründung der entsprechenden Erwartung stützt man sich daher naheliegenderweise zunächst auf derartige Fälle. Langfristige Erwartungen dieser Art erscheinen zumindest ebenso gerechtfertigt wie die durch *Popper* als begründet betrachteten Erwartungen. Ein völliges Absehen von unbestimmten Ereignissen bei der Abgrenzung der Klasse X der Ereignisse selbst ist nicht möglich, da sonst die Bezugsereignisse selbst mit aus-

geschlossen würden, handelt es sich um langfristige Erwartungen der geschilderten Art. Gerade in diesem Bezug unterscheiden sie sich aber maßgeblich von Prognosen des früher geschilderten *theoretischen* Typs. Mit anderen Worten, das grundlegende Prognoseproblem ist bereits gelöst, geht man von der Identifizierung zwischen Ereignisklasse X und Interpretationsgrundlage I(P/X) aus. Durch den Ausschluß der unbestimmten Ereignisse aus der Betrachtung beschränkt sich *Popper* auf den Fall, in dem bereits im Hinblick auf die angestrebte Prognose vollständige Theorien zu deren Begründung vorliegen: „Wissen" heißt bei ihm also „theoretisches Wissen".

Diese Beschränkung auf theoretisches Wissen erweist sich also als zu eng im Sinne der Logik der Erwartungen. Aus diesem Grunde kann auch der in diesem Zusammenhang abgegebenen Empfehlung *Stenners* nicht gefolgt werden, der zur Begründung langfristiger Sozialprognosen *empirische Theorien* heranziehen will (vgl. *Stenner* 1964, S. 428).

Auf den interessanten Lösungsvorschlag von *Lorenzen* und *Schwemmer,* der letzten Endes auf eine Reduzierung des Prognosebegriffs auf einen Modalbegriff zurückzuführen ist, wird an späterer Stelle genauer eingegangen. Seine Undurchführbarkeit ist aus der eben gegebenen Schilderung ersichtlich. Auch *Cohen* versucht, der im Zusammenhang mit Prognosen auftretenden Forderung in eigenständiger Weise gerecht zu werden (vgl. *Cohen* 1970): Er erkennt, daß die Entscheidung des Prognostikers über die Eignung eines vorliegenden Ereignisses zur Interpretation des Bezugsereignisses angesichts unterschiedlicher Ereignisse in verschiedenem Ausmaß festgelegt erscheint. Diese unterschiedliche Begründungsintensität versucht er durch eine Folge graduell abgestufter *Modaloperatoren* zu fassen. Er greift dabei auf eine Folge durchgeführter *kanonischer* Experimente zurück, also auf Ereignisse, die nach *ganz bestimmten Regeln* durchzuführen sind. Über diese wird vorausgesetzt, daß sie als solche zur gegenseitigen Interpretation geeignet bzw. ungeeignet sind. Auch in diesem Ansatz wird also Modallogik mit Erwartungslogik identifiziert: Nur noch Erwartungen, die auf theoretische Zusammenhänge zurückgreifen, können auf diese Weise bewertet werden! –

Die eben aufgezeigten Probleme seien an folgendem Beispiel erläutert:

(15) „Der Absatz eines bestimmten Produkts P eines Unternehmens auf einem bestimmten Markt beträgt innerhalb des kommenden halben Jahres monatlich zwischen 270 000 und 330 000 Stück."

Ist die in (15) ausgedrückte *Erwartung* im Sinne unseres Modells (X, R, F) als Prognose zu betrachten? –

Zur Beantwortung dieser Frage hat man zunächst die Ereignisklasse X im Rahmen des ausgesprochenen Prognoseproblems festzustellen: Die Erwartung (15) bezieht sich offensichtlich auf die Ergebnisse von Zählungen jeweils im Zeitraum eines Monats auf dem genannten Markt durch das entsprechende Unternehmen abgesetzter Produkte des Typs P in Stück. Setzt man die relative Stabilität des betreffenden Marktes und des entsprechenden Unternehmens auf diesem Markt voraus, können die Bezugsereignisse vorerst folgendermaßen beschrieben werden:

(16) „Monatlich durchzuführende *Zählung* der innerhalb des vorangehenden Monats abgesetzten Stück des Produkts P."

Die *Klasse X* enthält somit *Zählungen der Art (16)*, die innerhalb eines bestimmten Zeitraums durchgeführt werden. Hat das betreffende Unternehmen derartige Zählungen bereits das ganze vergangene Jahr hindurch durchgeführt, so umfaßt X 18 Elemente. Davon haben 12 bereits zu bestimmten Ergebnissen geführt, die durch folgende *Aussage* beschrieben werden:

(17) „Der monatliche Absatz von P beträgt Z Stück."

Die Zahl Z liegt dabei bei jeder Zählung zwischen 270 000 und 330 000 Stück, sofern (15) als *Prognose* Geltung haben soll. In diesem Falle wird der Erwartungsausdruck im Sinne von (X, R, F) als bezüglich jeder einzelnen der folgenden Zählungen als wahr betrachtet, setzt man zusätzlich voraus, daß eine entsprechende Interpretationsgrundlage existiert:

(18) „Es wird erwartet, daß gilt: Der monatliche Absatz von P beträgt Z Stück."

Stellt man dagegen unter der gegebenen Voraussetzung fest, daß wenigstens eine der durchgeführten Zählungen zu einem Resultat Z führt, das außerhalb des angegebenen Intervalls liegt, ist (18) im Sinne von (X, R, F) als falsch zu bewerten und daher nicht als Prognose zu betrachten.

Bevor aber diese häufig ohne Bedenken angestellten Überlegungen anwendbar sind, ist die Frage nach der Existenz der *Interpretationsgrundlage* für die Bezugsereignisse auf X zu stellen. Ihre Beantwortung erweist sich bei der Durchführung der Prognoseaufgabe in der Regel als wesentlich komplizierter als die vorhin angestellten Überlegungen:

Zunächst nimmt man dabei häufig an, daß die *Zählungen* (16) alle zur Interpretation der folgenden Zählungen herangezogen werden können. Das bedeutet, daß die im Rahmen der Interpretationsgrundlage I (P/X) geforderte zweistellige Relation R zwischen Zählungen *definiert* ist. Sie besteht im vorliegenden Fall darin, daß alle genannten Zählungen aus X zu in gewissem Sinne *vergleichbaren* oder unvergleichbaren Ergebnissen führen: Kurz ausgedrückt, daß für alle Absatzzahlen Z in den Aussagen (17) die Frage nach ihrer Vergleichbarkeit entschieden ist. Da es dann voraussetzungsgemäß keinen Anlaß gibt, innerhalb des genannten Zeitraums von 18 Monaten das Auftreten störender Einflüsse auf die Zählergebnisse zu vermuten, ist eine Interpretationsgrundlage gegeben. Zusammen mit der oben gemachten Feststellung über die Bewertung der Aussagen (17) ergibt dies, daß (15) als Prognose zu betrachten ist.

Gerade die zunächst in oberflächlicher Weise angedeutete Frage der Vergleichbarkeit der Ergebnisse der Zählungen und damit nach der Tauglichkeit einzelner Ereignisse zur Interpretation der Bezugsereignisse der Erwartung (15) weist in Richtung auf das eigentliche Problem der Prognose: Unter welchen Bedingungen läßt sich eine Zählung als Interpretation einer anderen auffassen? – Eine erste Frage in dieser Richtung stellt sich, wenn man einzelnen Zählergebnissen die Prognoserelevanz abspricht. Dies ist u. a. der Fall, wenn das betreffende Produkt absatzmäßig durch *unregelmäßige* Markteinflüsse in ungewöhnlich starkem Maße beeinflußt erscheint. Man denke dabei etwa an Bier, in einem überdurchschnittlich heißen Herbstmonat, usw. In derartigen Fällen gibt es unter den Ereignissen (Zählungen) solche, die zur Interpretation des Bezugsereignisses herangezogen werden können, *und* solche, die dazu nicht geeignet erscheinen. Ist diese Aufteilung *vollständig* in dem Sinne, daß für je zwei Zählungen feststeht, ob sie der Interpretation dienlich sind oder nicht, so liegt weiterhin eine Interpretationsgrundlage I(P/X) vor. Man kann bei (15) immer noch von einer Prognose sprechen.

In einem nächsten Schritt nun kann u. U. festgestellt werden, daß einzelne Zählungen zur Interpretation des Bezugsereignisses (z. B. der Zählung von P am folgenden Monat) weder einwandfrei geeignet noch einwandfrei ungeeignet erscheinen. Dies ist grundsätzlich hinsichtlich aller möglichen Produkte der Fall. Sie dienen ja bis zu einem gewissen Grade der sogenannten Bedürfnisbefriedigung, d. h. sie sind in erster Linie durch *Funktionen* definiert, die sie möglichst gut erfüllen sollen. In diesem Zusammenhang ist zunächst an Substitutionsprodukte zu denken. In der weiteren Folge gehören in diesen Zusammenhang auch die technischen Produkte selbst, die dem technischen Fortschritt unterliegen: *Singer* (vgl. *Singer* 1959, S. 326 ff.) zeigt dies am Beispiel der *Uhr* als *Zeitmesser*. Im Laufe der Jahrhunderte treten als Uhren die unterschiedlichsten Objekte auf, wie z. B. Sanduhren, Sonnenuhren, Pendeluhren, Taschenuhren usw. Werden solche Produkte entsprechenden Zählprozessen unterworfen, steht die Vergleichbarkeit der Zählergebnisse in Zweifel. Im vorliegenden Beispiel dient das Bier jedenfalls der Löschung des Durstes. Eine entsprechende Funktion erfüllt auch Apfelsaft u. ä. Man kann betreffend der in bestimmten Monaten auftretenden Zählergebnisse fragen, ob nicht an die Stelle des Biers in anderen Monaten verstärkt Apfelsaft tritt und umgekehrt. Dementsprechend treten nunmehr Fälle der *Unbestimmtheit* der Ereignisse aus X auf. Die entsprechenden Zählungen sind nicht in der Interpretationsgrundlage I (P/X) enthalten. Solange jedoch noch in diesem Sinne bestimmte Zählungen in X vorliegen, läßt sich die Erwartung (15) noch begründen. Sie kann daher noch als Prognose gelten. Allerdings besteht ein wichtiger Unterschied zwischen dem zuerstgenannten Fall, in dem die Relation R auf X durchgehend erklärt ist, und dem zuletzt erörterten Fall, der Unbestimmtheiten bezüglich R enthält. Im ersten Fall ist die Klasse X der Zählungen mit der Interpretationsgrundlage I(P/X) bezüglich P auf X *identifizierbar* (a), die *Prognose* (15) entspricht deshalb der *Notwendigkeit:*

(19) „Es ist notwendig, daß gilt: Der monatliche Absatz von P beträgt Z Stück."

Dagegen läßt sich bei auftretenden Unbestimmtheiten der genannten Art I(P/X) *nicht* mit X *identifizieren*. Die Prognose (18) unterscheidet sich daher von der Notwendigkeit (19). Angesichts der angeführten Fälle erübrigt sich die Feststellung, daß Prognoseprobleme sehr häufig von Problemen der Modallogik zu unterscheiden sind: Unbestimmtheiten der geschilderten Art sind an der Tagesordnung. Des weiteren ist nochmals zu unterstreichen, daß das zur Beurteilung der Prognoserelevanz gewisser Ereignisse notwendige „Wissen" kein Tatsachenwissen im strikten Sinne ist. Dies zeigen die Erörterungen über die Funktionen, im Hinblick auf die Produkte erklärt sind! –

2) Erwartung und Unbestimmtheit

Bisher war von Fällen die Rede, in denen die Bedingung der Existenz der Interpretationsgrundlage I(P/X) – I(P/X) $\neq$ O – erfüllt ist. In diesem Fall wird die Bewertung im Rahmen des semantischen Modells (X, R, F) durchgeführt. Denkt man etwa an das Problem der Vorhersage des Uhrenabsatzes pro Jahr, wobei die Absatzfeststellungen in Abständen von zehn Jahren erfolgen, so kann nicht vorausgesetzt werden, daß nur eines der genannten Ereignisse hinsichtlich der Interpretation der nächsten Feststellung bestimmt ist: Auf dem Uhrensektor findet eine ständige Änderung in technologischer Hinsicht statt. In letzter Zeit findet mehr und mehr die Elektronik Eingang in die Uhrenherstellung und verdrängt die früher herrschende rein mechanische Technologie. Die entsprechenden Änderunsind in der Regel so beschaffen, daß sich neu entwickelte Typen im Zeitraum von zehn Jahren entwickeln und auf dem Markt durchsetzen können. Es ist daher die Frage, ob die im Zehnjahresabstand festgestellten Absatzzahlen sich jeweils vergleichen lassen oder ob ein solcher Vergleich nicht möglich ist. Dies gilt für jedes der Ereignisse aus der betrachteten Klasse X. Die Bedingung der Existenz der Interpretationsgrundlage $I(P/X)$ ist daher nicht erfüllt. Es gilt vielmehr: $I(P/X) = O$. Eine Bewertung im Rahmen des Modells (X, R, F) ist daher nicht durchführbar. Da es sich aber bei diesem Beispiel um einen häufig auftretenden Fall handelt – man denke nur an die bereits besprochenen langfristigen Sozialprognosen, in denen es auf willkürliche Situationsänderungen ankommt –, ist zu versuchen, auch derartige Prognoseaufgaben in die semantische Betrachtung einzubeziehen. Dazu ist das Modell (X, R, F) durch ein anderes Modell zu ersetzen, in dem anstelle der Belegungsfunktion F eine geänderte Funktion G tritt. Diese Funktion ist in geeigneter Weise zu definieren.

Wir unterscheiden als Voraussetzung dazu hinsichtlich der Bewertung eines bestimmten Erwartungsausdrucks bezüglich des Ereignisses P aus X folgende Fälle:

(i) Die Interpretationsgrundlage $I(P/X)$ existiert.
Für alle Ereignisse aus $I(P/X)$ mit $R(Q,P)$ gilt:
$F(p; Q) = w$.

(ii) Die Interpretationsgrundlage I(P/X) existiert. Es gibt ein Ereignis Q aus I(P/X) mit R(Q,P), so daß $F(p;Q) = f$.
(iii) Die Interpretationsgrundlage I(P/X) existiert nicht.

Die Fälle (i) und (ii) erfüllen die Voraussetzung zur Interpretation gemäß (X, R, F): Laut Regel II.4 erhält man für den betreffenden Erwartungsausdruck Ep bezüglich P die folgenden Wahrheitswerte:

(i) Der Erwartungsausdruck ist *wahr*. Er stellt bezüglich des Ereignisses P eine *Prognose* dar.
(ii) Der Erwartungsausdruck ist *falsch*. Er stellt bezüglich des Ereignisses P *keine Prognose* dar.

Diesen beiden Werten, die durch (X, R, F) *bestimmt* sind – wir nennen sie deshalb *definit* –, wird im Fall (iii) ein Wert anderer Art gegenüber gestellt, der als *indefinit* bezeichnet wird. Man hat in diesem Fall nämlich:

(iii) Der Erwartungsausdruck ist *unbestimmt* (indefinit). Ob er bezüglich des Ereignisses P eine Prognose darstellt oder keine Prognose darstellt, ist laut (X, R, F) *offen*.

Um die gesuchte neue *Belegungsfunktion G* erklären zu können, fassen wir alle drei genannten Wertungsergebnisse als Wahrheitswerte auf. Die *Klasse der Wahrheitswerte W* (vgl. S. 61: iv) wird nunmehr zur Klasse U erweitert, die zusätzlich zu w und f noch den Wert u „unbestimmt" erhält. G ist dann eine *eindeutige Zuordnung* zwischen *Paaren*, gebildet aus je einem Element aus A und einem Element aus X, und einem Element aus U. Für sie gilt:

Für jedes x aus A und jedes P, Q aus X:
(a) $G(x;P) = F(x;P)$ genau dann, wenn $I(Q/X) \neq O$.
(b) $G(x;P) = u$ genau dann, wenn $I(Q/X) = O$.

Für die Belegung der Ausdrücke aus A durch G gelten folgende Regeln:

IV. 1 Für jedes P aus X und jedes p aus A gilt:
$G(p;P) = w$ oder $G(p;P) = f$ oder $G(p;P) = u$.

IV. 2 Für jedes P aus X und jedes p aus A gilt:
$G(-p;P) = w$ genau dann, wenn $G(p;P) = f$.

IV. 3 Für jedes P aus X und jedes p, q aus A gilt:
$G(pvq;P) = w$ genau dann, wenn $G(p;P) = w$ oder $G(q;P) = w$.

Diese Regeln ergeben sich unter Berücksichtigung der folgenden Feststellungen aus den Regeln II. 1–3 für die Belegung durch F:

(i) Die Wertemenge W enthält *drei* Elemente: w, f, u.
(ii) Die Geltung der Regeln II. 2, 3 ist *unabhängig* von der Existenz der entsprechenden Interpretationsgrundlage.

Das geordnete *Tripel (X, R, G)* stellt unter diesen Voraussetzungen ein *erweitertes Modell der Erwartungslogik* dar. Es entspricht dem Modell der *strikten dreiwertigen Logik* von *Kleene* (vgl. Kleene 1964, S. 38 bis 59). Eine Logik dieser Art läßt sich als Logik der *Unbestimmtheit* bezeichnen. Den Nachweis der Entsprechung führt man durch die Konstruktion der *Wahrheitswerttafeln* für die wichtigsten Aussagenverknüpfungen bei der Belegung durch G. Diese stimmen mit den durch *Kleene* angegebenen Tafeln überein:

–p	
w	f
f	w
u	u

Gemäß IV. 2 ergibt sich für die *bestimmten* Wahrheitswerte dieselbe Tafel wie bei der Belegung durch F. Ist p *unbestimmt* bewertet, bleibt für (–p) nur ebenfalls die *unbestimmte* Bewertung gemäß IV. 1 und IV. 2.

v	p	w	f	u
q	w	w	w	w
	f	w	f	u
	u	w	u	u

Gemäß IV. 3 ergibt sich für die *bestimmten* Wahrheitswerte dieselbe Tafel wie bei der Belegung durch F. Ist p oder q *unbestimmt* bewertet, so sind zwei Fälle zu unterscheiden:

(i) Die andere Aussage ist durch w bewertet. Dann gilt laut IV. 3 G (pvq; P) = w.
(ii) Die Voraussetzung (i) gilt *nicht*. In diesem Falle gilt entsprechend IV. 1 und IV. 3 G (pvq; P) = u. Die Annahmen der Belegung des Ausdrucks (pvq) durch w bzw. f führen jeweils zum Widerspruch gegen die Annahme (ii). Damit bleibt laut IV. 1 nur die Belegung durch u übrig.

Zu entsprechenden Wahrheitswerttafeln gelangt *Kleene* (vgl. *Kleene* 1964, S. 38–59). Er geht der Frage nach der effektiven *Entscheidbarkeit* rekursiver Prädikate nach. In diesem Zusammenhang ist es wichtig, festzustellen, ob für die angestrebte Entscheidung ein *Algorithmus* vorliegt oder nicht. Man hat es also mit der Frage nach einer *Regel* zu tun, die zur Entscheidung über die Zugehörigkeit bestimmter Objekte zu bestimmten rekursiven Prädikaten führt. Diese Entscheidung hängt vom Stand der relevanten Information ab. Der Fall der „Unbestimmtheit" ist in diesem Zusammenhang dadurch charakterisiert, daß zwar keine Entscheidungsregel bekannt ist, aber eine solche Regel eventuell gefunden werden kann. Verglichen mit den Fällen der

„Bestimmtheit", in denen man die Entscheidungsregel kennt bzw. weiß, daß eine solche nicht existiert, besteht ein wesentlicher Unterschied zwischen den Werten „wahr" bzw. „falsch" und dem Wert „unbestimmt". *Kleene* betont mit Recht, daß „unbestimmt" nicht gleichrangig neben „wahr und „falsch" steht, weil die Bewertung durch „u" vorläufigen Charakter hat, während die durch „w" bzw. „f" endgültig erfolgt. Man kann diesen Unterschied auch in der Weise interpretieren, daß man im Falle der Unbestimmtheit von einem Zustand *unvollständiger Informiertheit* spricht, die durch Zusatzinformation in *vollständige Informiertheit* umgewandelt werden kann. Man kann diesen Prozeß der Informationsergänzung als *Lernen* bezeichnen. So kann man den Fall der Absatzfeststellung für Uhren (vgl. II/2 c 1) etwa dadurch beschreiben, daß man sagt: Zur Begründung der entsprechenden Absatzerwartung ist zusätzliche Information notwendig. Diese kann allerdings auch zur Feststellung führen, daß diese Erwartung keine Prognose darstellt. Wir kommen auf diese wichtige Unterscheidung noch ausführlich zurück. Sie gilt offensichtlich ebenso in dem von uns betrachteten Fall der semantischen Bewertung von Erwartungsausdrücken (vgl. II/3 c und III/1). Angesichts der bisher durchgeführten Untersuchung ist festzuhalten, daß *Erwartungen* sich besonders darin von Notwendigkeiten unterscheiden, daß sie ein *Lernen* im oben angedeuteten Sinn nicht ausschließen. Dagegen setzt die Modallogik voraus, daß vollständige Informiertheit besteht und somit nicht gelernt werden kann. Das in diesem Zusammenhang angesprochene Lernen bezieht sich auf die Interpretationsgrundlage $I(P/X)$. Es wird versucht, auf der Klasse X eine Relation R zu erklären. Dabei sind unter Umständen gewisse Identifizierungen zwischen X

und einer intuitiven Klasse X' notwendig. So könnte man sich etwa beim Uhrenbeispiel auf die Erfassung ganz bestimmter Uhrentypen beschränken und auf diese Weise zu einer intuitiven Klasse gelangen, die der Rechtfertigung der Absatzprognose innerhalb eines entsprechenden Zeitraums dienen kann. Dazu ist allerdings zusätzliche Information über den Begriff des Zeitmessers im entsprechenden Zeitraum Voraussetzung.

Die hier betrachtete Logik vom Kleene-Typ unterscheidet sich maßgeblich von *mehrwertigen* Logiken, wie sie durch *Lukasiewicz* aufgestellt werden (vgl. *Tarski* 1969, S. 332–340). In diesen Systemen werden die Wahrheitswerte auf gleicher Ebene eingeführt. Sie setzen daher – wie die zweiwertige Logik – vollständige Informiertheit voraus und schließen das Lernen über die Interpretationsgrundlage aus. Allerdings kann im Zusammenhang mit derartigen logischen Systemen wie auch mit modallogischen Systemen von einem gewissen *Lernprozeß* gesprochen werden. Derartige Prozesse werden im Rahmen der personalistischen Wahrscheinlichkeitstheorie zu fassen versucht. Sie unterscheiden sich aber dadurch von dem hier betrachteten Prozeß, als sie bereits eine fest vorliegende Interpretationsgrundlage voraussetzen, die durch zusätzliche Information nicht verändert wird (vgl. II/2 d).

Im Rahmen der vorliegenden Interpretation wird der für den Erwartungsbegriff wichtige Begriff der *Unbestimmtheit* einer Analyse unterzogen. Sie deutet darauf hin, daß bei der Bewertung von Erwartungsausdrücken in der Regel *zwei Zustände* zu unterscheiden sind: ein Ausgangszustand, in dem unvollständige Informiertheit häufig auftritt, und ein Endzustand, der bei vollständiger Informiertheit auftritt. Der Übergang zwischen beiden Zuständen wird als *Lernen* bezeichnet. Er wird noch genauer zu untersuchen sein (vgl. II/2 c 3). Allerdings hat die vorliegende Untersuchung ihre Grenze darin, daß man im Rahmen der dreiwertigen Logik nach *Kleene* nicht in der Lage ist, die innere Struktur von Erwartungsausdrücken zu erfassen: Alle wohlgeformten Ausdrücke der Erwartungslogik werden auf gleicher Ebene interpretiert. In diesem Sinne werden einzelne Aussagen wie p, q, r usf. wie auch Erwartungsausdrücke der Gestalt Ep, wobei p eine Aussage *jeder Art* sein kann, als primitive Ausdrücke behandelt. Somit können die formalen Beziehungen zwischen Aussagenverknüpfungen und Erwartungsausdrücken nur sehr unvollständig erfaßt werden.

3) Erwartung und Inexaktheit

Bei der Interpretation von Erwartungsausdrücken nach *Kleene* tritt der grundlegende Unterschied zwischen *bestimmt* bewerteten und *unbestimmten* Ausdrücken hervor: Das System der Erwartungsausdrücke (II/2 b) enthält:

(i) Ausdrücke, deren Wahrheitswert *bestimmt* ist. Sie werden *definite* Aussagen genannt. Sie entsprechen den „Aussagen" der zweiwertigen Aussagenlogik.
(ii) Ausdrücke, deren Wahrheitswert *nicht bestimmt* ist. Wir nennen sie *indefinite* Aussagen.

Diese Unterscheidung erweist sich als nicht fein genug, um den Ansprüchen der Erwartungslogik Rechnung zu tragen. *Cleave* zeigt, daß die Klasse der indefiniten Aussagen in zwei Teilklassen einzuteilen ist, nämlich in die *inexakten* Aussagen und in die indefiniten und nicht inexakten Aussagen. Er betrachtet dazu den folgenden Ausdruck (vgl. *Cleave* 1970, S. 270): $[(p_0 \vee -p_0) \cdot (p_1 \vee$

$-p_1)$], wobei der Index „o" auf die *Definitheit*, der Index „1" auf die *Indefinitheit* der betreffenden Aussage hinweist. Bewertet man diesen Ausdruck gemäß *Kleene* (vgl. *Kleene* 1964, S. 334), so erweist er sich als *indefinit:* Das erste Konjunktionsglied ist im Sinne der zweiwertigen Logik logisch-*wahr*. Das zweite Konjunktionsglied ist als Disjunktion der beiden indefiniten Aussagen selbst *indefinit*. Die Konjunktion eines *definiten* (wahren) Ausdrucks mit einem indefiniten ist indefinit. Diese Indefinitheit läßt sich jedoch entsprechend der folgenden Interpretation *beheben:*

(A) Vernachlässigt man den Unterschied zwischen definiten und indefiniten Aussagen, so hat man eine Konjunktion zweier wahrer Glieder vor sich. Sie ist jedenfalls wahr. Im Sinne der zweiwertigen Aussagenlogik liegt eine logisch wahre Aussage vor.

(B) Berücksichtigt man dagegen den genannten Unterschied, so läßt sich von den Fällen der Unbestimmtheit absehen. Auf diese Weise wird die oben genannte indefinite Aussage durch eine definite Aussage ersetzt, die man durch Streichung der Formelteile erhält, die indefinit sind. Die definite Aussage, die *Cleave* erhält, lautet: $(p_0 \vee -p_0)$. Diese Aussage ist ebenfalls wahr.

Man kann also angesichts der vorliegenden indefiniten Aussage sagen, daß diese wahr ist, betrachtet man sie als definite Aussage. Zu der Wahrheit im Sinne der zweiwertigen Logik tritt hier noch die einschränkende Bedingung gemäß (B), wird diese zunächst als indefinit bewertete Aussage zuletzt doch als wahr bewertet. Die in diesem Fall angewandte Operation, die zur Ersetzung der ursprünglichen Formel durch eine andere Formel führt, sie wird durch *Cleave* in Anlehnung an *Schütte* (vgl. *Schütte* 1960, S. 17) *Streichungsverfahren* genannt, interessiert im Zusammenhang mit der Bewertung von indefiniten Erwartungsausdrücken besonders: Werden in einer Formel alle Teile gestrichen, die indefinite Aussagen darstellen, so führt dies zu einem der folgenden Ergebnisse:

(a) Die Formel wird durch sich *selbst* ersetzt. Dies ist der Fall bei Anwendung des Streichungsverfahrens auf definite Aussagen.
(b) Die Formel wird durch eine *andere* Formel ersetzt, wenn das Streichungsverfahren auf eine indefinite Aussage angewandt wird, die durch eine definite Formel ersetzt werden kann.
(c) Die Formel wird durch *keine* Formel ersetzt, wenn die Streichung der indefiniten Teile zur Streichung der gesamten Formel führt.

Dieser Feststellung entsprechend werden in Anlehnung an *Körner* (vgl. *Körner* 1970 a, S. 79 ff.; 1970 b, S. 65 ff.) folgende Termini eingeführt:

(i) Ausdrücke des Erwartungssystems heißen *exakte Aussagen* genau dann, wenn Fall (a) gilt. Exakte Aussagen entsprechen somit definiten Aussagen.
(ii) Ausdrücke des Erwartungssystems heißen *inexakte Aussagen* genau dann, wenn Fall (b) gilt.
(iii) Ausdrücke des Erwartungssystems, die dem Fall (c) entsprechen, werden nicht durch einen bestimmten Terminus hervorgehoben. Sie sind im vorliegenden Deutungszusammenhang nicht von Interesse.

Das Verhältnis zwischen *exakten* und *inexakten* Aussagen wird im Rahmen der modifizierten zweiwertigen Logik durch *Körner* studiert. Er beschreibt den in formaler Sicht durch das Streichungsverfahren ausgedrückten Sachverhalt als einen *Übergang* von einer vorläufigen Bewertung zu einer endgültigen Bewertung (vgl. *Körner* 1968, S. 162). Der vorläufige Zustand („provisional state") entspricht dabei der Bewertung durch die dreiwertigen Tafeln nach *Kleene* – der endgültige Zustand („final state") enthält nur *exakte* Aussagen, von denen die einen den unveränderten definiten Aussagen entsprechen, die anderen den zunächst indefiniten Aussagen. Gerade dieser Prozeß der „Identifizierung indefiniter Aussagen mit exakten Aussagen" (vgl. *Körner* 1970b, S. 225–243) ist im Zusammenhang mit der Logik der Prognose von besonderem Interesse: Er hängt maßgeblich von der *Entscheidung* des Bewertenden über den Wahrheitswert der betreffenden Aussage ab. Da diese ja zunächst indefinit ist, kann er entscheiden, ob er sie endlich doch als *wahr* oder als *falsch* ansehen will.

Körner betrachtet nun *alle* in diesem Sinne möglichen Entscheidungen. Auf diese Weise wird der Freiheitsspielraum bei der Bewertung bestimmter Aussagen berücksichtigt. Es wird also zunächst nach den Wahrheitswerten gefragt, die die vorliegende Aussage p bei einer Bewertung gemäß (A) erhält. In diesem Fall wird der *liberalste* Standpunkt im Hinblick auf die in p zum Ausdruck gelangende Unbestimmtheit bezogen. Dann fragt man nach dem Wahrheitswert von p gemäß (B). Hier liegt eine Interpretation von p vor, die so *einschränkend* wie möglich im Hinblick auf die genannten Unbestimmtheiten ist. Eine Aussage, die sowohl gemäß (A) als auch gemäß (B) *wahr* ist, wird durch *Körner* als wahr schlechthin bezeichnet. In *jedem* anderen Fall erhält sie den Wert falsch (vgl. *Körner* 1970a, S. 71 ff.; 1970b, S. 57–85; *Cleave* 1970, S. 269). Diese Bewertungsregel ist in dem Sinne *vorsichtig,* als in den Fällen *abweichender* Bewertung einer Aussage gemäß (A) und (B) dieser Aussage *immer* der Wert falsch zugeordnet wird. Dieser Punkt ist im Hinblick auf die in unserem Zusammenhang angestrebte semantische Analyse der Erwartungslogik besonders hervorzuheben. Der vorgetragenen erwartungslogischen Auffassung nach ist die Begründung von Erwartungen in einem noch zu präzisierenden Sinne als ein *Lernprozeß* (vgl. III/3 b) zu verstehen, der sich in gewisser Weise auch in der Wahl des Interpretationsstandpunktes äußert.

Denkt man nun daran, daß Erwartungsausdrücke im vorläufigen Bewertungsstand indefinit sind, genau dann, wenn eine bestimmte Interpretationsgrundlage I(P/X) *nicht* vorliegt, ist der Zusammenhang des Begründungsproblems bei Erwartungen mit dem Problem der Erstellung der endgültigen Bewertung unbestimmter Ausdrücke gemäß *Körner* nicht von der Hand zu weisen.

Zur Lösung einer bestimmten Prognoseaufgabe ist die Feststellung der bloßen *Unbestimmtheit* eines bestimmten Erwartungsausdrucks bezüglich eines Bezugsereignisses P jedenfalls nicht ausreichend. Denkt man in diesem Zusammenhang etwa wieder an das Problem der Absatzprognose bei Uhren, so ist diese Unbestimmtheit zweifelsohne gegeben. Es wird aber danach gefragt, ob die Erwartung eines Jahresabsatzes in bestimmter Höhe angesichts der vorliegenden Information gerechtfertigt erscheint oder nicht. Die im Rahmen dieses Beispiels auftretende Unbestimmtheit der einzelnen Feststellungsprozesse im Hinblick darauf, ob sie geeignet sind, das Bezugsereignis – die Feststellung des kommenden Termins – zu interpretieren, oder ob sie dazu ungeeignet sind, bildet die Grundlage zur Bewertung der betreffenden Erwartung als unbestimmt. Soll diese vorläufige Bewertung entsprechend der gestellten Forderung behoben werden, sind diese Prozesse also in der Weise neu festzulegen, daß auf der dabei neu entstehenden Klasse Y der neu gefaßten Ereignisse die Interpretationsgrundlage I (P/Y) nicht leer ist. Dies kann im vorliegenden Beispiel etwa dadurch herbeigeführt werden, daß man sich auf die Zählung eines im Hinblick auf die zur Anwendung gelangende Elektronik festgelegten Uhrentyps beschränkt. Dieser läßt sich gemäß dem Urteil von Experten mit dem beim nächsten Termin zu zählenden Typ vergleichen oder nicht vergleichen, je nachdem, zu welchem Zeitpunkt er auf den Markt gebracht wird. Für Zählungen, die nach einem bestimmten Anfangszeitpunkt erfolgen, besteht dann eine nicht leere Interpretationsgrundlage. Betreffend die geäußerte Erwartung kann auf diese Weise eine definite Bewertung auch hinsichtlich P erreicht werden, da P als mit P′ identifizierbar betrachtet wird.

Allgemein gesprochen, handelt es sich bei dem geschilderten Prozeß um eine *Ersetzung* der Ereignisklasse X durch eine geeignet bestimmte Klasse Y, so daß an die Stelle der *leeren* Interpretationsgrundlage I (P/X) die *nicht-leere* Interpretationsgrundlage I (P/Y) tritt. Beim Übergang von X zu Y – er werde durch die *Ersetzungsoperation* e beschrieben – handelt es sich um eine entsprechende *Änderung der Regeln,* die den Ablauf des betreffenden Ereignisses bestimmen. Es handelt sich dabei strenggenommen um *Systeme* einzelner Regeln, die allerdings in konkret vorliegenden Fällen häufig nicht vollständig angegeben werden. Ein Regelsystem, das in diesem Sinne dem Ereignis P zugeordnet ist, nennen wir kurz *P-System.* Im geschilderten Sinne werden P-Systeme mit den entsprechenden Ereignissen P identifiziert.

Führt ein Prozeß, der entsprechend dem *P-System abläuft*, notwendigerweise zu *keinem* Resultat, wird das entsprechende Ereignis P *leer* genannt und durch das Symbol O bezeichnet.

Enthält ein P-System mindestens ein *Paar* von Regeln, die *nicht gemeinsam erfüllt* werden können, so nennen wir dieses Paar einen *Konflikt* im P-System. Das entsprechende Ereignis P enthält in diesem Fall einen Konflikt.

Unter der *Zusammensetzung* zweier Ereignisse P und Q – in Zeichen PQ – verstehen wir ein Ereignis R, dessen R-System genau aus der *Zusammenfassung* des P- und des Q-Systems besteht.

Der Regelbegriff selbst braucht an dieser Stelle nicht genauer expliziert zu werden. Grob gesprochen handelt es sich eben um Anweisungen zur Herstellung bestimmter Resultate in bestimmten Situationen. Selbstverständlich steht die Wahl eines P-Systems zur Festlegung des Ereignisses P in engem Zusammenhang mit der zur Bewertung von Erwartungen ausschlaggebenden Interpretationsrelation R: Je nach dem gewählten System ist über Bestimmtheit oder Unbestimmtheit des betreffenden Ereignisses hinsichtlich der Interpretation des Bezugsereignisses zu urteilen.

Die Eigenschaften jeder *Ersetzungsoperation* e, die zur Erfüllung der gestellten Bewertungsaufgabe Voraussetzung sind, sind im folgenden festzulegen. Zunächst ist in diesem Zusammenhang vorauszusetzen, daß diese Operationen jedem Element aus X genau ein Element aus einer Klasse Y – in Zeichen eP – zuordnen sollen. Die Operationen werden deshalb *e-Funktionen* genannt. Sie sind *Abbildungen* der Klasse X in die Klasse Y. Die in diesem Zusammenhang auftretende *Bildklasse* der zugeordneten Elemente eP wird durch eX bezeich-

net. Diese Abbildungsforderung ergibt sich daraus, daß im Falle des Vorliegens unbestimmter Ereignisse die Änderung des Interpretationsstandpunktes hinsichtlich des *gesamten* Prognoseproblems zu der gesuchten Entscheidung führen kann. Diese kann also nicht bezogen auf einzelne Ereignisse unterschiedlich geändert werden.
Bezieht man sich auf *nicht-leere Ereignisse:* $P \neq O$, so ist eine Änderung der Regelsysteme dieser Ereignisse P nicht notwendig, um zu einer Entscheidung zu gelangen, wenn diese Ereignisse *bestimmt* im Hinblick auf die Interpretation des Bezugsereignisses Q sind. In diesem Fall gilt also: $eP = P$. Für leere Ereignisse ist diese Beziehung trivialerweise erfüllt. Sie kann unter der Voraussetzung $P \neq O$ als definierende Beziehung für bestimmte Ereignisse betrachtet werden.
Die Anwendung einer e-Funktion auf in der genannten Hinsicht *unbestimmte* Ereignisse kann zur Geltung zweier unterschiedlicher Beziehungen Anlaß geben:

(i) $eP = Q$ mit $Q \neq P$. P wird also durch ein Regelsystem bestimmt, das sich vom Q-System *unterscheidet*.
(ii) $eP = O$.

In beiden Fällen ist die *Nicht-Leerheit* der genannten Ereignisse vorausgesetzt.
Ist nun eine e-Funktion vorliegend derart, daß gilt: $eX = \emptyset$, so führt die entsprechende Ersetzung nicht zur Gewinnung der gesuchten Interpretationsgrundlage hinsichtlich des Bezugsereignisses. Das Zeichen $\emptyset$ steht dabei für die Ereignisklasse, die ausschließlich aus leeren Ereignissen besteht. Eine *definite* Bewertung gemäß dieser e-Funktion erweist sich als *unmöglich*. Es erweist sich in diesem Sinne als vorteilhaft, Ereignisse, die durch die

Beziehung (i) definiert sind, durch eine besondere Bezeichnung hervorzuheben. Wir nennen sie in Analogie zum *Körner*schen Sprachgebrauch *inexakt*. Die bestimmten Ereignisse werden in diesem Zusammenhang als *exakt* bezeichnet.

Das bei Anwendung einer *bestimmten* e-Funktion auftretende Ereignis soll sich bei nochmaliger Anwendung dieser Funktion darauf nicht verändern. Denkt man nämlich beim Ereignis P an ein bestimmtes Ereignis, so ist diese Bedingung gemäß definierender Bedingung erfüllt. Denkt man aber an *unbestimmte* Ereignisse P, so gilt sie laut Forderung jedenfalls für *indefinite* Ereignisse. In diesem Fall gilt ja: eP = Q. Q soll aber bestimmt sein, sofern e passend gewählt ist. Somit gilt eQ = Q. Handelt es sich aber um leere Ereignisse, so ist die Bedingung eP = P für jedes e trivialerweise erfüllt. Für eine *passend gewählte e-Funktion* gilt somit allgemein:

(a) Aus eP = Q folgt eQ = Q.

Das bei einer entsprechend gewählten e-Funktion dem *zusammengesetzten* Ereignis PQ zugeordnete Ereignis ePQ entspricht dem zusammengesetzten Ereignis aus den Ereignissen, die den Teilereignissen P und Q durch dieses e zugeordnet werden. Notwendige und hinreichende Voraussetzung dazu ist die Konfliktfreiheit jedes der Teilereignisse einerseits und das Nicht-Auftreten eines Konflikts, der durch die Zusammensetzung hervorgerufen wird. Wir nennen die Ereignisse P und Q in diesem Falle *vereinbar*. Für eine passend gewählte e-Funktion gilt allgemein:

(b) Sind P und Q *vereinbar*, so gilt: ePQ = ePeQ.

Bezüglich der Teilereignisse von P und Q gibt es nämlich die folgenden Möglichkeiten:

(i) *Beide* sind bestimmt im Hinblick auf die Interpretation des Bezugsereignisses.

(ii) *Eines von beiden* Teilereignissen – sagen wir P – ist bestimmt im Hinblick auf die Interpretation des Bezugsereignisses.

(iii) *Beide* Teilereignisse sind im Hinblick auf die Interpretation des Bezugsereignisses unbestimmt.

Im Fall (i) – auf ihn werden die beiden anderen Fälle zurückgeführt – gilt sicherlich $ePQ = ePeQ$ unter der Voraussetzung der Konfliktfreiheit von P und Q: Da P und Q laut Voraussetzung bestimmte Ereignisse sind, gilt sowohl $eP = P$ als auch $eQ = Q$. Damit gilt auch $ePeQ = PQ$. Andererseits führt wegen der vorausgesetzten Vereinbarkeit von P und Q die Zusammensetzung PQ nicht zu einem unbestimmten Ereignis, wenn P und Q bestimmt sind. Daher gilt in diesem Falle $ePQ = PQ$. Aufgrund der Eindeutigkeit der Abbildung e gilt damit auch: $ePQ = ePeQ$.

Im Fall (ii) gilt wegen $eP = P$ und $eQ = S$ mit $S \neq Q$: $ePeQ = PS$. Weiters gilt $ePS = PS$. P und S sind bestimmte Ereignisse. Sie sind auch vereinbar, da schon P und Q laut Voraussetzung konfliktfrei sind, die entsprechenden Regelsysteme aber sicherlich keine zusätzlichen Regeln enthalten. Damit läßt sich (i) anwenden: $ePS = ePeS$. Man erhält damit zunächst: $ePeS = PS$ und wegen der Eindeutigkeit der Abbildung e weiter: $ePeS = ePeQ$. Da PQ nur die Konflikte der Q-Systeme enthält, gilt $ePQ = R$, wobei das R-System alle Regeln von P und Q ohne die Konflikte von Q enthält. Dieses Regelsystem entspricht dem PS-System. Somit gilt: $R = PS$ und $ePQ = PS$. Damit erhält man aber die Beziehung $ePQ = ePeQ$.

Im Fall (iii) gilt wegen $eP = S$ und $eQ = T$ mit $P \neq S$

und Q ≠ T: ePeQ = ST. Aus der vorausgesetzten *Vereinbarkeit* von P und Q, folgt dieselbe auch für S und T. Das ST-System enthält keinen *Konflikt*, denn sowohl das S-System als auch das T-System enthält keinen *Konflikt*. Da das PQ-System seinerseits keinen Konflikt enthält, der nicht in einem der beiden Teilsysteme enthalten wäre, enthält das ST-System erst recht keinen derartigen Konflikt. Laut (i) gilt in diesem Falle: eST = eSeT = und eST = ST. Da das PQ-System im Vergleich mit dem ePQ-System *nur* die zusätzlichen Konflikte enthält, enthält dieses System genau die Regeln des ST-Systems. Es gilt also ePQ = ST. Damit erhält man aber: ePQ = ePeQ.

Damit sind die grundlegenden Eigenschaften der e-Funktionen festgestellt und begründet. Wir halten zusammenfassend fest:

Eindeutige Abbildungen der Ereignisklasse X in die Ereignisklasse Y heißen *Ersetzungsfunktionen* e genau dann, wenn für die Elemente P, Q, . . . aus X gilt:

(a) Aus eP = Q folgt eQ = Q.

(b) Für *vereinbare* Ereignisse P, Q gilt: ePQ = ePeQ.

Im Hinblick auf *inexakte* Elemente aus X können die *unterschiedlichsten* e-Funktionen *gewählt* werden:

Eine Funktion heißt *Streichungsfunktion* s, wenn sie so gewählt ist, daß X Elemente enthält, für die gilt: eP = O. Die Bezeichnung *Streichungsfunktion* ist in Analogie zu der durch *Cleave* unter Rückgriff auf *Schütte* so genannte Operation betreffend Aussagen gewählt.

Ein e-Funktion heißt *Ergänzungsfunktion* d genau dann, wenn sie so gewählt ist, daß für jedes P aus X gilt: eP ≠ O.

Diese beiden Funktionen, die für Klassen mit *inexakten* Elementen jedenfalls existieren, stellen Extremfälle dar.

Der folgende Satz erläutert diesen Sachverhalt näher:
Für jede s-Funktion und jedes Ereignis sP = O gilt:
Die Zerlegung P = QS mit sP = Q und sS = O ist *eindeutig* genau dann, wenn die Ereignisse Q und S *vereinbar* sind.
Bei vorausgesetzter Vereinbarkeit von Q und S gilt: sQS = sQsS. Damit hat man: sP = sQsS. Wegen sP = Q gilt sP = sQ. Daher gilt weiter: sP = sPsS. Wegen der Vereinbarkeit von Q und S enthält das QS-System nur Konflikte, die entweder im Q-System oder im S-System enthalten sind. Das Q-System enthält alle Regeln des P-Systems, die keine Konflikte darstellen. Das S-System enthält somit *alle Konflikte*. Es gilt also: sS = O. Enthält dagegen das S-System nur Konflikte: sS = O, so muß das P-System konfliktfrei sein. Es gilt daher: sP = Q.
Andererseits folgt bei vorausgesetzter Eindeutigkeit der Zerlegung P = QS unter den gegebenen Voraussetzungen die Vereinbarkeit von Q und S: Das P-System enthält als QS-System genau die Regeln der beiden Teilsysteme. Gilt nun laut Voraussetzung für S: sS = O, so enthält dieses System *nur Konflikte*. Da gilt P ≠ O, enthält aber das P-System auch konfliktfreie Teile, die nach Abstrich aller Konflikte eindeutig bestimmt sind und durch Q bezeichnet werden. Enthält nun das QS-System Konflikte, die in keinem der beiden Teilsysteme enthalten sind, so dürfen sie in S nicht enthalten sein. S enthält aber alle Konflikte von P.
Beachtet man, daß die Durchführung leerer Ereignisse keine Ausgänge hervorruft, werden alle Ausgänge von P also bereits als Ausgänge von Q erhalten. Anstelle von P = QØ läßt sich daher P = Q setzen. Die Anwendung der s-Funktion auf X führt also zur *Streichung aller Konflikte*, d. h. Unbestimmtheiten.

Der eben bewiesene Satz gilt für *d-Funktionen* nicht. Denn in diesem Fall *gibt es kein* S mit dS = O. Jede Zerlegung von P gemäß P = QS mit *vereinbaren* Q und S führt in diesem Fall zu exakten Ereignissen. So gilt auch für S: dS = S. Das konfliktfreie S-System *ersetzt* hier das gemäß der s-Funktion erhaltene Konfliktsystem S. Wir sprechen daher bei den d-Funktionen von *Ersetzungsfunktionen*. Unbestimmtheiten werden durch d beseitigt, indem sie durch Bestimmtheiten ersetzt werden.

Die beiden e-Funktionen d und s stellen extreme Entscheidungen betreffend die Ereignisse aus X seitens eines möglichen Prognostikers in dem Sinne dar, der bereits bei der Schilderung des Vorgehens von *Körner* beschrieben wird. Alle möglichen Entscheidungen über Bestimmtheit und Unbestimmtheit inexakter Ereignisse hinsichtlich der Interpretation des Bezugsereignisses liegen in dem durch diese beiden Funktionen abgesteckten Spielraum. Zur Erreichung einer endgültigen Bewertung sind daher die beiden mit Hilfe dieser Funktion erzielbaren Wertungen zu vergleichen.

Soll nun eine *definite Bewertung* der im Rahmen von (X, R, G) *indefinit* bewerteten Erwartung bezüglich P durch Neufestlegung der Ereignisse aus X im Sinne einer *gewählten* e-Funktion e erreicht werden, ist der entsprechende Erwartungsausdruck bezüglich eP im Rahmen von (eX, R, G) zu bewerten. Diese Bewertung ist nur in dem Falle *indefinit*, in dem gilt eX = $\emptyset$. Dies ist im Falle der Anwendung einer s-Funktion möglich. Die endgültige Bewertung wird dadurch jedoch nicht betroffen, wie noch zu sehen sein wird. Der so bewertete Ausdruck ist mit dem ursprünglichen zu *identifizieren*. Er erhält so im Falle eX = $\emptyset$ einen definiten Wert. Diese Art der Identifizierung tritt im Uhrenbeispiel auf, wenn dort die Erwartung des Uhrenabsatzes mit der Erwartung des Absatzes von Uhren eines bestimmten Typs identifiziert wird, indem man diesen Typ als zur Interpretation der kommenden Absatzfeststellung für geeignet betrachtet. Hinsichtlich des Bezugsereignisses P muß vorausgesetzt werden, daß gilt eP $\neq$ O, da sonst die entsprechende Identifizierung unmöglich erscheint. Im Falle der Exaktheit von P ist das betreffende Prognoseproblem durch die Wahl einer e-Funktion nicht zu lösen: Es ist entweder bereits gelöst oder unlösbar. Liegt ein inexaktes Problem vor, führt die Wahl einer geeigneten e-Funktion zum Ziel, wenn X zusätzliche inexakte Ereignisse enthält.

Die Erklärung geeigneter *Belegungsfunktionen* läßt sich auf der gelegten Grundlage geben, wenn man bedenkt, daß die *Änderung* der den Ereignissen zugeordneten *Regelsysteme* eine *Änderung* der *Ausgänge* der betreffenden *Ereignisse* bewirken. Damit ändert sich auch die adäquate *Beschreibung* der entsprechenden Ausgänge durch die Aussagen A. Eine derartige Aussage x läßt sich demgemäß in *eindeutiger* Weise durch eine Aussage y ersetzen, die durch Streichung oder Ersetzung gemäß *Cleave* aus x erhalten wird. In unmißverständlicher Weise wird dabei die Aussage x durch die Aussage ex ersetzt mit y = ex. Alle für Ereignisse aufgestellten Regeln gelten analog für diese Aussagen. Die Zusammensetzung vereinbarer Ereignisse entspricht hier der aussagenlogischen Verknüpfung zweier Aussagen. Sie setzt logische Unabhängigkeit der Teilaussagen voraus. Die Aussage ex geht dabei durch Ersetzung indefiniter Formelteile und entsprechende Ersetzung aus der indefiniten Aussage x hervor. Für die Belegungsfunktion H gilt dann bei entsprechend gewählter e-Funktion:

(a) $H_e(x; P) = G(ex; eP)$ für ein *geeignet gewähltes* e.

Geht man von der *Lösbarkeit* des vorliegenden Prognoseproblems aus, so sind nach *Wahl der geeigneten e-Funktion* hinsichtlich der Bewertung durch H die folgenden Fälle zu unterscheiden:

(i) $eP = P$ und $dx = x$: P und x sind *exakt*.
(ii) $eP = Q$, $Q \neq O$ und $ex = y$, $y \neq O$: P und x sind *inexakt*.

Aussagen mit $y = O$ – sogenannte *leere Aussagen* – sind bei der Bewertung nicht zu beachten. Diese Aussagen können gestrichen werden, da sie Ausgänge leerer Ereignisse beschreiben: Ausgänge also, die nicht vorkommen können.

Im Fall (i) gilt: $H_e(x; P) = G(x; P)$. Da P *exakt* ist, existiert $I(Q/X)$ hinsichtlich eines Bezugsereignisses Q. Diese Klasse enthält ja mindestens P. Daher gilt weiter: $G(x; P) = F(x; P)$. Somit hat man dann: $H_e(x; P) = F(x; P)$.

Im Fall (ii) gilt: $H_e(x; P) = G(y; Q)$. Da Q *exakt* ist, existiert $I(S/X)$ hinsichtlich des Bezugsereignisses S. Also gilt: $G(y; Q) = F(y; Q)$. Man erhält damit $H_e(x; P) = F(y; Q)$.

Diese Überlegung zeigt, daß die erklärte Bewertungsfunktion H bei Wahl eines geeigneten e jedenfalls zu einer *zweiwertigen Belegung* führt, werden leere Ereignisse und leere Aussagen aus der Betrachtung ausgeklammert. Diese unterscheidet sich allerdings von der ursprünglich betrachteten dadurch, daß in ihrem Rahmen der Fall der *Inexaktheit* mit gelöst wird. Dies geschieht durch die *Wahl* der geeigneten Ersetzungsoperation e. Man kann daher in diesem Fall von einer *modifizierten zweiwertigen Logik* sprechen oder auch von einer Logik der *Inexaktheit*, indem man folgendes berücksichtigt: Gemäß (a) können zwei verschiedene Belegungsfunktionen erklärt werden:

(b) $H_s(x; P) = G(sx; sP)$.
(c) $H_d(x; P) = G(dx; dP)$.

Beide Fälle entsprechen den früher für beliebige e-Funktionen angestellten Überlegungen zu zweiwertigen definiten Bewertungen, sofern man im Falle der s-Funktionen die leeren Aussagen und leeren Ereignisse nicht betrachtet. Diese stellen ja jeweils etwas nicht Vorkommendes dar! – In solchen Fällen läßt sich aus Gründen der formalen Behandlung der „Wert" O zuordnen. Die so erhaltenen Wertungen lassen sich nun vergleichen. Dabei läßt sich von der Überlegung ausgehen, daß ein Wert $H_d(x; P) = w$ Voraussetzung für die Wahrheit von x bezüglich P im Rahmen des zu erstellenden semantischen Modells der Erwartungslogik sein muß. Sieht man nämlich alle vorkommenden Unsicherheiten als hinreichend bestimmt an – dies geschieht gemäß d – und stellt bei der entsprechenden Bewertung den Wert f für x hinsichtlich P fest, so kann dieses x nicht mehr hinsichtlich *jeder* möglichen e-Wertung entsprechend *wahr* sein. Die entsprechende Erwartung erhält in einem derartigen Fall einen von der *jeweiligen Wahl des Prognostikers* abhängigen Prognosecharakter. Entsprechendes gilt auch für den Wert $H_s(x; P) \neq w$. Auch in diesem Falle wäre die Entscheidung über den Prognosecharakter der Erwartung x hinsichtlich P davon abhängig, wie sich der jeweilige Prognostiker zum vorliegenden Problem stellt, welche e-Funktion er wählt. Mit anderen Worten: Es ist folgende *Belegungsfunktion* der endgültigen Bewertung H zu erklären:

(d) $H(x; P) = w$ genau dann, wenn gilt: $H_d(x; P) = w$ *und* $H_s(x; P) = w$.

Das Tripel (X, R, H) stellt dann entsprechend der vorangehenden Erklärungen das *semantische Modell* der als *Logik der Inexaktheit* aufgefaßten *Erwartungslogik* dar. Dieses Modell trägt dem Ermessensspielraum des Prognostikers Rechnung und unterscheidet sich so maßgeblich von den vorangehenden Modellen.

Unter Rücksichtnahme auf die Erklärung der Bewertungsfunktion H kann das Modell der Erwartungslogik im Sinne der *modifiziert-zweiwertigen Logik* folgendermaßen gefaßt werden:

Das Modell der modifiziert-zweiwertigen Erwartungslogik ist das Tripel (X, R, H). Dabei ist X die *Klasse der Ereignisse* P, Q, ..., R die *zweistellige Interpretationsrelation*, die auf *jeder* geeigneten Klasse *definiert* ist; H stellt dann eine *Abbildung* der Paare aus Elementen einer *Ausdrucksklasse* A: p, q, ... und Elementen aus X in die Klasse W der *Wahrheitswerte* w und f dar, mit folgenden Eigenschaften:

V.1 Entweder H (p; P) = w oder H (p; P) = f.
V.2 H (–p; P) = w genau dann, wenn H (p; P) = f.
V.3 H (pvq; P) = w genau dann, wenn H (p; P) = w oder H (q; P) = w.
V.4 H (Ep; P) = w genau dann, wenn für jedes Q aus I (eP/eX) mit R (Q, eP) gilt: H (p; Q) = w.

Die Bewertungsfunktion H ersetzt hier die zweiwertige Bewertungsfunktion F im Modell (X, R, F). Diese Funktion wird *definitorisch* im Wege über die Funktion G auf die Funktion F zurückgeführt. Grundlage dazu ist die Erklärung der e-Funktionen, deren Anwendung auf X und anlog auf A zur gemäß V.4 geänderten Bewertung der Erwartungsausdrücke bezüglich P führt. Voraussetzung dazu bildet die Einteilung der Systeme der P-Regeln in solche, deren Anwendung im Rahmen von

P zu Aussagen führt, die im Hinblick auf die durch R festgelegte Interpretation des Bezugsereignisses heranziehbar sind oder nicht, und in solche, deren Heranziehbarkeit in dieser Hinsicht fraglich ist. Die entsprechenden Ereignisse werden exakt bzw. inexakt genannt. Die durch die e-Funktionen erfolgende Ersetzung beliebiger Ereignisse durch exakte Ereignisse führt das eine Mal zur *Streichung* der *Konflikte* im jeweiligen Ereignis: *s-Funktion*, das andere Mal zur *Ersetzung* der *Konflikte* durch im Sinne von R heranziehbare Regeln: *d-Funktion*. Die Anwendung beliebiger e-Funktionen auf X führt entsprechend dem bewiesenen *Zerlegungssatz für s-Funktionen* zu *eindeutigen* Ergebnissen – die Bewertung gemäß (X, R, H) also zu *bestimmten Werten* – genau dann, wenn innerhalb der den Ereignissen entsprechenden Regelsysteme zwischen *Konflikten* und *Nichtkonflikten* mit hinreichender Genauigkeit *unterschieden* werden kann. Der Begriff „Konflikt" bezieht sich dabei auf die *Deutung* des Bezugsereignisses durch das jeweilige Ereignis. Er bringt also das charakteristische Verhältnis zwischen zwei Ereignissen zum Ausdruck, das darin besteht, daß der den entsprechenden Regeln gemäß auftretende Ausgang, des interpretierenden Ereignisses in einem *unentschiedenen* Deutungsverhältnis zum Ausgang des Bezugsereignisses steht. Dabei wird der zuletzt genannte Ausgang dem Regelsystem des Bezugsereignisses gemäß erhalten. Ein konfliktfreies System ist dementsprechend so geartet, daß dieses Deutungsverhältnis zwischen dem betreffenden Ereignisausgang und dem Ausgang des Bezugssystems *entschieden* ist.

4) Erwartung und Pflicht

Exakten Ereignissen entsprechen konfliktfreie Regelsysteme. Die im Zusammenhang mit derartigen Ereignissen auftretenden Deutungsverhältnisse sind klar umschrieben. *Inexakten Ereignissen* entsprechen *konflikthaltige* Regelsysteme. In diesen Fällen ist das Deutungsverhältnis zwischen Interpretierendem und interpretiertem Ereignis zunächst *unbestimmt*. Allerdings wird vorausgesetzt, daß diese Unbestimmtheit *behoben* werden kann. Es erweist sich in der Folge als günstig, im Hinblick auf diese *Behebbarkeit der Konflikte* weitergehende Unterscheidungen zu treffen:

Inexakte Ereignisse heißen *kontrollierbar* genau dann, wenn die Konflikte des jeweils entsprechenden Regelsystems in *aktiver* Weise *durch den Prognostiker behebbar* sind.

Inexakte Ereignisse heißen *unkontrollierbar* genau dann, wenn die Konflikte des zugeordneten Regelsystems in *passiver* Weise *durch den Prognostiker behoben* werden können.

Die hier kurz skizzierten Unterscheidungen zwischen Ereignissen im Hinblick auf den entsprechenden Deutungszusammenhang sollen durch die folgenden Beispiele erläutert werden:

(a) Exakte Ereignisse: In einer Folge von Experimenten werden physikalische *Meßwerte* erhalten. Die Experimente sind in diesem Fall derart *geregelt,* daß die dabei auftretenden Meßwerte immer auch für die anderen Experimente Geltung besitzen. Im negativen Fall haben sie für alle Experimente dieser Serie keine Geltung. Man spricht in diesem Zusammenhang häufig davon, daß diese Ereignisse *wiederholbar* seien. Die entsprechenden Regelsysteme sind jedenfalls konfliktfrei.

(b) Kontrollierbare Ereignisse: Im Rahmen der *Werbeplanung* einer Unternehmung werden Umsatzzahlen der vergangenen Jahre für das betreffende Produkt ermittelt. Die durch sie beschriebenen Ereignisausgänge werden zur Beurteilung des durch den Einsatz der ins Auge gefaßten *Werbeaktionen* erzielten *Erfolges* herangezogen. Die geschilderten Ereignisse – die betreffenden Umsatzfeststellungen – sind so *geregelt*, daß *Konflikte* auftreten: Es ist in diesem Zusammenhang zunächst unbestimmt, welche Teile des Gesamtumsatzes in einem *bestimmten Zusammenhang* mit den genannten Werbeaktionen stehen, der als *Erfolg* bezeichnet werden kann. Darüber hinaus aber besteht die Ansicht, daß das Unternehmen in der Lage ist, im Wege über die gewählte Aktion – sei es Inseratenwerbung, Rundfunk- oder Fernsehwerbung usf. –, den Umsatz zu beeinflussen: Der Entscheider behebt somit voraussetzungsgemäß die genannten Konflikte in *aktiver* Weise. Die betrachteten Ereignisse werden also als *kontrollierbare Ereignisse* betrachtet.

(c) Unkontrollierbare Ereignisse: In einer Wetterstation werden stündlich Wetterwerte – z. B. Temperatur, Luftdruck usw. – gemessen. Mit ihrer Hilfe soll eine Wetterprognose erstellt werden. Den entsprechenden Ereignissen – den Temperaturmessungen, Druckmessungen usw. – entsprechen Regelsysteme, die ihre fehlerfreie Durchführung garantieren. Offenbar enthalten diese Systeme jedoch *Konflikte:* Man ist zwar der Ansicht, daß die genannten Meßergebnisse einen Rückschluß auf den Wettercharakter zulassen, ist aber nicht in der Lage, diesen in bestimmter Weise anzugeben. Zusätzlich besteht die Ansicht, daß der Prognostiker bzw. Entscheider, der diese Prognose als Entscheidungsgrundlage heranzieht, *nicht* in der Lage ist, die Wetterlage *aktiv* zu beeinflus-

sen. Die vorliegenden *Deutungskonflikte* sind in diesem Falle nur in *passiver* Weise zu beheben. Die entsprechenden Meßprozesse stellen also *unkontrollierbare Ereignisse* dar.

Den Unterschied zwischen den *kontrollierbaren* und den *nicht-kontrollierbaren* Ereignissen (a, c) stellen *Lorenzen* und *Schwemmer* einprägsam dar:

„Um die naturwissenschaftlichen Verlaufsgesetze ... aufstellen zu können, muß die Situation S_t wiederholbar sein, und zwar genau die Situation S_t, ... Eben diese *Wiederholbarkeit* im Sinne der *Wiederherstellbarkeit* der Ausgangssituation können wir aber für eine durch Normen und Zwecke bestimmte Situation nicht als gegeben unterstellen, ...: Jeder Versuch, eine Situation S herzustellen, endet mit der Herbeiführung einer von S verschiedenen Situation S'" (*Lorenzen/Schwemmer* 1973, S. 214).

Hierbei wird zwischen *wiederholbaren* und *unwiederholbaren* Situationen unterschieden. Wiederholbare Situationen werden den Naturwissenschaften zugeordnet, unwiederholbare dagegen den Kulturwissenschaften. Wie schon *Helmer* und *Rescher* mit Recht bemerken (vgl. *Helmer/Rescher* 1959), ist diese traditionelle Zuordnung nicht glücklich. Sie weisen darauf hin, daß es sowohl im Rahmen der Naturwissenschaften häufig unwiederholbare Situationen gibt – man denke dabei etwa an das Beispiel der Wetterkunde oder Geophysik – als auch im Bereich der Kulturwissenschaften wiederholbare. In solchen Fällen genügt ein Hinweis auf kurzfristige Probleme aus der Planung und Sozialtechnologie. Diese Autoren schlagen daher vor, die betreffenden Situationen – sie nennen sie *exakt* und *inexakt* – nicht bestimmten Wissenschaftsgruppen zuzuordnen, sondern den betreffenden *Problemen*. Im Sinne der durch uns getroffenen Unterscheidung zwischen *exakten, unkontrollierbaren* und *kontrollierbaren* Ereignissen erscheint diese Zweiteilung zu grob: *Lorenzen* und *Schwemmer* heben, in dieser Hinsicht betrachtet, durch ihren Hinweis auf *„kulturelle"* Situationen den Fall der kontrollierbaren Ereignisse besonders hervor. Dieser Fall wird treffend charakterisiert, wenn darauf verwiesen wird, daß im Falle *herstellbarer* Situationen scharf zwischen der angestrebten Situation – dem *Zweck* – und der erzielten Situation – der *Realisierung* dieses Zwecks – zu unterscheiden ist. Anstelle des Zwecks wird somit eine von ihm verschiedene Situation hergestellt. Genau in dem Falle von Ereignissen, deren Deutungskonflikte in *aktiver* Weise behebbar sind, erscheint die geschilderte Darstellung kultureller Situationen sinnvoll. Offenbar hat der Hinweis auf Zwecke – d. h. angestrebte Situationen – keinen Sinn, wenn man an unkontrollierbare Ereignisse denkt, wie im Falle der Wetterkunde usf. So wird auch in dem von uns genannten Beispiel (b) auf die Werbe*planung* verwiesen. Der in diesem Zusammenhang verfolgte Zweck besteht in der Herstellung einer Umsatzsituation, die im Sinne des Planes als Erfolg bezeichnet werden kann. Geeignete Zielgruppen sollen durch die geplante Aktion zum Kauf motiviert werden. Eine Wiederherstellbarkeit derselben Situation liegt in diesem Fall nicht vor, da dieselbe Umsatzzahl zu verschiedenen Zeitpunkten festgestellt nicht in unveränderter Weise als Erfolg gewertet werden kann: Im Rahmen der ersten Situation wird versucht, durch geeignete Maßnahmen die betreffende Zahl zu erreichen, in der folgenden Situation dagegen tritt eine Umsatzzahl ein, die zumindest teilweise als Folge der getroffenen Maßnahme betrachtet werden muß, so daß eine weitere Planung auf diese geänderte Lage Rücksicht nehmen muß. Man kann in der folgenden Situation also nicht von der Tatsache absehen, daß vorher eine bestimmte Aktion gesetzt wurde. Kontrollierbare Ereignisse sind also besonders dadurch gekennzeichnet, daß die ihnen entsprechenden *Regelsysteme* Konflikte enthalten, deren Behebung vom angesprochenen Entscheider (Prognostiker) das Ausführen bestimmter Handlungen verlangt. Man kann daher die betreffenden Regeln als Handlungsanweisungen verstehen, denen gemäß der Prognostiker sich zu verhalten hat, um den bestimmten Ausgang herbeizuführen. Sie haben dann etwa die Gestalt, die *von Wright* angibt: „Sieh zu, daß p", wobei die Aussage p den als Ziel angestrebten Sachverhalt beschreibt. Die dermaßen ausgedrückte Handlungsanweisung richtet sich an den Prognostiker, der einer bestimmten Handlung fähig ist (vgl. *von Wright* 1968, S. 16 f.). Durch die in dieser Weise erfolgende *Zielsetzung* werden die Deutungs*konflikte* in kontrollierbaren Ereignissen behoben. *Erlaubnis* und *Pflicht* werden gemäß dieser Auffassung auf die in der oben beschriebenen Art gegebene Handlungs*aufforderung* bezogen. Auf diese Weise entstehen die *deontischen Ausdrücke:* „Es ist Pflicht, zuzusehen, daß p" und „Es ist erlaubt, zuzusehen, daß p". Im Zusammenhang mit der Konfliktbereinigung interessieren besonders die mit Hilfe des *Pflichtoperators* gebildeten Ausdrücke, die wir kurz als *Normen* bezeichnen wollen. Der Erlaubnisbegriff ist nicht von Bedeutung, da das Beheben eines Konfliktes durch entsprechende Zielsetzung die Beseitigung der zunächst vorliegenden *Offenheit* der Deutung im Hinblick auf das Bezugsereignis verlangt. Dies geschieht nicht, indem offengelassen wird, ob der Prognostiker nun entsprechend handelt oder nicht. Vielmehr besteht eben die *Verpflichtung* für ihn, in der angegebenen Weise zu handeln. In diesem Sinne läßt sich das einem *kontrol-*

lierbaren Ereignis zugeordnete *Regelsystem* als *Normensystem* auffassen.

Von dem hier vertretenen *deontischen* Standpunkt aus betrachtet, ist scharf zwischen der Diskussion über die *Wiederholbarkeit* von Ereignissen und der Erörterung der *Vorstellbarkeit bestimmter Ereignisausgänge* zu unterscheiden: Die Wiederholbarkeit von Ereignissen ist gegeben, wenn entsprechend der sie festlegenden Regelsystem bestimmte Ausgänge nach Belieben hergestellt werden können. Dies ist *nur* bei *exakten* Ereignissen der Fall. Dagegen tritt eine derartige Wiederholbarkeit bereits bei *unkontrollierbaren* Ereignissen auf: Dieselbe Wetterlage läßt sich gemäß den festgelegten Regeln nicht nach Belieben wieder herstellen. Bei *kontrollierbaren* Ereignissen werden jedoch *bestimmte* Ausgänge herzustellen versucht, die als *herstellbar* gelten. Sie sind aber *nicht* in der angestrebten Gestalt realisierbar. Dabei spielt die zeitliche Reihenfolge zwischen der Herstellung unterschiedlicher Ereignisausgänge keine Rolle. Die Darstellung bei *Lorenzen* und *Schwemmer* vermischt gerade den Unterschied zwischen kontrollierbaren und unkontrollierbaren Ereignissen, indem in ihr von „wiederherstellbaren Situationen" gesprochen wird. Die vorausgesetzte Herstellbarkeit bestimmter Ereignisausgänge – Situationen genannt – deutet in Richtung auf kontrollierbare Ereignisse, die Vorsilbe „wieder" dagegen weist auf unkontrollierbare Ereignisse hin. Entsprechendes gilt auch für die Argumentation selbst, die zur Stützung des treffend beschriebenen Sachverhalts, daß zwischen *Ziel* und seiner *Realisierung* zu unterscheiden ist, herangezogen wird: in ihr ist von zwei zeitlich aufeinanderfolgenden Situationen die Rede, die sich dadurch unterscheiden, daß die erste nicht durch die Ausführung einer bestimmten Handlung hergestellt ist, während die

zweite gerade dadurch charakterisiert wird (vgl. *Lorenzen/Schwemmer* 1973, S. 185).
Weinberger unterstreicht den gerade hervorgehobenen Unterschied zwischen *Normen* und ihrer *Erfüllung* in besonders klarer Weise (vgl. *Weinberger* 1972, S. 16 ff.): Offenbar gibt es innerhalb des geltenden Rechts *Gesetze,* die nicht *eingehalten* werden. *Gesetze* stellen in der Regel *Pflichten* für den Adressaten dar. Daraus kann entnommen werden, daß für Pflichten charakteristisch ist, daß sie nicht in allen Fällen *erfüllt* werden. Zur Einführung des Pflichtbegriffs bedient sich *Weinberger* daher der sogenannten *Erfüllungsfunktionen.* Sie sind *Abbildungen* von der Klasse der *Normen* in die Klasse der *Aussagen:* Der Norm „Es ist Pflicht, p herbeizuführen" entspricht dabei die Aussage p. Der p entsprechende Sachverhalt erfüllt die angegebene Norm. Ausgehend von der eben skizzierten semantischen Grundlegung des Pflichtbegriffs weist *Weinberger* auf die grundverschiedene Rolle hin, die die Begriffe „Pflicht" und „Erlaubnis" im Rahmen dieser Auffassung spielen (vgl. *Weinberger* 1970, S. 27 ff.): Pflichten sind mittels der Erfüllungsfunktion bezogen auf Sachverhalte festlegbar, Erlaubnisse dagegen nicht. Sie lassen ja eine Reihe alternativer Handlungen zu. Damit gibt es in diesem Fall keine bestimmte Aussage, die dem betreffenden Ausdruck zugeordnet werden kann. Daraus folgt, daß Pflicht und Erlaubnis nicht – wie dies angesichts der Modaloperatoren Notwendigkeit und Möglichkeit der Fall ist – wechselseitig durch Definition aufeinander zurückführbar sind.
Schon diese kurze Betrachtung zeigt die enge Verwandtschaft des gemäß *Weinberger* gefaßten *Pflichtbegriffs* mit unserem *Prognosebegriff.* Diese äußert sich zunächst darin, daß bezogen auf kontrollierbare Ereignisse die

Erfüllungsfunktion Weinbergers, der bei der Grundlegung des Modells (X, R, H) auftretenden *e-Funktion* in formaler Hinsicht entspricht: Eine Erfüllungsfunktion f ist eine Abbildung der Normenklasse N in die Aussagenklasse A derart, daß:

(i) Aus fn = p folgt fp = p.
(ii) Für *vereinbare* Normen n, m gilt: fmn = fmfn.

Von einer Vereinbarkeit bestimmter Normen wird gesprochen genau dann, wenn die durch sie geforderten Handlungen Ausgänge herbeiführen, die durch die in der durch nm bestimmten aussagenlogischen Verknüpfung beschreibbar sind. Die betreffenden Handlungen sollen also gemeinsam ausführbar sein. Diese formale Analogie hat ihren Ursprung in der Funktion der Konfliktbereinigung, die sowohl durch das *Normensystem* N als auch durch das System der Prognosen erfüllt werden soll. Eine inhaltliche Vergleichsbasis liegt so lange nicht vor, als von *unkontrollierbaren* Ereignissen die Rede ist. Angesichts unkontrollierbarer Ereignisse von Normen (Pflichten) zu sprechen, erscheint unsinnig.

Daß *technologische Prognosen unabhängig* von ihrer *Realisierung* zu beurteilende Erwartungen sind, unterstreicht *Martino* in aller Deutlichkeit:

„Many people would try to judge a technological forecast (or for that matter, an economic forecast, a political forecast, or a market forecast) by the same standard. In order to be a good forecast, it must come out true. There are, however, two things wrong with applying this criterion to a technological forecast. The first, and perhaps less important, is that it leaves us with no way of judging the goodness of a forecast before the occurence of the event. The second, and very important, consideration is that it ignores the way in which forecasts are used for decisionmaking" (*Martino* 1972a, S. 11).

Er argumentiert also in doppelter Weise, indem er auf folgende Tatbestände hinweist:

(a) Entscheidet die Realisierung einer Erwartung über deren Begründetheit, so läßt sich zum Zeitpunkt ihrer Äußerung ihre Prognosequalität nicht beurteilen. Dies ist jedenfalls unerwünscht.
(b) Ist eine realisierte Erwartung zugleich eine begründete Erwartung, läßt sie sich nicht zur Vorbereitung von Entscheidungen heranziehen.

Während (a) als Frage der Konvention betrachtet werden kann: *Prognosen* sind demnach eben erst zum Zeitpunkt ihrer Realisierung beurteilbar (vgl. *Lorenzen/Schwemmer* 1973, S. 80 ff.), läßt sich dieser Standpunkt im Zusammenhang mit (b) nicht vertreten. *Martino* betont an dieser Stelle den engen Zusammenhang des Beurteilungsproblems mit der Frage der *Kontrollierbarkeit* von Ereignissen. Dabei stellt er fest, daß Prognosen als Entscheidungsgrundlagen dann notwendig sind, wenn das erwartete Ereignis weder vollständig durch den Entscheidenden kontrollierbar noch durch diesen vollständig unkontrollierbar ist. Im erstgenannten Fall stellt der Entscheider eben den gewünschten Zustand her, während er im anderen Fall sich vollkommen nach dem Ereignisverlauf richten muß. Jedesmal braucht zuvor nicht prognostiziert zu werden, da die Entscheidung bereits vorbestimmt ist. *Martino* spricht also in diesem Zusammenhang von in unserem Sinne *kontrollierbaren* Ereignissen, denn er setzt bei seiner Argumentation voraus, daß der Entscheider in aktiver Weise die auftretenden Deutungskonflikte beseitigt und betont den Tatbestand, daß dieser dabei nicht *autonom* handeln kann. Er muß sich im Rahmen, der durch die entsprechenden Regelsysteme abgesteckt ist, halten. Er weist im Anschluß an diese Feststellung auf das Vorkommen von „self-fulfilling-" und „self-destroying-prophecies" hin. Machte man in diesen Fällen die Beurteilung der betreffenden Erwartung von ihrer Realisierung abhängig, führte eine Erwartung einmal immer zum erwarteten Ergebnis, und wäre damit in jedem Falle begründet; im anderen Falle hätte man jedenfalls eine unbegründete Erwartung vor sich. Dies ist aber offensichtlich bezogen auf den Standpunkt des Entscheiders nicht der Fall (vgl. *Martino* 1972 a, S. 12), da die genannten Wirkungen ja durch die jeweilige Äußerung der Erwartung erst hervorgerufen werden: Die Entscheider werden angesprochen und reagieren darauf. Die geäußerte Erwartung muß also erst als Prognose betrachtet werden, damit die entsprechende Reaktion eintreten kann. Diese Beurteilung kann daher nicht unter Rücksichtnahme auf die schließlich auftretende Realisierung erfolgen. *Martino* sieht eine Beurteilungsmöglichkeit für Erwartungen darin, den Wert dieser Erwartung für den Entscheider abzuschätzen (vgl. *Martino* 1972 a, S. 589–598). Er hängt seiner Meinung nach von zwei Faktoren ab:

(i) Von der direkten Erfassung der vorliegenden Situation.
(ii) Von der richtigen Anwendung logischer Regeln im Rahmen der Beschreibung dieser Situationen.

Beide Gesichtspunkte werden im Rahmen der vorliegenden Untersuchung in semantisch-präzisierter Gestalt unterstrichen. Dabei erweist sich besonders (i) im Zusammenhang mit der Begründung geäußerter Erwartungen als besonders wichtig. Die Erfassung der vorliegenden Situation setzt den Unterschied der betrachteten Ereignisse bezüglich der sie bestimmenden Regelsysteme voraus. Sie ist zur Präzisierung des *Interpretationszusammenhangs R* innerhalb des Modells (X, R, H) notwendig, da das Vorliegen bzw. Nichtvorliegen der Interpretationsgrundlage auf der betreffenden Ereignisklasse X von dem Typ der in ihr enthaltenen Ereignisse abhängt.

In diesem Zusammenhang ist die verbreitete Einteilung der Prognoseverfahren in *normative* und *explikative* Verfahren zu sehen, auf die *Roberts* unter Rückgriff auf eine durch *Jantsch* getroffene Unterscheidung hinweist (vgl. *Roberts* 1969, S. 113 f.):

„*Exploratory technological forecasting* starts from todays assured basis of knowledge and is oriented towards the future, while *normative technological forecasting* first assesses future goals, needs, desires, missions, etc., and works backward to the present" *(Jantsch* 1967, S. 15).

Diese Schilderung stützt sich scheinbar auf das folgende Schema: Es liegen mindestens zwei unterschiedliche Situationen vor. Eine wird *Vergangenheit* genannt, die andere *Zukunft*. Bezüglich der Vorhersage der zukünftigen Situation werden zwei verschiedene Wege beschritten: Der Weg von der Vergangenheit zur Zukunft und der Weg von der Zukunft zur Vergangenheit. Verfahren, die den erstgenannten Weg beschreiben, werden *explorativ* genannt, Verfahren, die den anderen Weg beschreiben, heißen *normativ*. Schon die Ausdrucksweise von *Jantsch* selbst weist aber darauf hin, daß diese so einfach scheinende Einteilung nicht gemeint sein kann: Angesichts der explorativen Prognosen wird nämlich von der heute gesicherten *Wissensgrundlage* gesprochen, die die Prognose ermöglicht. Die normativen Verfahren werden dadurch charakterisiert, daß von zuerst festgesetzten *Zielen* gesprochen wird, die eine Grundlage zur angestrebten Prognose bilden sollen. Es geht also in beiden Fällen zunächst nicht um den zuerst geschilderten zeitlichen Zusammenhang zwischen verschiedenen Situationen, sondern um den der jeweiligen Prognose zugrunde gelegten *Deutungszusammenhang* zwischen den Ereignissen, die zu den entsprechenden Ausgängen – d. h. „Situationen" führen: Bezieht sich die geäußerte Erwartung vornehmlich auf kontrollierbare Ereignisse, so wird von *normativen* Erwartungen gesprochen. Bezieht sie sich dagegen in erster Linie auf unkontrollierbare Ereignisse, wird sie *explikativ* genannt. An exakte Ereignisse wird bei *Jantsch* nicht gedacht, da er sich speziell mit den Verfahren der *technologischen* Prognose befaßt. Sie beziehen sich immer auf *inexakte* Ereignisse, also solche, deren Regelsystem Konflikte hinsichtlich der Deutung des Bezugsereignisses enthalten. In erster Linie denkt er selbstverständlich an kontrollierbare Ereignisse, da es meist um die Gestaltung von Situationen geht. Es erweist sich jedoch als unmöglich, die Einteilung in normative und explorative Verfahren im strengen Sinne durchzuhalten angesichts der jeweils zu lösenden Prognoseaufgabe: Die Frage nach der Art, in der auftretende Deutungskonflikte lösbar sind, ist nicht unabhängig von der Stellungnahme des Prognostikers zum vorliegenden Problem zu beantworten. Diese wird ihm in bestimmten Fällen jeweils eher nahegelegt als die entgegengesetzte. Daher werden im Rahmen der technologischen Prognose beide genannten Gruppen von Verfahren angewandt. Die jeweilige Einteilung der bekannten Verfahren in normative und explorative ist daher bei jedem Autor in gewissem Maße willkürlich. Er orientiert sich eben am Vorliegen des jeweils nahegelegten Deutungsstandpunktes. Dies wird sowohl durch *Jantsch* selbst als auch durch *Roberts* zum Ausdruck gebracht. Die Zukunft der Prognosetechnik wird daher in der Konstruktion *systemtheoretischer* Verfahren gesehen, die den Unterschied zwischen Erwartung und ihrer Realisierung durch den Einbau von Rückkoppelungen zu berücksichtigen suchen (vgl. *Roberts* 1969, S. 123 ff. und *Jantsch* 1967, S. 17).

Geht man von der eben gegebenen Erklärung aus, wonach Erwartungen *normativ* heißen, genau dann, wenn sie sich auf kontrollierbare Ereignisse beziehen; *explorativ* dagegen, wenn sie sich auf unkontrollierbare Ereignisse beziehen, ergibt sich unmittelbar die durch *Jantsch* gegebene Schilderung:

Eine geäußerte Erwartung, die sich auf kontrollierbare Ereignisse bezieht, geht von der Voraussetzung aus, daß vorliegende Deutungskonflikte durch bestimmte *Handlungen* des Prognostikers behebbar sind. Die ereignisbestimmenden Regelsysteme sind daher als *Normensysteme* zu verstehen, die den Prognostiker ansprechen. Diesem Standpunkt entsprechende Prognoseverfahren gehen daher von der *Setzung bestimmter Ziele* aus. Im Hinblick auf sie werden die Konflikte in den betreffenden Regelsystemen behoben. Auf diese Weise ergibt sich das von der Zukunft-in-die-Vergangenheit-Arbeiten der entsprechenden Techniken, von dem *Jantsch* spricht: Die gesetzten Ziele bilden die Voraussetzung zur Deutung des Bezugsereignisses durch die Ereignisse der Klasse X.

Bezieht sich dagegen eine geäußerte Erwartung auf unkontrollierbare Ereignisse, kann die geforderte Deutung nicht durch Handlungen des Prognostikers ermöglicht werden. Daher haben in diesen Fällen Zielsetzungen keine Bedeutung. Die entsprechenden Regelsysteme haben in diesem Fall *beschreibenden* Charakter. Die Behebung der enthaltenen *Deutungskonflikte* erfolgt in diesem Falle durch den Versuch der Präzisierung der Beschreibung, der *begrifflichen Fassung* des Problems also. Diese ermöglicht dann die Lösung des gestellten Prognoseproblems, die im Nachweis der Begründetheit der betreffenden Erwartung besteht oder im Nachweis ihrer Unbegründetheit.

Eine *normative Erwartung,* die gemäß (X, R, H) *wahr* – also *begründet* – ist, entspricht einer *begründeten Norm:* Eine bisher durchgeführte Handlungsweise hat immer zu Resultaten geführt, die im Sinne der betreffenden *Zielsetzung* als Erfolge zu bezeichnen sind (Erfüllung der betreffenden Ziele). Im Interesse der Erfüllung dieses Ziels läßt sich daher die Durchführung der entsprechenden Handlung weiterhin empfehlen. Das angegebene Ziel wird in dieser Hinsicht als *realisierbar* betrachtet. Bei Beschränkung der Betrachtung auf kontrollierbare Ereignisse entspricht somit der *Pflichtbegriff* im Sinne *Weinbergers* dem vorliegenden *Prognosebegriff.*

Angesichts der vorliegenden Prognoseaufgaben läßt sich jedoch bei der Beurteilung von Erwartungen nicht davon ausgehen, daß bei der Deutung der entsprechenden Ereignisse der *normative* stets vom *explorativen* Standpunkt klar zu trennen ist. So ist im Falle der Erwartungen eine Zuordnung derselben zum *explorativen* bzw. exakten Fall nicht zu empfehlen. Man kann lediglich davon ausgehen, daß eher von Prognosen die Rede ist, wenn der explikative Standpunkt vorherrscht, eher von Normen (Pflichten), wenn der normative Standpunkt eher vorherrscht. Bei der Deutung der Ereignisse findet jedoch ein gleitender Übergang statt, der bis zu einem gewissen Grade die *Stellungnahme* des Prognostikers zum jeweils vorliegenden Problem wiedergibt. Die damit zusammenhängenden Fragen werden an geeigneter

Stelle ausführlich betrachtet (vgl. III/3). Ihre Behandlung setzt eine gegenüber der bisher angewandten Betrachtungsweise geänderte Interpretation der Prognoseaufgabe voraus.

d. Wahrscheinlichkeit und Prognose

Häufig werden Erwartungsausdrücke als Wahrscheinlichkeitsaussagen analysiert. Der Erwartungsausdruck „Es wird erwartet, daß „p" etwa wird aufgefaßt als „Es ist wahrscheinlich, daß p". Meist geht man noch einen Schritt weiter, indem stillschweigend angenommen wird, daß die genannte Wahrscheinlichkeit durch Wahrscheinlichkeitsmaße geschätzt werden kann. Die entsprechende Wahrscheinlichkeitsaussage lautet dann: „Der Wahrscheinlichkeitsgrad, daß p, beträgt w." Im Rahmen dieser Auffassung sieht man sich mit den folgenden beiden Problemkreisen konfrontiert:

(i) Mit dem Problem der *Wahrscheinlichkeitsmessung*, angewandt auf Beschreibungen von Ereignisausgängen „p".
(ii) Mit dem Problem der sogenannten *Annahmeregeln*, angewandt auf Wahrscheinlichkeitsaussagen des genannten Typs. Sie sollen die Beurteilung des Prognosecharakters der betreffenden Erwartungen ermöglichen.

In der Folge sollen beispielhaft die Standpunkte *Wild*s, für (i), und *Lehrer*s für (ii), geschildert und besprochen werden: Es zeigt sich dabei klar, daß die beiden Betrachtungsweisen zugrunde liegende *Wahrscheinlichkeitsdeutung* des Erwartungsbegriffs nicht durchführbar ist. *Wild* charakterisiert das im Rahmen der unternehmerischen Entscheidung auftretende Prognoseproblem, dessen zentrale Rolle in diesem Zusammenhang er treffend hervorhebt, in folgender Weise:

„Die Untersuchung des Prognoseproblems im Rahmen unternehmerischer Entscheidungen bzw. betrieblicher Entscheidungsprozesse hat gezeigt, daß dieses Problem nicht durch die deduktive Ableitung von Prognosen aus Gesetzen und Theorien zu lösen ist, sondern in seiner zentralen Fragestellung auf die Messung der Unsicherheit oder Wahrscheinlichkeit der Prognosen bzw. der zu prognostizierenden Ereignisse hinausläuft" (*Wild* 1969, S. 87).

Als *Prognosen* bezeichnet er dabei „deskriptive Aussagen hypothetischen (assertorischen) Charakters über zukünftige Zustände und Ereignisse", von denen gefordert wird, „daß sie empirischen Informationsgehalt besitzen und an Hand einer hinreichenden Erfahrungsbasis empirisch begründet oder begründbar sind" (vgl. *Wild* 1969, S. 61). Ausgehend von dieser Auffassung, wonach Prognosen Wahrscheinlichkeitsaussagen sind, gelangt *Wild* zum Ergebnis, daß geeignete Verfahren der Wahrscheinlichkeitsmessung für den Prognosezweck nicht vorliegen.

In der genannten Untersuchung wird vornehmlich an das durch uns als *normativ* bezeichnete Prognoseproblem gedacht: Prognose dient in dieser Sicht als eine *Verbindung* zwischen der prospektiven Planung und der Erfahrungsbasis (vgl. *Wild* 1969, S. 62), wie sie *Jantsch* beschreibt (vgl. *Jantsch* 1967, S. 15). Die in diesem Rahmen analysierten Erwartungen beziehen sich also auf *kontrollierbare Ereignisse*. Es ist besonders davon die Rede, daß das planende Unternehmen durch den Einsatz bestimmter Aktionen den Ereignisausgang teilweise mitbestimmt. Es ist jedoch nicht in der Lage, die geplanten Situationen entsprechend seinen Intentionen vollkommen zu gestalten, da mit dem Einfluß unkalkulierbarer Faktoren gerechnet werden muß. *Wild* nennt diesen Zustand *Unsicherheit*. Er wird als Wahrscheinlichkeit gedeutet, und soll auf diese Weise durch entsprechende Schätzverfahren kalkulierbar gemacht werden. Wie er sich die Anwendung derartiger Verfahren vorstellt, zeigen die folgenden Ausführungen:

„Im übrigen kann eine Prognose ... im Zeitpunkt ihrer Verwendung für Planungs- und Entscheidungszwecke noch keinen Wahrheitswert besitzen. Sie ist also weder verifiziert noch falsifiziert, denn sie bezieht sich ja auf die Zukunft. Es besteht lediglich in mehr oder weniger großem Maße die Aussicht oder Chance, daß sie sich bewahrheiten wird, oder anders ausgedrückt, die Gefahr, daß sie sich als falsch herausstellen wird. Dieses Verhältnis von Bewahrheitungschance und Falsifikationsrisiko gilt es möglichst objektiv abzuschätzen" (*Wild* 1969, S. 67).

Die genannte *Unsicherheit* prognostischer Erwartungen wird treffend als *Unbestimmtheit* in unserem Sinne beschrieben: Es handelt sich bei Erwartungen demzufolge um beschreibende Aussagen, denen *keiner der bestimmten* Wahrheitswerte „wahr" oder „falsch" zugeordnet werden kann. Dies wird deshalb als unmöglich betrachtet, weil sich diese Beschreibungen auf Ereignisse beziehen, die erst in der Zukunft stattfinden. Für Prognosezwecke aber erweist sich eine Zuordnung des Wertes *unbestimmt* im Sinne der dreiwertigen Logik *Kleene*s als ungeeignet. Daher ist auch *Wild* mit einem derartigen Vorgehen nicht zufrieden: Um doch noch zu einer gewissen – wenn auch von der ursprünglich ins Auge gefaßten unterschiedenen – Bestimmtheit zu gelangen, betrachtet er anstelle von Wahrheit und Falschheit die *Chance der Bewahrheitung* bzw. das *Risiko der Falsifi-*

kation. Damit kennzeichnet er die Unbestimmtheit bereits in engerer Weise als *Inexaktheit* in unserem Sinne. Allerdings wird in diesem Zusammenhang nicht – wie dies im Rahmen der modifizierten zweiwertigen Logik *Körners* geschieht – zwischen zwei Bewertungsebenen unterschieden: der *vorläufigen Bewertung* im Sinne der dreiwertigen Logik und der *endgültigen Bewertung* im Sinne *Körners*. Beide Stadien werden zwar geschildert, aber im Rahmen der geforderten Bewertungsprozedur nicht auseinandergehalten: *Inexaktheit* und *Unbestimmtheit* werden unter dem Titel *Unsicherheit* vermischt! – Diese Unklarheit der Analyse führt zu dem Eindruck, daß es sich bei der Unsicherheit um einen *kontinuierlichen Übergang* von Wahr über Wahrscheinlich zu Falsch handelt, einer Vorstellung, deren logische Unmöglichkeit bereits mehrfach gezeigt wurde. Sie bildet aber offensichtlich die Grundlage für die Anwendung der durch *Wild* ins Auge gefaßten Schätzverfahren. – Noch klarer wird diese Problematik unterstrichen, wenn man sich die nunmehr naheliegende Frage stellt, auf welche Weise die aufgewiesene Inexaktheit zu beseitigen ist. Da *Wild* an ein *normatives* Problem denkt, liegt die Vermutung nahe, daß die *Chance* bzw. das *Risiko,* von dem er spricht, im Zusammenhang mit der *aktiven Rolle* des planenden Unternehmens gesehen werden müssen: Dementsprechend hat man den Einsatz bestimmter Handlungen im Rahmen des Unternehmerplans auf ihre Tauglichkeit hin zu prüfen, die vorliegende Unsicherheit zu beheben. Mit anderen Worten: Es ist die Frage nach der *Effizienz* der ins Auge gefaßten Maßnahmen bei der Realisierung der geplanten *Ziele* zu stellen. Der sogenannte *Zielerfüllungsgrad* dient dann als Maß der genannten Unsicherheit. Er kann unter Umständen als Wahrscheinlichkeitsgrad gedeutet werden. Allerdings

ist eine derartige Schätzung nur dann als Teil des vorliegenden empirischen Wissens anzusehen, wie dies *Wild* fordert, wenn man sich dabei auf bereits vorliegende Erfahrungswerte bezieht. Das vorliegende Problem ist dann aber eher als *explorativ* zu sehen. Seine Lösung stellt in diesem Falle nicht die gesuchte Entscheidungsgrundlage dar, vielmehr setzt sie eine bestimmte Vorentscheidung bereits voraus. Es zeigt sich also, daß nicht klar genug zwischen normativem und explorativem Standpunkt unterschieden wird. Nur diese Unklarheit ermöglicht die Identifizierung von Wahrscheinlichkeitsgrad und Zielerfüllungsgrad, die *Wild* voraussetzt.
Allgemein ist die hier aufgewiesene Unklarheit der Analyse des *Unsicherheitsbegriffs* als Grundlage für die erfolgte Wahrscheinlichkeitsdeutung des Erwartungsbegriffs anzusehen. Eine im Sinne *Wilds* durch Wahrscheinlichkeitsgrade meßbare Unsicherheit setzt die *Exaktheit* des betreffenden Prognoseproblems voraus. Unsicherheit kann dann nicht mit Inexaktheit oder Unbestimmtheit gleichgesetzt werden, wie dies bei *Wild* geschieht. Zur Anwendung der *Wahrscheinlichkeitsmetrik* der Wahrscheinlichkeitsrechnung ist Voraussetzung, daß die Ereignisse, deren Ausgänge bewertet werden sollen, im Hinblick auf das jeweilige Bezugsereignis *bestimmt* sind. Damit ist zugleich bereits entschieden, ob die betreffende Erwartung als Prognose betrachtet werden kann oder ob sie keine Prognose darstellt.
Denkt man z. B. an faire *Wettsituationen*, wie sie von der subjektiven Wahrscheinlichkeitstheorie zugrunde gelegt werden (vgl. *Savage* 1957; *Stegmüller* 1973, S. 363 ff.), so muß für die betreffenden Ausgänge festliegen, ob sie im Hinblick auf das Bezugsereignis der Erwartung, positiv oder negativ gewertet werden. Der Prognostiker setzt in diesem Fall einen bestimmten Be-

trag, ebenso sein Kontrahent. Der gesamte Betrag wird in der Weise zwischen den beiden Beteiligten aufgeteilt, daß beim Eintritt des positiven Ausgangs der Prognostiker den ganzen Betrag erhält, im Falle des Auftretens des negativen Ausgangs der Kontrahent diesen Betrag erhält. Das entsprechende Wettverhältnis entspricht dem *Wahrscheinlichheitsgrad* für das Auftreten des positiven Ausgangs, wenn bestimmte Bedingungen über das rationale Verhalten beim Abschluß derartiger Wetten erfüllt sind. Sie werden Kohärenzbedingungen genannt (vgl. *Shimony* 1955, S. 5; *Kemeny* 1955, S. 264 ff.). Die oben genannte Einteilung der Ereignisausgänge in im Sinne des Prognostikers positive und negative ist Ausdruck der *Exaktheit* des betreffenden Ereignisses. Das grundlegende Prognoseproblem ist in diesem Zusammenhang bereits gelöst, bevor eine Wette überhaupt abgeschlossen werden kann. Entsprechendes gilt auch bei Zugrundelegung anderer Wahrscheinlichkeitsbegriffe, sei es subjektiver oder objektiver Art: Die Bestimmtheit der Ereignisse im Hinblick auf das Bezugsereignis ist jedesmal Voraussetzung zur Anwendung des betreffenden Schätzverfahrens. (Zur Vielfalt der entsprechenden Deutungen vgl. *Mellor* 1971; *Mackie* 1973; *Popper* 1960.) Bereits der formale Ansatz innerhalb der mathematischen Wahrscheinlichkeitstheorie geht von dieser Voraussetzung aus, wenn er *Borelsche Mengenkörper* voraussetzt. Es ist somit klar ersichtlich, daß im Rahmen der geschilderten inexakten Prognoseproblematik das unter (i) genannte Metrisierungsproblem nicht auftritt.
Lehrer geht in seiner Untersuchung „Induction, Reason and Consistency" (vgl. *Lehrer* 1970 a) davon aus, daß es zwei unterschiedliche Typen von Schlußweisen gibt:
„I am assuming that just as one concern of deductive logic is to specify when a statement may be deduced

from another, so one concern of inductive logic is to specify when a statement may be induced from another" (*Lehrer* 1970 a, S. 103).

Er versucht im Anschluß daran, eine induktive *Regel* anzugeben, die den durch ihn als „Induzieren" bezeichneten Übergang zwischen Aussagen rechtfertigen soll. Dabei gelangt er naturgemäß zunächst zu einer Formulierung der gesuchten Regel, die gemäß der Bezeichnung durch *Hilpinen* rein *wahrscheinlichkeitsbezogen* ist (vgl. *Hilpinen* 1968, S. 24 ff.):

„It is natural to suppose that there is some degree of probability less than unity that is high enough to insure inducibility and such that no lower degree will suffice" (*Lehrer* 1970 a, S. 103).

Er bezeichnet die dadurch ausgedrückte Regel durch R1 und stellt im Anschluß an *Kyburg* fest, daß die Anwendung dieser zunächst einleuchtend erscheinenden *Annahmeregel* (rule of acceptance) im Sinne der folgenden Forderung zu Inkonsistenzen führt (vgl. *Kyburg* 1961, S. 197):

„However it seems natural to require that the set of statements that may be induced from e should be consistent with e provided e itself is consistent" (*Lehrer* 1970 a, S. 104).

Diese Bedingung nennt er CC. Der Hinweis auf das bereits geschilderte *Lotterieparadox* genügt, um die *logische Unvereinbarkeit* von CC mit R1 nachzuweisen. Soll also eine entsprechende Regel festgelegt werden, ist eine der beiden Bedingungen abzuschwächen oder zu streichen. Entgegen dem Vorschlag *Kyburgs* entscheidet sich *Lehrer* für die Streichung bzw. Änderung von R1, indem er darauf verweist, daß verschiedene Autoren bereits Regeln angegeben haben, die mit CC vereinbar sind. Sie sind allerdings alle nicht mehr rein wahrscheinlichkeitsbegründet. Es wird in diesem Zusammenhang auf den Versuch von *Hintikka* und *Hilpinen* hingewiesen, durch eine Einschränkung der als *Hypothesen* zugelassenen Ausdrücke in formaler Hinsicht die Anwendbarkeit von R1 zu retten (vgl. *Hintikka/Hilpinen* 1966, S. 1–20; *Lakatos* 1968, S. 98–165). Ebenfalls erwähnt wird der Ansatz *Levis,* durch Beschränkung des Anwendungsbereichs von R1 auf eine gegebene endliche Aufteilung der problemrelevanten Aussagen – „ultimate partition" – den Widerspruch zu CC zu vermeiden (vgl. *Levi* 1967, S. 32–38). Beide Ansätze weisen grundsätzlich in dieselbe Richtung; Voraussetzung zur widerspruchsfreien Anwendung der Annahmeregel R1 ist die Beschränkung auf die in formaler Hinsicht genauer umschriebenen Situationen und damit das Vorliegen einer wohldefinierten Struktur der Ereignisse auf die sich die betreffenden Aussagen beziehen. Besonders deutlich weist allerdings *Levi* in diese Richtung, indem er seine Strukturen im Rahmen eines *Frage-Antwort-Schemas* entwickelt: Der Prognostiker stellt Fragen bezüglich der vorliegenden Situation, die nur durch Sätze ganz bestimmter Gestalt beantwortet werden können. Diese Antworten lassen sich gemäß R1 widerspruchsfrei beurteilen.

Eine eingehende Analyse des Lotterieparadoxes in *struktureller* Hinsicht führt *Lehrer* zu seinem Lösungsvorschlag R2:

„Hence we may conclude that a hypothesis h not deducible from e is inducible if h is (i) more probable than those hypotheses with which it is inconsistent relative to e and (ii) more probable than those hypotheses which are subcontraries of it relative to e" (*Lehrer* 1970 a, S. 106).

Diese Regel wird in der Folge noch in technischer Hinsicht vereinfacht, worauf in unserem Zusammenhang nicht näher eingegangen zu werden braucht. Anstelle der Regel R1 tritt somit die Regel R2 – eine Regel, die im Wege über den Vergleich zwischen Wahrscheinlichkeitswerten geeigneter Aussagen zu einer Entscheidung über die Induzierbarkeit gelangt. Wie bei den bereits erwähnten Lösungsvorschlägen wird auch hier die *Struktur* des betreffenden Problems besonders in Rechnung gestellt.

Im Hinblick auf das Prognoseproblem bedeutet diese Feststellung, daß auch die Konstruktion einer widerspruchsfrei funktionierenden *Annahmeregel* zur Auszeichnung bestimmter Wahrscheinlichkeitsaussagen als Prognosen die *Exaktheit* der betreffenden Ereignisse voraussetzt.

Alle genannten Lösungsansätze zur Konstruktion einer widerspruchsfrei funktionierenden Annahmeregel setzen voraus, daß eine Einteilung der Ereignisausgänge im Hinblick auf die Interpretation des Bezugsereignisses vorliegt: Der Ansatz *Levis* zeigt dies besonders deutlich. Hier werden die ausgangs-beschreibenden Aussagen als Antworten auf eine gestellte Frage in positive und negative Antworten eingeteilt. Die Frage bezieht sich auf einen erwarteten Ausgang. Bei *Lehrer* werden die *logischen* Beziehungen zwischen den betreffenden Aussagen – Widerspruch und Subkontrarietät – berücksichtigt. Diese Beziehungen bestehen nur zwischen Aussagen, die Ausgänge von Ereignissen beschreiben, die ihrerseits zu einem Bezugsereignis in einer wohldefinierten Beziehung stehen. Im Rahmen des durch *Lehrer* besonders analysierten *Lotterieparadox* ist bekannt, daß zwischen den Ziehungen einzelner Lose keine Beziehung derart besteht, daß das Resultat der Ziehung eines bestimmten Loses prognostizierbar ist: Die Lotterie ist voraussetzungsgemäß fair. Das bedeutet: Der Prognosecharakter der betreffenden Erwartung ist in jedem dieser Fälle entschieden. Der entsprechende Ausdruck wird gemäß (X, R, H) als *falsch* bewertet. Das setzt voraus, daß die *Interpretationsgrundlage* I (P/X) *vorliegt*. Auf sie wird die semantische Bewertung gemäß Regel IV. 4 bezogen. Wir wissen in diesem Fall, daß das Ereignis P aus X *nicht* durch die anderen Ereignisse aus X in positivem Sinne *interpretierbar* ist. Aus diesem Grunde haben die verschiedenen Ziehungen Resultate, die in den genannten logischen Beziehungen zueinander stehen. Die Nichtbeachtung dieser Beziehungen führt gemäß R1 zur *Inkonsistenz* entsprechend CC. Entsprechendes läßt sich auch für die Ansätze gemäß *Hilpinen* und *Hintikka* sagen: Sie beziehen sich auf in *formaler* Hinsicht ausgezeichnete Aussagen. Diese werden als *Hypothesen,* also als ausgangsbeschreibende Aussagen, hervorgehoben. Das bedeutet, daß nur Ereignisse mit Ausgängen ganz bestimmter Struktur der Konstruktion der Annahmeregel zugrunde gelegt werden dürfen. Diese ist wiederum nur im Hinblick auf die Deutung des Bezugsereignisses festlegbar. Es zeigt sich also auch in diesem Zusammenhang die Ungeeignetheit der auf der Wahrscheinlichkeitsdeutung beruhenden Versuche zur Auszeichnung bestimmter Erwartungen als Prognosen: Diese Ansätze sind nur zielführend, wenn sich die betreffenden Erwartungen auf *exakte Ereignisse* beziehen. Gerade das ist aber z. B. hinsichtlich der *technologischen Prognosen* nicht der Fall.

Als ein denkbarer Ausweg kann vorerst noch der Lösungsvorschlag *Kyburgs* (Kyburg 1961, S. 81–89) betrachtet werden, der den Geltungsbereich der Konsistenzbedingung CC einzuschränken versucht. Er führt dazu eine Hierarchie von strukturierten Satzklassen ein, auf die bezogen jeweils CC erfüllt ist. Er nennt sie „rationale Korpora". Schlüsse zwischen den unterschiedlichen Ebenen dieser *Korpora* erfüllen CC nicht. Im Wege dieser Konstruktion wird versucht, die *Inexaktheit* gewisser Prognoseprobleme zu berücksichtigen: In derartigen Fällen gilt ja sicherlich CC nicht. Es wurde aber bereits durch *Sleigh* (vgl. Sleigh 1964 a, S. 216 ff. und 1964 b) gezeigt, daß dies, bezogen auf das *Lotterieparadox,* zu Widersprüchen führt. Dies hat seinen Grund darin, daß auch die entsprechend konstruierte Annahmeregel *Kyburg*s auf der Wahrscheinlichkeitsdeutung von Erwartungen aufbaut. So wird die *Exaktheit* des Problems allein dadurch vorausgesetzt. Setzt man nun – wie *Kyburg* – die *Inexaktheit* zur Konstruktion der Annahmeregel voraus, *widerspricht* diese der erstgenannten Voraussetzung.

Unabhängig von der Prognoseproblematik kann daher jeder Beschreibung eines Ereignisausgangs ein Wahrscheinlichkeitswert zugeordnet werden, sofern das betreffende Ereignis nur *exakt* ist. Im Rahmen der Begründungsfrage bei Prognosen muß daher in diesem Zusammenhang davon *ausgegangen* werden, daß diese bereits eindeutig beantwortet ist. Die Antwort kann dabei sowohl positiv als auch negativ ausfallen. Jede Art der Unbestimmtheit ist dagegen ausgeschlossen.

Einen ähnlichen Standpunkt vertritt *Carnap* bezüglich der Rolle der induktiven Logik:

„... I believe that the outcome should rather be the finding of the numerical value of the probability of h on e. Although a judgement about h, e. g., a possible result of a planned experiment, is usually not formulated explicitly as a probability statement. I think a statement of this kind is implicitly involved. This means that a rational construction of the thoughts and deci-

sions of an investigator could best be in the framework of a probability logic" (*Carnap* 1963 a, S. 67).
Gemäß Carnap ist es also Aufgabe der induktiven Logik, *Wahrscheinlichkeitswerte* für die Ausgänge bestimmter Ereignisse *zu schätzen*. Damit widerspricht er zugleich der Auffassung, wonach es Aufgabe dieses Zweiges der Logik ist, bestimmte *Annahmen* (Hypothesen) über Ereignisausgänge zu *beurteilen* (vgl. *Carnap* 1968 a, S. 146). Solche Urteile hätten nach bestimmten Annahmeregeln zu erfolgen und sind daher nur unter den genannten sehr einschränkenden Bedingungen möglich. Dagegen scheint eine derartige Beschränkung bei der Schätzung von Wahrscheinlichkeitswerten *unabhängig* von jeder Prognoseproblematik durchaus sinnvoll. Dies zeigt das durch ihn angegebene Beispiel: Zur Untersuchung bestimmter Fragen wird ein *Experiment* geplant. Der Forscher hat angesichts der Planung des bestimmten Experiments *Entscheidungen* zu treffen, die sich am Untersuchungsziel und den möglichen *Ergebnissen* des betreffenden Experiments orientieren. Es handelt sich dabei um eine Entscheidung unter *Risiko,* da die verschiedenen möglichen Resultate durch *Wahrscheinlichkeitsaussagen* im oben angegebenen Sinne beschreibbar sind. Damit ist die durch *Carnap* behauptete Beschreibbarkeit derartiger Situationen gesichert. Er bezieht sich ja auf „geplante Experimente", d. h. auf Ereignisse, die durch Regelsysteme hinsichtlich der Fragestellung (Bezugsereignis) in bestimmter Weise geregelt sind. Die *Exaktheit* derartiger Ereignisse ist somit gegeben. Damit sind Wahrscheinlichkeitsschätzungen der geforderten Art möglich. Sie sind aber im Hinblick auf die Prognoseproblematik bedeutungslos.
Man gelangt daher zu dem Ergebnis, daß die Deutung von Erwartungsausdrücken als Wahrscheinlichkeitsaus-

sagen nicht möglich ist, da diese die Exaktheit der betreffenden Ereignisse voraussetzt. Sowohl die Messung der Wahrscheinlichkeitsgrade bestimmter Ausgangsbeschreibungen von Ereignissen als auch die Beurteilung bestimmter Erwartungen als Prognosen gehen von der genannten Voraussetzung aus. Eine Lösung der Prognoseproblematik auf dem Boden der Wahrscheinlichkeitsdeutung von Erwartungen setzt ihrerseits die Lösung des Problems der Messung (i) und darauf aufbauend des Problems der Konstruktion geeigneter Annahmeregeln (ii) voraus. Beides erweist sich aber im Sinne der obigen Ergebnisse als unmöglich. So wird diese Problematik nicht durch Rückgriff auf die Wahrscheinlichkeitsdeutung gelöst. Dies schließt allerdings eine Lösung des durch *Carnap* der induktiven Logik zugeordneten Problems der Angabe bestimmter Wahrscheinlichkeitswerte zu Beschreibungen bestimmter Ereignisausgänge nicht aus. Sicherlich sind Ereignisausgänge durch Wahrscheinlichkeitsaussagen beschreibbar. Das durch Carnap angegebene Entscheidungsproblem läßt sich auf dieser Basis lösen. Der Standpunkt *Carnaps* läßt sich daher kurz in folgender Weise fassen: Die Wahrscheinlichkeitslogik dient der Entscheidung unter Risiko, nicht aber der Prognose. Jede Angabe von Wahrscheinlichkeitsgraden zu Erwartungen setzt bereits die *Entscheidung* über ihren *Prognosecharakter* voraus.

In diesem Sinne ist auch festzustellen, daß der zur Lösung des Prognoseproblems, d. h. der Auszeichnung bestimmter Erwartungen als Prognosen oder die Beurteilung als keine Prognosen – die im Rahmen der personalistischen Wahrscheinlichkeitstheorie entwickelte Theorie des Lernens aus der Erfahrung (vgl. *Jeffrey* 1965; *Hintikka/Suppes* 1970, S. 3–93, 197–259) nicht geeignet ist. Ohne Zweifel kann bei vorausgesetzter

Exaktheit der betroffenen Ereignisse die *Sicherheit* des prognostizierten Ereignisausgangs wesentlich erhöht werden, zieht man zusätzliche Information zur Wahrscheinlichkeitsschätzung heran. Dies ändert aber nichts an der Entscheidung über den Prognosecharakter der betreffenden Erwartungen. Zur Beseitigung der Konflikte im Rahmen *inexakter Ereignisse* ist ebenfalls zusätzliche Information heranzuziehen. Diese hat jedoch einen anderen Charakter als die oben erwähnte Information. Sie betrifft eine Kenntnis der Stellungnahme des Prognostikers zum vorliegenden Problem im Hinblick auf die Kontrollierbarkeit der betreffenden Ereignisse, nicht ein zusätzliches Wissen über den Eintritt bestimmter Ereignisausgänge ohne Rücksichtnahme auf die Stellung des Prognostikers zum entsprechenden Problem. Diese beiden *Lernprozesse* müssen daher klar voneinander unterschieden werden. Auf das probabilistische Lernen braucht in unserem Zusammenhang nicht genauer eingegangen zu werden. Dagegen ist das zur Begründung von Erwartungen bzw. Feststellung ihrer Unbegründetheit führende *Lernen* später eingehender zu beleuchten (vgl. III/3 b).

3. Syntax der Erwartungen – Der Informationsbegriff

In II/1 b zeigt sich bereits der enge Zusammenhang zwischen *Information* und *Prognose*. Dort wird zwischen *relevanter* und *irrelevanter* Information unterschieden. Relevante Information ist zur Begründung der Erwartung notwendig. Sie führt zu der Feststellung, daß ein bestimmter Erwartungsausdruck bei vorliegender irrelevanter Information als Prognose betrachtet werden kann. Irrelevante Information ist die Gesamtheit der beobachteten Werte, auf die sich die Prognose stützt. Sie führt nicht zur Festlegung *eines bestimmten* Erwartungswertes als Prognose! – In der Folge wird die relevante Information einer semantischen Analyse unterworfen (vgl. II/2): Die Existenz eines Zusammenhangs zwischen bestimmten Ausgängen verschiedener Ereignisse wird durch die Existenz der Interpretationsgrundlage I (P/X) ausgedrückt. In diesem Abschnitt nun schreiten wir in der angedeuteten Richtung fort, indem wir in II/3 a *zusammengesetzte Prognosen* schildern. Dabei ergibt sich die Frage, ob ein entsprechender Zusammenhang zwischen der jeweils auftretenden relevanten Information, auf die sich die Teilprognosen stützen, besteht. Dies führt zur Aufstellung bestimmter *syntaktischer* Regeln, deren Geltung aus dem geschilderten semantischen Modell gerechtfertigt wird (vgl. II/3 b). Die Wirkung bestimmter einschränkender Bedingungen wird auf dieser Basis untersucht. Dies führt zur Erklärung des Informationsbegriffs als Grundlage der Prognose und zur wichtigen Unterscheidung zwischen *vollständiger* und *unvollständiger* Information (vgl. II/3 c).

a. Über die Zusammensetzung von Prognosen

Angesichts einer bestimmten Preisforderung für ein Produkt auf einem bestimmten Markt läßt sich etwa erwarten, daß es im großen und ganzen zwei unterschiedliche Reaktionsweisen der Kunden geben wird: Sie können sich am Preis des Produkts orientieren oder aber an anderen Merkmalen dieses Produkts. Der Kaufentschluß erfolgt im erstgenannten Fall auf einen *Preisvergleich* hin: Der Abnehmer ist *preisbewußt*. Im anderen Fall wird ein Vergleich der Marken der Produkte angestellt und der als besser angesehenen Marke der Vorzug

gegeben: Der Abnehmer wird in diesem Fall als *markenbewußt* bezeichnet (vgl. *Green* 1963). Folgende Erwartung wird als begründet betrachtet:
„Es wird erwartet, daß ein Kunde entweder preisbewußt *oder* markenbewußt auf eine gestellte Preisforderung reagiert."
Wir haben es mit einer *Alternativprognose* zu tun: Es wird ein Ereignisausgang erwartet, der durch eine logische Disjunktion beschrieben wird: „Ein Kunde reagiert entweder preisbewußt *oder* markenbewußt." – Diese Aussage ist aus den Teilaussagen „Ein Kunde reagiert preisbewußt" und „Ein Kunde reagiert markenbewußt" *zusammengesetzt*. Die durch diese Teilaussagen beschriebenen Sachverhalte lassen sich ebenfalls als Ereignisausgänge deuten, deren Eintritt erwartet werden kann. Man erhält auf diese Weise die Erwartungen:
„Es wird erwartet, daß ein Kunde preisbewußt reagiert."
„Es wird erwartet, daß ein Kunde markenbewußt reagiert."
Das Ereignis, von dem jedesmal die Rede ist, ist die Preisforderung seitens des Anbieters. Die zuletzt genannten Erwartungen werden der Kürze halber als Teilerwartungen bezeichnet. Sie beziehen sich auf die Ereignisausgänge, die durch Teilaussagen der eben angeführten zusammengesetzten Aussage beschrieben werden. Sind nun unter den genannten Voraussetzungen die Teilerwartungen ebenfalls begründet oder nicht? –
Wie das Beispiel zeigt, fällt die Antwort auf diese Frage negativ aus: Besteht ein Grund zur Annahme, daß der Kunde K entweder preis- oder markenbewußt auf eine Preisforderung reagieren wird, so ist damit nichts über jede einzelne Reaktionsweise von K auf diese Preisforderung ausgesagt. Vielmehr muß mit seiner diesbe-

züglichen Entscheidungsfreiheit gerechnet werden, wenn nur die genannte Information vorliegt: Beide Teilerwartungen sind also gleichermaßen unbegründet. *Teilprognosen können aus der vorliegenden Gesamtprognose nicht abgeleitet werden.*

Die eben geschilderte Situation ist in dieser Hinsicht mit dem Beispiel einer fairen Lotterie vergleichbar. Diese Analogie wird der entscheidungstheoretischen Behandlung derartiger Beispiele zugrunde gelegt (vgl. *Luce/ Raiffa* 1967, S. 12–38). Hierbei wird auf Grund der Spielkonstruktion erwartet, daß *eines* der ausgespielten Lose gezogen wird. Diese Erwartung läßt sich als Alternativerwartung formulieren, da jeweils eine bestimmte Anzahl von Losen ausgespielt wird. Der Sinn dieses Glücksspiels wird aber gerade darin gesehen, daß kein Grund dafür besteht, den Gewinn *eines bestimmten* Loses zu erwarten: Jede entsprechende Teilerwartung ist daher aus Gründen der geforderten *Fairneß* unbegründet.

Auf einen wichtigen Zusammenhang zwischen Teilerwartungen und Alternativerwartung im Hinblick auf deren Begründung deutet das folgende Beispiel hin (vgl. *Martino* 1972a, S. 130 ff.):

Der *Fortschritt* auf dem Gebiet der Flugtechnik seit dem Bau des ersten Flugzeugs soll identifiziert werden. Dazu wird vorausgesetzt, daß der bei Einsatz einer bestimmten Technologie erreichte Stand der Flugtechnik durch eine Indexzahl hinreichend exakt wiedergegeben werden kann. Diese Zahl ist das Produkt aus der durch das gebaute Flugzeug beförderten *Nutzlast* in Tonnen und seinem *Flugradius* in Kilometern: Das *Ereignis* „Einsatz der Technologie t am Flugzeugsektor" hat also *Ausgänge*, die durch *Aussagen* der Gestalt: „Die Tonnen-Kilometer-Zahl beträgt z" beschrieben werden.

Es ist leicht festzustellen, daß innerhalb der genannten Zeitspanne T *unterschiedliche* Technologien zum Einsatz gelangten. Man denke nur an den Unterschied zwischen Propellermaschinen und Düsenflugzeugen! – Zu verschiedenen Zeitpunkten ist jeweils eines dieser Herstellungsverfahren am fortschrittlichsten. Es kann daher zu jedem dieser Zeitpunkte eine bestimmte Tonnenkilometerzahl *erwartet* werden. Diese Erwartung ist im Hinblick auf die zur Anwendung gelangende Technologie *begründet*. Somit liegen Prognosen der folgenden Gestalt vor:
„Es wird erwartet, daß die Tonnenkilometerzahl zum Zeitpunkt i z beträgt."
Dabei kann die Zahl z als mathematische Funktion des Zeitpunkts i aufgefaßt werden: Jeder Technologie entspricht ja laut Voraussetzung *genau eine* Zahl z. Die Abbildung f *charakterisiert* auf diese Weise den jeweiligen Stand der Technologie. Damit ist aber die eingangs gestellte Aufgabe noch nicht gelöst. Der technische Fortschritt auf diesem Gebiet soll identifiziert werden! – Man hat es in diesem Fall mit der Frage nach einer *Gesamtprognose* zu tun, die sich auf *alle* während des Zeitraums T festgestellten *Stände* der Flugtechnologie bezieht. Man sieht dann, daß es eine bestimmte mathematische Funktion – die sogenannte *Trendfunktion* (vgl. III/1) – gibt, die jedem Zeitpunkt innerhalb von T genau einen erwarteten Wert z der Tonnenkilometerzahl zuordnet. Diese Funktion charakterisiert den technischen Fortschritt unter den gegebenen Voraussetzungen. Betrachtet man nämlich als Ereignis die Flugtechnik im Zeitraum T, so läßt sich zu jedem Zeitpunkt innerhalb dieser Zeitspanne ein bestimmter Stand der Technik – ausgedrückt durch die Zahl z – erwarten. Die Erwartung, daß einer der durch die Zahl z beschriebenen

Ausgänge dieses Ereignisses eintritt, ist also begründet. Diese Erwartung aber hat die Gestalt einer Alternativerwartung. Enthält T z. B. zwei im Hinblick auf den Stand der Technik zu unterscheidende Zeitpunkte „1" und „2", so gilt:
„Es wird erwartet, daß $z = f(1)$ *oder* $z = g(2)$."
Dabei sind f und g die jeweils charakteristischen Funktionen. Offensichtlich ist es unter diesen Bedingungen möglich, die entsprechende Trendfunktion F zu konstruieren. Man verlangt dabei, daß F mit f zusammenfallen soll, wenn die erste Technologie charakterisiert wird, dagegen mit g zusammenfällt, bei der Charakterisierung der zweiten Technologie. Damit ist nämlich dem formalen Erfordernis genügt, daß F eine eindeutige Zuordnung zwischen den Zeitpunkten i und den Zahlen z ist. Im vorliegenden Beispiel identifiziert *Martino* einen *linearen Trend:* F ist in diesem Fall eine lineare Funktion.
Die Gegenüberstellung der zunächst geäußerten *Einzelprognosen* zu der Erwartung eines *bestimmten Trends* – der geschilderten *Alternativerwartung,* ergibt, daß diese ebenfalls als Prognose zu betrachten ist. Es gilt:
Sind Einzelerwartungen Prognosen, so ist auch die entsprechende Alternativerwartung eine Prognose.
Darauf stützt sich die Argumentation *Martinos* aus Anlaß des geschilderten Beispiels, wonach die Annahme des *Fortbestandes eines* bisher identifizierten *Trends* angesichts neuer Technologien gerechtfertigt erscheint: Ist nämlich die vorliegende Trenderwartung im Hinblick auf die Einzelprognose für z begründet, so bleibt sie dies auch dann, wenn T in die Zukunft reicht und daher über das Wirksamwerden eines bislang noch unbekannten Herstellungsverfahrens noch keine Kenntnis besteht. Für die Teilprognosen aus der Vergangenheit gilt ja der

angegebene Begründungszusammenhang. Wird nun das unbekannte Glied in beliebiger Gestalt der Disjunktion hinzugefügt, ändert sich im Hinblick auf die Begründetheit der Erwartung der verlängerten Disjunktion nichts. Die bisher identifizierte Trendfunktion F hat so lange Geltung, als über die neue Erwartung nichts bekannt ist, da zu F erst dann eine Alternative angegeben werden kann. Mit anderen Worten:
Liegt eine Teilprognose vor, so ist jede zugehörige Alternativerwartung eine Prognose.
Die Ergebnisse aus den betrachteten Beispielen von Alternativprognosen weisen bereits darauf hin, daß man es in jedem der genannten Fälle mit Fragen der *Information* über den Eintritt gewisser Ereignisausgänge zu tun hat. Im Technologiebeispiel haben wir Kenntnis über den jeweils eintretenden Stand der Technik. Diese bestimmt auch das Urteil über den erwarteten technischen Fortschritt. Im erstgenannten Beispiel dagegen haben wir nur Kenntnis darüber, daß der Kunde K eine der beiden Reaktionsweisen hat. Eine Kenntnis über den Eintritt eines der beiden ist daraus nicht zu erhalten. Feststellungen dieser Art führen häufig zum Versuch, diesen unbefriedigenden Kenntnisstand durch *Modellkonstruktionen* zu ergänzen (vgl. III/1 b; *Wild* 1969, S. 68). Sie sollen die betreffenden Einzelerwartungen in gewisser Weise begründen, indem bestimmte Annahmen über die Problemstruktur gemacht werden. Derartiges Vorgehen ist oft zur Begründung von Erwartungen unerläßlich. Es ist aber mit großer Vorsicht dabei vorzugehen. Sonst entsteht leicht eine Verwechslung zwischen Modell und Theorie: Die auf solche Weise begründeten Erwartungen werden dann als gesichert betrachtet, was zu einer Fehleinschätzung des Informationsstandes führt (vgl. III/1 b).

Kehren wir zum preispolitischen Beispiel zurück, so können wir feststellen, daß keine der Teilerwartungen begründet ist, wenn die Alternativerwartung begründet ist. Es gilt also:
„Es wird *nicht* erwartet, daß der Kunde preisbewußt auf eine Preisforderung des Anbieters reagiert."
Dieser negativen Erwartung steht die Erwartung des Gegenteils der preisbewußten Kundenaktion gegenüber:
„Es wird erwartet, daß der Kunde *nicht* preisbewußt reagiert."
Man sieht leicht, daß diese beiden Erwartungen im Hinblick auf ihre Begründung nicht in Zusammenhang stehen: Angesichts der geäußerten *Alternativprognose* über das Kundenverhalten setzen wir im letztgenannten Erwartungsausdruck an die Stelle von „nicht preisbewußt" „markenbewußt". So erhalten wir:
„Es wird erwartet, daß der Kunde markenbewußt reagiert."
Es scheint so, als ob diese Teilerwartung begründet sei, wenn die Alternativprognose gilt und die andere Teilerwartung nicht begründet ist. Es wurde aber bereits gezeigt, daß diese Teilerwartung – wie die andere auch – unter dieser Voraussetzung nicht begründet ist. Die oben durchgeführten Ersetzungen führen also zum Widerspruch. Sie sind daher nicht ohne weiteres durchführbar. Der Kunde K wird markenbewußt reagieren, wenn er nicht preisbewußt reagiert, nur, wenn Gründe für die genannte Reaktionsweise bekannt sind. Weiß man, daß die Erwartung, daß K preisbewußt reagieren wird, nicht begründet ist, weiß man deshalb nicht, daß die Erwartung, daß K nicht preisbewußt handeln wird, begründet ist. Es ist ja durchaus möglich, daß K in gewissen Lagen begründeter Weise preisbewußt reagiert, in anderen

Lagen dagegen in ebenfalls begründeter Weise nicht preisbewußt reagiert. Es liegt dann kein Grund vor, daß K in jeder Lage in der einen oder anderen Weise reagiert.
Kann man annehmen, daß K nicht preißbewußt handeln wird, so liegt ein Grund für diese Erwartung vor. Es läßt sich auf Grund dieser Information nicht annehmen, daß kein Grund für die Erwartung vorliegt, daß K preisbewußt reagiert. Auch in diesem Fall läßt sich darauf verweisen, daß K in entsprechenden Situationen in begründeter Weise in einer wie in anderer Weise reagieren kann. Man kann daher nicht sagen, daß bei Vorliegen einer Prognose eines negativ beschriebenen Ereignisausgangs keine Prognose von dessen Gegenteil vorliegen kann. Ein entsprechender Schluß ist erst zwingend, wenn eine vollständige Kenntnis aller in diesem Zusammenhang relevanten Situationen gegeben ist. Man spricht in diesem Fall von *vollständiger Informiertheit* über den betreffenden Ereignisausgang (vgl. II/3 c).
Über das Begründungsverhältnis zwischen Teilerwartungen und Gesamterwartung hinsichtlich der *Konjunktion* läßt sich Entsprechendes sagen:
Beim Absatz eines Produktes P in einer bestimmten Menge kann voraussichtlich ein Stückpreis von 3000,- S erzielt werden, wenn P Großabnehmern angeboten wird. Dagegen erhält man einen Stückpreis von 3500,- S im Falle eines Verkaufs an Normalabnehmer. Beide Preiserwartungen sind unter den angegebenen Voraussetzungen begründet:
„Es wird erwartet, daß im kommenden Monat ein Stückpreis von S 3000,- für P erzielt wird."
„Es wird erwartet, daß im kommenden Monat ein Stückpreis von S 3500,- für P erzielt wird."

Die Erwartung folgender Gestalt ist dagegen sicher nicht zu begründen:

„Es wird erwartet, daß im kommenden Monat ein Stückpreis von sowohl S 3000,- als auch von 3500,- für P erzielt wird."

Diese *Konjunktionsprognose* ist sicherlich unerfüllbar, weil ein Stück des Produkts P nicht zu einem Zeitpunkt, d. i. bei gleicher erwarteter Absatzmenge, zwei verschiedene Preise haben kann. Liegen also Teilprognosen vor, so ist die entsprechende Konjunktionsprognose nicht dadurch begründet.

Wird umgekehrt erwartet, daß für das Produkt P im kommenden Monat ein bestimmter Stückpreis erzielt werden kann, so kann man daraus keine Begründung für eine der beiden Teilerwartungen konstruieren. Der nunmehr im Durchschnitt angegebene Stückpreis läßt keine Rückschlüsse auf die oben angedeutete Aufgliederung nach Kundengruppen zu. In entsprechender Weise läßt sich aus einer Umsatzprognose weder eine Absatzerwartung noch eine Preiserwartung begründen. Autonom begründete Absatz- bzw. Preiserwartungen führen häufig nicht zur Begründung der entsprechenden Umsatzerwartung.

In allen genannten Fällen herrscht offenbar keine *vollständige Informiertheit* über die betreffenden Ereignisausgänge. Man greift deshalb gerne auf *Modellkonstruktionen* (vgl. III/1 b) zurück, um den Informationsstand zu ergänzen. Die Gefahr derartiger Modellbildungen zeigt sich deutlich im Rahmen der klassischen *Preistheorie* der Nationalökonomie, die in besonders klarer Weise durch *Albert* hervorgehoben werden (vgl. *Albert* 1967, S. 331 ff.). Er spricht in diesem Zusammenhang von Modellplatonismus.

Abschließend läßt sich zusammenfassen:

(i) Erwartungen über Ereignisausgänge, die durch logisch zusammengesetzte Aussagen beschrieben werden – sogenannte *Gesamterwartungen* – können Erwartungen über die durch die Teilaussagen beschriebenen Ereignisausgänge – sogenannten *Teilerwartungen* – gegenübergestellt werden.

(ii) Sind Teilerwartungen begründet, so ist die entsprechende *Alternativerwartung* begründet. Der umgekehrte Zusammenhang gilt in der Regel nicht ohne Einschränkungen.

(iii) *Negations-* und *Konjunktions-erwartungen* stehen in keinem Begründungszusammenhang zu ihren Teilerwartungen. Erst bei *vollständiger Informiertheit* über die betreffenden Ereignisausgänge tritt eine Änderung dieser Sachlage ein (vgl. III/3 c).

(iv) Gesamterwartungen bei *unvollständiger Information* über die betreffenden Ereignisausgänge veranlassen häufig die Konstruktion von *Modellen* zur Ergänzung des Informationsstandes (vgl. III/1 b).

b. Zur Syntax der Prognose

Aus (II/3 a) geht hervor, daß zur Konstruktion und Durchführung bestimmter Prognoseverfahren die Geltung gewisser syntaktischer Regeln Voraussetzung ist. Im folgenden Abschnitt wird versucht, das System der grundlegendsten Regeln dieser Art übersichtlich darzustellen und zu kommentieren. Es bedarf in diesem Zusammenhang keiner besonderen Erwähnung, daß das entsprechende syntaktische System im Rahmen des erarbeiteten semantischen Modells (X, R, H) zu begründen sein soll. Unter II/2b ist die Klasse der wohlgeformten Ausdrücke der Erwartungslogik bereits charakterisiert worden. Es braucht an dieser Stelle diese Phase des Aufbaus des gesuchten syntaktischen Systems nicht wiederholt zu werden. Wir erweitern zunächst das Modell (X, R, H), indem wir Belegungsregeln für zusätzliche Verknüpfungen hinzufügen. Entsprechend wird der Katalog der Zeichen und Bildungsregeln für wohlgeformte Ausdrücke erweitert. Im Anschluß daran ist die Frage nach den *ausgezeichneten Erwartungsausdrücken* zu stellen. Im Zusammenhang damit ist auch nach den *Schlußregeln* des skizzierten Systems zu fragen.

Folgende zusätzliche *Verknüpfungszeichen* werden eingeführt:

($\rightarrow$) für die *Implikation*, (.) für die *Konjunktion* und (=) für die *Äquivalenz*.

Sind A und B *wohlgeformte Ausdrücke* des Erwartungssystems, so gilt dies auch für (A$\rightarrow$B), (A.B) und (A = B)! Die *semantische Interpretation* der genannten Verknüpfungen erfolgt im Rahmen des Modells (X, R, H) nach den folgenden *Belegungsregeln:*

V. 5 H (p$\rightarrow$q; P) = w genau dann, wenn H (p; P) = f *oder* H (q; P) = w.

V. 6 H (p . q; P) = w genau dann, wenn H (p; P) = w *und* H (q; P) = w.

V. 7 H (p = q; P) = w genau dann, wenn H (p; P) = H (q; P).

Gestützt auf diese Belegungsregeln läßt sich leicht zeigen, daß auf der syntaktischen Ebene die folgenden Beziehungen gelten. Zuvor ist anzumerken, daß ein *ausgezeichneter* Ausdruck im Rahmen eines vorliegenden semantischen Modells stets dadurch charakterisiert ist, daß er bei jeder Belegung der Teilausdrücke den

Wert *wahr* im vorliegenden Modell zugeordnet erhält.

(1) $((A \rightarrow B) = ((-A) \lor B))$.
(2) $((A . B) = (-((-A) \lor (-B))))$.
(3) $((A = B) = ((A \rightarrow B) . (B \rightarrow A)))$.

Die Mitteilungszeichen A, B, ... stehen für beliebig wohlgeformte Ausdrücke des Systems. Es kann sich dabei sowohl um *operatorfreie* Ausdrücke – „Aussagen" – handeln, als auch um echte Erwartungsausdrücke, die mit Hilfe des E-Operators gebildet werden. Die Überprüfung der Geltung der Ausdrücke (1–3) stützt sich auf die Tatsache, daß wir es in allen genannten Fällen mit *äußeren* Verknüpfungen zu tun haben: Die entsprechenden Verknüpfungszeichen stehen *nicht* im Einflußbereich eines E-Operators. Man hat demzufolge entweder nur reine Aussagenverknüpfungen zu betrachten (a) oder aber Ausdrücke, die aus Erwartungsausdrücken in der geforderten Weise zusammengesetzt sind (b). In beiden Fällen gelangen *ausschließlich* die Regeln V. 1–3 zur Anwendung. Die entsprechenden Bewertungsoperationen führen zur gewünschten Feststellung der allgemeinen Geltung von (1–3), da alle Teilausdrücke bereits endgültig gemäß H bewertet sind und die Werte der rechts und links vom Äquivalenzzeichen stehenden Ausdrücke miteinander in der geforderten Weise übereinstimmen.

Das eben Gesagte läßt sich leicht am Beispiel (1) illustrieren: Gemäß V. 3 gilt: $H((-A) \lor B); P) = w$ genau dann, wenn: $H((-A); P) = w$ *oder* $H(B; P) = w$. Gemäß V. 2 gilt weiter: $H((-A); P) = w$ genau dann, wenn: $H(A; P) = f$. Damit gilt also: $H((-A) \lor B; P) = w$ genau dann, wenn: $H(A; P) = f$ *oder* $H(B; P) = w$. Nach V. 5 aber entspricht dies der Belegung, die gilt genau dann, wenn: $H(A \rightarrow B; P) = w$. Man kann also in jedem Fall den Ausdruck $((-A) \vee B)$ ersetzen durch den Ausdruck $(A \rightarrow B)$. Dies gelangt aber in (1) zum Ausdruck.

In entsprechender Weise kann man auch bei der semantischen Rechtfertigung von (2) und (3) vorgehen. Auf die innere Struktur der Erwartungsausdrücke, die verknüpft werden, braucht nicht eingegangen zu werden. Wir führen diese Rechtfertigungen daher im einzelnen nicht aus.

Vom erwartungslogischen Standpunkt aus gesehen interessanter sind die folgenden ausgezeichneten Ausdrücke:

(4) $(Ep \rightarrow E(p \vee q))$.
(5) $((Ep \vee Eq) \rightarrow E(p \vee q))$.

Sie bringen den bereits auf intuitiver Basis herausgestellten Zusammenhang zwischen Teil- und Gesamtprognose zum Ausdruck: Bei Vorliegen einer Teilprognose läßt sich immer auch die entsprechende *Alternativprognose* erstellen. Hierbei werden im Unterschied zu den früher betrachteten Zusammenhängen innere Verknüpfungen – d. i. Verknüpfungen im Einflußbereich des Erwartungsoperators – betrachtet. In beiden Fällen ist die Hauptverknüpfung die Implikation. Dementsprechend ist zur semantischen Rechtfertigung dieser Ausdrücke jedes Mal die Regel V. 5 heranzuziehen: Es gibt demzufolge immer nur einen Fall, in dem der betreffende Ausdruck bei der Belegung H den Wert f erhält. Nämlich den, in dem der linke Teilausdruck *wahr,* der rechte dagegen *falsch* ist. Es stellt sich daher die Frage, ob ein derartiger Fall möglich ist, wenn man gemäß Regel V. 4 die Belegung der Teilerwartungen berücksichtigt. Bereits im Rahmen der Aussagenlogik gelten die folgenden Zusammenhänge, die aus den genannten Gründen erst recht auch im System der Erwartungslogik Geltung haben: $(A \to (A \lor B))$ und die Transitivität der Implikation, wonach aus $(A \to B)$ und $(B \to C)$ auf $(A \to C)$ geschlossen werden kann. Aus der Geltung von (5) folgt mit Hilfe der genannten Beziehungen die Geltung von (4). Diese ist daher im folgenden nachzuweisen:

Der Ausdruck (5) erhält gemäß V. 3 nur in dem Falle den Wert *falsch*, daß gilt: Entweder $H(Ep; P) = w$ *und* $H(E(pvq); P) = f$ (a) *oder* $H(Eq; P) = w$ *und* $H(E(pvq); P) = f$ (b). Da die Aussage p in jedem Falle durch die Aussage q ersetzbar ist, genügt die Betrachtung eines der genannten Fälle. Wir beschränken die Betrachtung auf den Fall (a). Die weitere Betrachtung der genannten Belegung erfordert ein Eingehen auf die *inneren* Verknüpfungen gemäß V. 4. Dabei erweist sich die Unmöglichkeit der geforderten Belegung. Entsprechend der bereits angeführten Regel V. 4 bezieht sich die Bewertung von Erwartungsausdrücken in jedem Fall auf die entsprechende *Interpretationsgrundlage* über der Ereignisklasse X: Gemäß $H(Ep; P) = w$ wird gefordert, daß für *jede* geeignete Abbildung e von X auf eX eine Interpretationsgrundlage I (eP/eX) *vorliegt*, deren Elemente mit der Eigenschaft R (Q, eP) *alle* zur Bewertung $H(p; Q) = w$ führen. Dagegen fordert man gemäß $H(E(pvq); P) = f$, daß die für jede geeignete Abbildung e' *vorliegende* Interpretationsgrundlage über X I(e'P/e'X) *mindestens ein* Element mit der Eigenschaft R (Q'; e' P) enthält, so daß: $H(pvq; Q') = f$. Das bedeutet gemäß V. 3, daß gilt: $H(p; Q') = f$ *und* $H(q, Q') = f$. Offenbar lassen sich diese beiden Bedingungen nur erfüllen, wenn I (eP/eX) *nicht alle* Ereignisse aus I (e'P/e' X) enthält: Das genannte Q' muß von allen

Q verschieden sein! – Zwischen den genannten Interpretationsgrundlagen gilt aber eine *Teilklassenrelation*, die die genannte Möglichkeit ausschließt: I (e' P/e' X) ist Teilklasse von I (eP/eX). Entsprechend den geforderten Bedingungen enthält I (eP/eX) als Elemente Ereignisse, deren Ausgänge durch p beschreibbar sind, und solche, deren Ausgänge durch q beschreibbar sind. Somit sind in dieser Klasse auch Ereignisse enthalten, deren Ausgänge durch (pvq) beschreibbar sind (vgl. V. 3). I (e' P/e' X) enthält dagegen mit Sicherheit nur Ereignisse, deren Ausgänge durch (pvq) beschrieben werden können: Alle Elemente dieser Klasse sind daher auch Elemente der zweiten Klasse! – Die geforderte Belegung erweist sich daher als unmöglich.

Ausgehend von dem eben geführten Geltungsnachweis für (5) läßt sich auch feststellen, daß die *Umkehrung* der Implikation (5) *nicht allgemein* gilt: Die Falschheit des Ausdrucks

(E (pvq) → (EpvEq))

setzt die Möglichkeit der folgenden Belegung voraus: H(E (pvq);P) = w *und* H(Ep;P) = f. Die entsprechende Kombination für die Aussage q braucht nicht gesondert betrachtet zu werden, da dabei keine zusätzlichen Komplikationen auftreten. Wieder hängt also die Möglichkeit der geforderten Belegung vom Vergleich der beiden Interpretationsgrundlagen I (eP/eX) und I (e'P/e'X) ab. Hier wird allerdings gefordert, daß I (eP/eX) ein Element Q enthält, das in I (e'P/e'X) nicht enthalten ist. Diese Forderung kann jedenfalls realisiert werden, wenn alle e'-Funktionen auf Ereignisse von X, deren Ausgänge durch p bzw. q beschreibbar sind, nicht anwendbar sind. In diesem Falle wird zwar jeder Disjunktion (pvq) eine exakte Aussage zugeordnet, nicht aber jeder der Teilaussagen. Zum vorliegenden Prognoseproblem kann der *Prognostiker* also in diesem Falle eine *Stellung* beziehen, dergemäß die Umkehrung von (5) nicht gilt! – Dies ist im Falle (5) nicht möglich. Offenbar gilt aber auch nicht die Negation der Umkehrung von (5) allgemein, denn die Existenz von Prognoseproblemen, in denen eine derartige Stellungnahme des Prognostikers möglich ist, kann nicht ausgeschlossen werden. Die Beziehung:

$(-(E(pvq) \rightarrow (EpvqEq)))$

gilt nicht allgemein. Sowohl die Forderung der durchgängigen Umkehrbarkeit als auch die Forderung der durchgängigen Nichtumkehrbarkeit der Implikation (5) schränken die Klasse der jeweils zugelassenen Prognoseprobleme ihrer Struktur nach ein. Wir kommen darauf ausführlich in II/3 c zurück. Jedenfalls steht diese Einschränkung in Zusammenhang mit der Klasse der *jeweils zulässigen e-Abbildungen* der Klasse X in die Klasse I (eP/eX) = eX, wie bereits die in diesem Zusammenhang angestellten Überlegungen zeigen: Es handelt sich dabei eben um ein Problem der Deutung der auftretenden Ereignisse als relevante Information über das Bezugsereignis P durch den Prognostiker.

Im Anschluß an die erwiesene Allgemeingültigkeit von (5) und die Nicht-Allgemeingültigkeit der Umkehrung dieser Beziehung läßt sich anmerken, daß beim Übergang in die Logik *quantifizierter* Ausdrücke noch der folgende Ausdruck allgemein gültig ist:

(6) $((Ex. E(p(x)) \rightarrow E(Ex. p(x)))$.

Dabei steht „Ex" für den Existenzoperator: „Es gibt (mindestens) ein x, so daß...". – Die Existenz eines Individuums x, derart, daß p(x) erwartet werden kann, impliziert die Erwartung der Existenz eines Individuums x, derart, daß p(x). Die Umkehrung dieser Implikation gilt dagegen nicht allgemein: Aus der Erwartung der Existenz läßt sich nicht auf die Existenz einer Erwartung schließen. Beides läßt sich auf informale Weise dadurch untermauern, daß man auf den engen Zusammenhang zwischen Disjunktion und Existenzgeneralisierung hinweist (vgl. *Lorenzen* 1962, S. 101 f.). So gilt z. B. für einen Individuenbereich mit genau zwei verschiedenen Individuen:

Ex. $p(x) = (p(x_1) \vee p(x_2))$. Bezogen auf diesen Bereich tritt daher an Stelle von (6):

$(Ep(x_1) \vee Ep(x_2)) \rightarrow E(p(x_1) \vee p(x_2))$

eine spezielle Einsetzunginstanz von (5). Diese Überlegung läßt sich auf jeden endlichen Individuenbereich ausdehnen, da die Disjunktion allgemein *assoziativ* ist. Die Umkehrung von (6) würde die allgemeine Geltung der Umkehrung von (5) erfordern, denn die entsprechenden Ersetzungen existenzgeneralisierter Ausdrücke durch endliche Disjunktionen führt zu einer Implikation.

Diese Feststellung erinnert an Ergebnisse *Quines* über die Quantifizierung von intensionalen Prädikaten (vgl. *Quine* 1956). In seinem Sinne könnte der Erwartungsoperator als ein Ausdruck des „Glaubens" betrachtet werden.

Damit sind die Überlegungen betreffend die ausgezeichneten Erwartungsausdrücke zunächst abgeschlossen. Wir wenden uns nunmehr der Frage nach der Geltung bestimmter *Schlußregeln* im Rahmen dieses Systems zu.

Die folgenden Regeln haben im Rahmen von (X, R, H) Geltung:

(R1) Aus A und $(A \rightarrow B)$ folgt B.
(R2) Aus EA und $E(A \rightarrow B)$ folgt EB.

Regel (R1) hat im Rahmen der Aussagenlogik bereits

allgemeine Geltung. Die Implikation tritt hier wie in den Ausdrücken (1–3) nicht unter dem E-Operator auf, so daß diese Regel ebenfalls für alle entsprechenden Einsetzungen von Erwartungsausdrücken gilt. Bei dem Geltungsnachweis genügen die Belegungsregeln ohne V. 4 in allen genannten Fällen. Er braucht nicht besonders ausgeführt zu werden. Dagegen bringt (R2) einen für das System der Erwartungslogik charakteristischen Zusammenhang zum Ausdruck, der in der Folge noch genauer betrachtet werden wird: Die Implikation tritt in diesem Fall unter dem E-Operator auf.

Zur semantischen Begründung von Schlußregeln ist allgemein zu zeigen, daß diese *wahrheitserhaltend* wirken: Bei Belegung der Prämissen durch w ist daher eine Belegung der Konklusion durch f unmöglich. Zum Nachweis der Geltung von (R2) nehmen wir daher an, (R) sei nicht allgemeingültig in (X, R, H), folgende Belegung sei daher möglich:

$H(Ep; P) = y$ *und* $H(E(p \rightarrow q); P) = w$ *und* $H(Eq.P) = f$.

Wir setzen daher ohne Beschränkung der Allgemeinheit anstelle der Mitteilungszeichen A, B, ... die Aussagenvariablen p, q, ..., da der Geltungsnachweis von (R2) sich bei Ausführung der gemäß V möglichen Zerlegungen der entsprechenden Ausdrücke immer auf den Nachweis der Geltung der auf Aussagen bezogenen Regel reduzieren läßt.

Zwei unterschiedliche Interpretationsgrundlagen sind zur Beurteilung der Möglichkeit der geforderten Belegung notwendig: Die Grundlage $I(eP/eX)$ über der Klasse X aller Ereignisse. Sie ist zur Belegung von Ep und Eq maßgeblich – und die Grundlage $I(eP/eX')$ über der Teilklasse von X' und X, die alle Ereignisse enthält, deren Ausgänge durch Implikationen beschreibbar sind. Sie entscheidet bei der Belegung von $E(p \rightarrow q)$.

Es ist offensichtlich, daß I(eP/ex') eine *Teilklasse* von I(eP/eX) ist.

Entsprechend V. 4 gilt für *alle* geeigneten Q aus I(eP/eX) H(p;Q) = w. Ebenso gilt für alle geeigneten Q' aus I(ep/eX') H(p → q;Q) = w. Nach (V.5) entspricht dies: H(p;Q') = f *oder* H(q;Q') = w. Da nun alle Q' auch Q sind, erweist sich die erste Alternative wegen V. 1 als unmöglich. Nun soll aber laut Voraussetzung für *ein* geeignetes Q aus I(ep/eX) gelten: H(q;Q) = f. Man hat aber Q = Q' für alle Q, also auch für das ausgewählte. Dies ist gemäß V. 1 ebenso unmöglich, da nicht gelten kann H(q;Q) = w *und* H(q;Q) = f. Die geforderte Belegung erweist sich also als unmöglich, womit die Geltung von (R2) erwiesen ist.

Anschließend bleibt noch zu erwähnen, daß die folgenden Schlußregeln *keine* allgemeine Geltung haben:

(R3) Aus (A → B) und EA folgt EB.
(R4) Aus (A = B) und EA folgt EB.

(R 4) läßt sich mit Hilfe von (3) und V. 6 auf (R 3) zurückführen, so daß der Nachweis der Ungültigkeit von (R3) genügt: Dazu stellt man fest, daß die *Realisierung* eines Ereignisausgangs keine Rückschlüsse auf den *Prognosecharakter* der entsprechenden Erwartung zuläßt: Die Voraussetzung der Wahrheit der Implikation (A → B) rechtfertigt daher nicht die Erwartung E(A → B). Erst in diesem Falle könnte man gemäß (R2) auf EB schließen. Mit H(A;P) = f *oder* H(B;P) = w folgt aus der Geltung von H(A;Q) = w für alle geeigneten Q aus I (eP/eX), *nicht* für alle diese Q, H(B;Q) = w. Dies würde äußerstenfalls für das bestimmte P aus X folgen, wenn dieses als Element der Interpretationsgrundlage betrachtet werden könnte. Das ist aber ebenfalls nicht notwendig.

Im Rahmen der Sozialwissenschaften werden häufig sogenannte Modelle zur Abbildung realer Gegebenheiten entworfen. Sie sollen der Begründung von Erwartungen bestimmter Ereignisausgänge dienen. Dies gilt insbesondere auch im Rahmen der betriebswirtschaftlichen Theorie. Gerade in diesem Zusammenhang wird häufig nicht genügend zwischen *realen* Systemen und *erwarteten* Systemen bei der Abbildung unterschieden. Im Hinblick auf *Entscheidungsmodelle* wird durch *Wild* besonders treffend auf diesen Mangel bei der Grundlegung von Modellen hingewiesen, indem er insbesondere die Modelle der linearen Optimierungsrechnung einer Analyse unterzieht und dabei aufzeigt, daß die in das Gleichungs- bzw. Ungleichungssystem eingehenden Koeffizienten und Kapazitätsschranken Zahlen sind, die *schon prognostiziert* sein müssen, soll die durch Anwendung des betreffenden Algorithmus bestimmte Optimalentscheidung tatsächlich dem zugrunde liegenden Entscheidungsproblem adäquat sein. Allgemein stellt er dabei folgendes fest:

„Dabei ist das Wirtschaften ... als ein bewußtes, planendes Denkhandeln (aufzufassen), das in die Zukunft gerichtet ist. Ohne vorherige Prognosen sind also rationale Entscheidungen undenkbar... Mit einer Bereitstellung von Entscheidungsmodellen für die Bewältigung der logisch-mathematischen Problematik unternehmerischer Entscheidungen seitens der Betriebswirtschaftslehre ist daher nur ein Teil der ihr zufallenden Aufgabenstellung abgedeckt" (*Wild* 1969, S. 61).

Hätte man es bei der Modellkonstruktion – wie dies häufig stillschweigend unterstellt wird – ausschließlich mit der Abbildung *realer* Systeme zu tun, so müßten die durch *Wild* genannten *Entscheidungsmodelle* bereits ohne besondere Berücksichtigung der *Prognoseproblematik* zum Ziel führen. Es könnte in diesem Falle eine empirische Theorie über die relevanten Zusammenhänge zwischen den betreffenden Ereignisausgängen aufgestellt werden. Auf den einfachsten Nenner gebracht, sind diese in Gestalt logischer *Implikationen* darstellbar. Geht man zusätzlich von der Prognose des Eintritts des Ausgangszustandes aus, erhält man gemäß Regel (R1) die Begründung des Folgezustandes. Das abgebildete System entspräche dann einem *physikalischen System*, wie es modellhaft durch *Rescher* als *DS-System* gefaßt wird (vgl. *Rescher* 1963, S. 325 f.). *Wild* hebt demgegenüber aber zu Recht die Notwendigkeit der vorhergehenden Lösung der Prognoseproblematik hervor: Diese Notwendigkeit ergibt sich dadurch, daß der Betriebswirt im geschilderten Zusammenhang *inexakte* und speziell kontrollierbare Ereignisse zu betrachten hat (vgl. II/2 c 4): Liegt also die *begründete Erwartung* des modellierten Zusammenhangs vor, so läßt sich daraus gemäß (R2) mit der Prognose des Ausgangszustandes die Prognose des Folgezustandes ableiten. Hierbei ist also nicht davon auszugehen, daß der im *Modell* formulierte Zusammenhang zwischen Ereignisausgängen ein empirisch gesicherter Zusammenhang ist. Vielmehr bringt das Modell selbst bereits eine Erwartung zum Ausdruck. In dieser Hinsicht besteht ein wesentlicher Unterschied zwischen den betrachteten *sozialwissenschaftlichen Modellen* und *empirischen Gesetzen* bzw. *Theorien*. Das eben festgestellte Ergebnis, das den Unterschied zwischen den Regeln (R1) und (R2) illustriert, gilt selbstverständlich auch für Modelle, die sich strukturell von den genannten Modellen der Optimierungsrechnung unterscheiden. Ohne besondere

Schwierigkeiten läßt sich in diesem Zusammenhang etwa an die Modelle der *Systemtheorie* denken (vgl. *Baetge* 1974). Auch bei der Formulierung von Systemen im Zusammenhang der Kontroll- und Steuerungstheorie (*kybernetische* Systeme) sollen im Rahmen sozialwissenschaftlicher Fragestellungen häufig Prognosen der durch *Wild* geschilderten Art abgeleitet werden. Dabei werden meist die eben geschilderten unterschiedlichen Begründungswege miteinander vermischt, so daß die erhaltenen Resultate dem abzubildenden Problem nicht angemessen sind. Dies geschieht insbesondere dann, wenn versucht wird, betriebswirtschaftliche „Systeme" im Sinne der Tradition (vgl. *Schönpflug* 1954) im Sinne der Kybernetik neu aufzufrischen (vgl. *Köhler* 1966, S. 78 ff.). Die Hoffnung, auf diese Weise einerseits die Kontinuität der Forschungsentwicklung auf diesem Gebiet sichern zu können und andererseits die Ziele *problemorientierten* Forschens (vgl. *Darmstadter* 1971, S. 302 ff.) und der Bildung *allgemeingültiger Theorien* dadurch zugleich erfüllen zu können, muß enttäuscht werden. Dies zeigt sich besonders deutlich beim Vergleich der beiden Schlußregeln (R1, R2), die zur Begründung bestimmter Erwartungen herangezogen werden können: Beim Vorliegen *inexakter* Ereignisse muß zwischen den Begründungsweisen nach (R2) – der Modellbegründung – und nach (R1) – theoretische Begründung – unterschieden werden!

Zur Illustration des geschilderten wichtigen Unterschieds der beiden Begründungsweisen sei an dieser Stelle noch genauer auf den Begriff des DS-Systems eingegangen, wie ihn *Rescher* seiner Analyse der Prognose- und Erklärungsproblematik zugrunde legt (vgl. *Rescher* 1963, S. 325–328).

Die „diskreten Zustandssysteme" – kurz DS-Systeme –

sind nach Rescher physikalische *Systeme*, die zu jedem Zeitpunkt bestimmte Zustände aufweisen, die von bestimmter Dauer sind. Der bei der Darstellung derartiger Systeme auftretende Zeitparameter ist daher *diskret*. Durch geeignete Zerlegung kann jeder kontinuierliche Zeitablauf in diskreter Gestalt dargestellt werden. So sieht *Rescher* in der Diskretheitsforderung keine einschneidende Beschränkung der Allgemeinheit der folgenden Betrachtungen. Aus den entsprechenden Gründen kann man sich in der Folge auch auf die Betrachtung *endlicher* Systeme beschränken. Besonders wichtig aber ist die folgende Voraussetzung:

„..., we shall suppose the DS systems under consideration to be governed by ‚laws of transition' with respect to the states of this system, in that this laws specify that whenever the ‚present' state of the system is such-and-such, then the ‚next' state (or group of possible ‚next' states) will be so-and-so" (*Rescher* 1963, S. 326). Von Interesse ist also besonders der Zusammenhang von einzelnen Zuständen des Systems, den „früheren" und den „späteren". Mit Recht werden dabei die Zeitindikatoren unter Anführungszeichen gesetzt, denn es kommt bei der folgenden Betrachtung von speziellen DS-Systemen an keiner Stelle auf den Zeitfluß als solchen an. Wichtig ist ausschließlich der *Unterschied* zwischen den betreffenden Systemzuständen, zwischen denen der *Übergang in bestimmter Weise geregelt ist*. Verglichen mit unseren semantischen Begriffsbildungen, stellt ein derartiges DS-System also hinsichtlich eines bestimmten Systemzustands – er ist zu prognostizieren – eine *Interpretationsgrundlage* auf der Klasse der durch die einzelnen Systemzustände charakterisierten Ereignisse dar. Dies deshalb, weil der Übergang zwischen verschiedenen Zuständen eindeutig geregelt ist.

Damit sind *alle* Ereignisse der zugrunde liegenden Ereignisklasse X *exakt* bezüglich des herausgegriffenen Bezugsereignisses P: Man kann immer sagen, ob ein Ereignis Q aus X Vorgänger von P ist – also zur Interpretation von P geeignet ist – oder nicht. Man sieht daraus, daß für *Rescher* der Hinweis auf den *physikalischen* Charakter der betreffenden Systeme zur intuitiven Rechtfertigung seiner Forderung genügt. Damit zugleich beschränkt er seine Diskussion auf die Betrachtung von Problemen der Prognose *exakter* Ereignisse. Er ist daher in der Folge auch in der Lage, sinngemäß zwischen deterministischen und probabilistischen Übergangsgesetzen zu unterscheiden, und zu behaupten, daß damit im Kern alle Möglichkeiten im Hinblick auf DS-Systeme erschöpft sind (vgl. II/2d und II/3c). Prognosen werden daher im Rahmen seiner Untersuchung durchwegs nach (R2) abgeleitet. An anderer Stelle betont *Rescher* mit Recht, daß es Probleme unterschiedlicher Struktur gibt. Er nennt sie *exakt* und *inexakt*. Er weist in diesem Zusammenhang nach, daß auch im Rahmen der Physik inexakte Probleme häufig auftreten (vgl. *Helmer/Rescher* 1959). Dabei deckt sich der Sprachgebrauch mit dem bei uns eingeführten, so daß aus dieser Betonung zugleich die Beschränktheit des eben geschilderten Standpunktes hervorgeht: DS-Systeme stellen bei weitem nicht alle physikalischen Systeme dar. Bezieht man aber die *Inexaktheit* der Probleme in die Betrachtung ein, so müssen die genannten *Übergangsgesetze* zwischen Systemzuständen als *Erwartungen* über das Systemverhalten gedeutet werden. Sie unterliegen dann nicht mehr der bei *Rescher* stillschweigend angewandten Deutung als *empirische Gesetzmäßigkeiten*. Dabei spielt zunächst der Unterschied zwischen deterministischen und probabilistischen

Gesetzen in der durch *Rescher* angegebenen Art keine Rolle. Man sieht auch an diesem Beispiel, daß der darin vorliegende formale Apparat in logischer Hinsicht nicht hinreichend festgelegt ist, um über die Begründetheit der betreffenden Prognosen einwandfrei entscheiden zu können. Die Folgerungen, die *Rescher* in der genannten Untersuchung betreffend Prognose und Erklärung zieht, werden durch diesen Hinweis nicht berührt, bezieht man sich – wie *Rescher* das an dieser Stelle tut – ausschließlich auf *exakte* Probleme.

c. Prognose, Information und Wahrscheinlichkeit

Die eben durchgeführte Untersuchung der Syntax erwartungslogischer Systeme führt zur Unterscheidung zweier unterschiedlicher Vorgangsweisen bei der *Begründung* von Erwartungen:

(a) Der Weg der *empirischen Begründung:* In diesem Fall wird entsprechend der Schlußregel (R1) begründet. Die dabei auftretenden Ausdrücke enthalten keine zur Begründung wesentlichen Verknüpfungen im *Einflußbereich* des Erwartungsoperators.

(b) Der Weg der *modellhaften Begründung:* Man schließt in diesem Zusammenhang nach der Schlußregel (R2). Die hierbei an maßgeblicher Stelle auftretenden Ausdrücke enthalten zur Begründung wichtige Verknüpfungen im Einflußbereich des Erwartungsoperators.

Die Regeln (R1) und (R2) haben bei dieser Unterscheidung exemplarischen Charakter: Die in ihnen wesentlich vorkommende Verknüpfung ist die *Implikation*. Offensichtlich lassen sich entsprechende Regeln auch für die übrigen bekannten Aussagenverknüpfungen aufstellen. Der in (a, b) ausgedrückte Unterschied zwischen den genannten Begründungswegen bleibt dabei sinngemäß erhalten. An dieser Stelle erscheint es daher notwendig, diesen wichtigen Unterschied in übersichtlicherer Gestalt darzustellen und zu erläutern.

In vorläufiger Weise läßt sich bemerken, daß der angesprochene Unterschied mit dem im Rahmen der sozialwissenschaftlichen Modelldiskussion häufig erwähnten *Informationsproblem* im Zusammenhang steht. Der Vergleich zwischen (a) und (b) deutet auf diesen Zusammenhang hin. Man neigt dazu, angesichts von (a) zur Durchführbarkeit *vollständige Informiertheit* über das vorliegende Prognoseproblem zu fordern. Angesichts (b) wird man dagegen eher davon sprechen, daß eben nur *unvollständige Information* über das modellierte Problem vorliegt. Diesen hier auf rein intuitiver Ebene angedeuteten Zusammenhang zwischen zugrunde liegender Information und Begründungsweg exakter zu explizieren, ist unsere erste Aufgabe.

Liegt eine gemäß (a) *empirisch* begründete Erwartung vor, so führt – im Falle der Begründung gemäß (R1) – die Feststellung, daß diese Erwartung nicht begründet ist, zur Annahme, daß wenigstens eine der Prämissen falsch ist. Bezüglich der die Implikation enthaltenden Prämisse handelt es sich dabei um die *faktische Falschheit*, nicht um die *Unbegründetheit*. In diesem Schluß von der Unbegründetheit der abgeleiteten Erwartung auf die Falschheit der Verknüpfungsaussage besteht die Grundlage der empirischen *Falsifikation* einer Theorie. Der Fall, in dem die einfache Prämisse den Wert „falsch" erhält, ist in dieser Hinsicht unbestimmt; ob diese *unbegründet* oder *faktisch falsch* ist, hängt davon ab, welche Struktur die Verknüpfungsprämisse aufweist. Wird in ihr von einem faktischen Sachverhalt die

Erwartung impliziert, ist dieser als *falsch* zu betrachten. Besteht diese Implikation aber zwischen zwei Erwartungen, ist die Antezedenserwartung als *unbegründet* zu betrachten.

Liegt dagegen eine gemäß (b) modellhaft begründete Erwartung vor, so hat – im Falle der Begründung durch (R2) – die Feststellung der Unbegründetheit der abgeleiteten Erwartung die *Unbegründetheit* mindestens einer der Prämissen zur Folge. Hinsichtlich der Verknüpfungsprämisse wird hier ihr Prognosecharakter angezweifelt, nicht etwa das faktische Bestehen der erwarteten Verknüpfung, wie dies unter (a) der Fall ist.

Dieser Vergleich zeigt also, daß der oben angeschnittene Unterschied zwischen (a) und (b) in der unterschiedlichen Beurteilung des Status der jeweils auftretenden Verknüpfung liegt: Im Fall (a) tritt ein Verwerfen eines *faktischen Zusammenhangs* auf, wenn der Prognosecharakter der abgeleiteten Erwartung nicht gegeben ist. Ein derartiger Zusammenhang zwischen *Erwartungs- und Aussagenebene* im Rahmen der Erwartungslogik tritt in (b) *nicht* auf. Es liegt daher nahe, zur Präzisierung der angedeuteten *Informations*begriffe Zusammenhänge dieser Art genauer zu beleuchten.

Liegt *relevante* Information (vgl. II/1 b) über den Eintritt des durch die Aussage p beschriebenen Ausgangs ‚p' des Ereignisses P vor, so ist die entsprechende Erwartung Ep hinsichtlich P begründet. Information heißt relevant im Hinblick auf den Zweck der *Auszeichnung* eines bestimmten Ausgangs von P als *den* erwarteten Ausgang von P. Stellt man nun die vorliegende Prognose Ep der Aussage p gegenüber, die der Beschreibung von ‚p' als Ausgang von P dient, so stellt man fest, daß folgende Beziehung herrscht:

Ep heißt *realisiert* genau dann, wenn p *wahr* ist.
Die *Realisierung* einer vorliegenden *Prognose* läßt sich als eine *Zuordnung* zwischen der *Erwartungsebene* und der *Aussagenebene* innerhalb der Erwartungslogik auffassen, die die folgenden Eigenschaften aufweist:

(i) Sie ist rechtseitig-*eindeutig* und stellt so eine *Abbildung* der Erwartungsebene in die Aussagenebene dar.

(ii) Sie ist *wahrheitserhaltend:* Wird Ep durch *wahr* innerhalb (X, R, H) bewertet, so auch p.

Die zweite der genannten Eigenschaften ist bereits erläutert. Dagegen seien noch einige Worte zu (i) gesagt. Diese Eindeutigkeit hängt mit der eben erwähnten *Relevanz* der zugrunde liegenden Information zusammen. Die Äußerung der betreffenden *Erwartung* geschieht im Hinblick auf ihre Begründbarkeit, d. h. man spricht in Ep über *genau einen* Sachverhalt ‚p', der als Ereignisausgang eintreten soll.

Im Rahmen der Normenlogik wird durch *Weinberger* der *Erfüllungsbegriff* in folgender Weise definiert:

„Für Sollsätze (Gebots- und Verbotssätze) können die Begriffe der Erfüllung und der Nicht-Erfüllung folgendermaßen definiert werden:

(1) Das Gebot ‚es ist geboten, daß p', ‚p soll sein' (Op, Ip) ist erfüllt genau dann (= df), wenn p Tatsache ist.

(2) Das Gebot ‚es ist geboten, daß p', ‚p soll sein' (Op, Ip) ist nicht erfüllt (verletzt) genau dann (= df), wenn –p Tatsache ist.

(3) Das Verbot ‚es ist verboten, daß p', ‚–p soll sein' (Fp, I–p) ist genau dann erfüllt (= df), wenn –p Tatsache ist.

(4) Das Verbot ‚es ist verboten, daß p', ‚–p soll sein'

(Fp, I–p) ist genau dann nicht erfüllt, wenn p Tatsache ist" (*Weinberger* 1972, S. 18).

Dazu zunächst zwei Bemerkungen: (1) *Weinberger* unterscheidet an dieser Stelle zwischen den Fällen (Ip) und I(–p). Dies ist vom Standpunkt der Normenlogik aus naheliegend, da in diesem Zusammenhang eben von *Gebot* (Pflicht) und *Verbot* gesprochen wird. Im Hinblick auf den von uns angestrebten Vergleich zwischen *Realisierung einer Erwartung* und *Erfüllung einer Norm* hat dieser Unterschied jedoch keine wesentliche Bedeutung: man hat es hier eben mit Prognosen positiver Sachverhalte und der Prognose negativer Sachverhalte zu tun. Diese werden in der Regel kaum terminologisch unterschieden. In unserer Sichtweise hat man es daher jedesmal mit dem Operator „I" zu tun, der sich einmal auf p, das andere Mal auf (–p) bezieht. Anstelle der aufgezählten vier Punkte sind daher zwei zu setzen, in denen jedesmal von Aussagen A die Rede ist: A kann durch p bzw. (–p) ersetzt werden. (2) Die Wendung „ist Tatsache" wird durch *Weinberger* offenbar in dem Sinne gebraucht, daß „p ist Tatsache" mit „p" ist *wahr* gleichzusetzen ist, „p ist nicht Tatsache" entspricht dann „p" ist *falsch*.

Legt man diese Feststellungen der Interpretation der vorliegenden Textstelle zugrunde, kann man sie folgendermaßen wiedergeben:

Für Sollsätze (Gebots- und Verbotssätze) können die Begriffe der Erfüllung und der Nicht-Erfüllung folgendermaßen definiert werden:

(1) Der Sollsatz „A soll sein" (IA) ist erfüllt genau dann (= df), wenn p *wahr* ist.
(2) Der Sollsatz „A soll sein" (IA) ist nicht erfüllt (verletzt) genau dann (= df), wenn (–p) *wahr* ist.

Aus dieser Fassung ist ersichtlich, daß *Weinberger* den Zusammenhang zwischen der Ebene der Sollsätze (Normen) und der Ebene der Aussagen in entsprechender Weise charakterisiert, wie wir den Zusammenhang zwischen Prognosen und Aussagen. Daß es sich dabei um eine *Abbildung* der einen Ebene der Normenlogik in die andere handelt, geht aus diesen Formulierungen klar hervor: Jeder Norm (IA) entspricht genau eine Aussage A. Dagegen geht *Weinberger* – im Unterschied zu uns – stillschweigend davon aus, daß die Norm (IA) bereits Geltung hat. Es wird also nicht explizit gefordert, daß *geltenden* Normen wahre Aussagen entsprechen sollen. Er spricht lediglich von der Entsprechung zwischen Normen und *wahren* Aussagen. Geht man im Bereich der Normenlogik von der Existenz eines bestimmten Normensystems (Gesetz), in dem der vorliegende Sollsatz begründet ist, aus, so ist die Darstellungsweise *Weinbergers* naheliegend. Dies ist jedoch nicht der Fall, wenn man an die von uns gestellte Prognoseproblematik denkt. In ihr ist ja gerade die Suche nach einer geeigneten Interpretationsgrundlage zentrales Thema. Ihre Existenz läßt sich daher nicht stillschweigend voraussetzen.

Die eben angestellte Erörterung zeigt die bereits betonte enge Benachbarung der durch *Weinberger* dargestellten Normenlogik und unserer Erwartungslogik: Prognose wird in diesem Fall mit begründeter Norm identifizierbar, wird die Betrachtung auf kontrollierbare Ereignisse beschränkt. Unter dieser Voraussetzung lassen sich auch *Realisierung* einer Prognose und *Erfüllung* einer Norm miteinander gleichsetzen: Eine Vorschrift wird nur dann erfüllt bzw. verletzt, wenn der Angesprochene auch tatsächlich in der Lage *gesehen* wird, die beschriebene Situation in der betreffenden

Weise zu ändern! – In Fällen vorliegender Prognosen und Pläne steht dagegen der Begriff der Realisierung im Vordergrund der Betrachtung, da hierbei nicht zwischen kontrollierbaren und unkontrollierbaren Ereignissen unterschieden wird.

Der Vergleich zwischen *modellhafter* und *empirischer* Begründung von Erwartungen zeigt den engen Zusammenhang zwischen dem Begriff der Realisierung von Prognosen und dem für den Unterschied beider Wege charakteristischen Informationsbegriff deutlich: *Vollständige Information* wird bei der Durchführung der empirischen Begründung vorausgesetzt. In diesem Fall schließt man von einer realen Prämisse auf eine erwartete Konklusion, bzw. umgekehrt. Ein derartiger Schluß erscheint gerechtfertigt, wenn *Prognosen realisiert* sind. Gibt es dagegen unrealisierte Prognosen im Begründungszusammenhang, läßt sich häufig nur in der unter (b) geschilderten Weise von Erwartungen auf Erwartungen schließen: Über die *Vollständigkeit* bzw. *Unvollständigkeit* der einem Prognoseproblem zugrunde liegenden Information entscheidet die *Realisierung* der betreffenden Prognose.

Es wurde bereits festgestellt, daß bei der Unterscheidung zwischen realisierter und unrealisierter Prognose bereits das Vorliegen *relevanter Information* vorausgesetzt wird. Es ist nun leicht, die *Abbildungsbedingung* bei der Festlegung der Realisierungsbegriffe mit diesem Informationsbegriff in Zusammenhang zu bringen: Liegt für die Begründung der Erwartung Ep relevante Information vor, so muß die geschilderte *eindeutige* Zuordnung zwischen Erwartung Ep und Aussage p bestehen. Die genannte *Eindeutigkeit* wird dabei auf eine *Äquivalenzbeziehung* bezogen, die im Hinblick auf die Interpretation des Bezugsereignisses durch die Ereignisse der

Interpretationsgrundlage besteht. Ausgänge von Ereignissen dieser Art, die das Bezugsereignis interpretieren, werden als *äquivalent* hinsichtlich der Interpretation dieses Ereignisses betrachtet. Es läßt sich leicht zeigen, daß diese Interpretationsäquivalenz alle Eigenschaften einer formalen Äquivalenzrelation erfüllt. Sie ist reflexiv, symmetrisch und transitiv. In diesem Sinne äquivalenten Erwartungen entsprechen in diesem Sinne äquivalente Aussagen. Diese Bedingung entspricht der intuitiv geäußerten Relevanzbedingung der Information. Man kann sagen, daß eine Erwartung E_p genau dann über den Ausgang ‚p' des Ereignisses P relevant informiert, wenn diese Abbildungsbedingung zwischen der Erwartungsebene und der Aussagenebene besteht. Diese Fassung des Begriffs der relevanten Information ist allerdings noch unvollständig, da bisher die Struktur der beiden genannten Ebenen nicht berücksichtigt wird.

Beim Vergleich der Begründungswege (a) und (b) spielt diejenige der Prämissen eine entscheidende Rolle, die eine *zusammengesetzte* Aussage enthält. Es erscheint daher notwendig, Ereignisse und Ereignisausgänge, die ja durch diese Aussagen beschrieben werden, einer genaueren Analyse zu unterziehen und dadurch den Begriff der relevanten Information mit der bereits geschilderten *Zusammensetzung von Ereignissen* in Verbindung zu bringen (vgl. II/2c3). Dazu ist es wichtig, sich an die Deutung des Ereignisbegriffs als Klasse von *Regeln* zu erinnern: Durch eine Regel in diesem Sinne wird einer vorgelegten *Situation* eine *bestimmte* andere *Situation* als *Ausgang* eines entsprechenden *Ereignisses* zugeordnet. Die Art der Formulierung einer derartigen Regel spielt dabei keine Rolle. Jedes *Ereignis* läßt sich daher mit einer Klasse derartiger Regeln identifizieren. Wichtig aber ist, daß die genannten Situationen im Hinblick auf die jeweils angestrebte Interpretation des Bezugsereignisses unterschieden werden, also bezogen auf die eben geschilderte Deutungsäquivalenz. Die solchermaßen bestimmten Situationen zugeordneten Ereignisausgänge werden durch Aussagen beschrieben. Die *Zusammensetzung* von Ereignissen P und Q – kurz PQ – erfolgt in Gestalt einer mengentheoretischen *Vereinigung* der entsprechenden Regelklassen, d. h. die Regelklasse von PQ enthält genau die Regeln, die entweder das Regelsystem von P *oder* das Regelsystem von Q enthält. Bei einer Zusammensetzung dieser Art treten daher Ausgänge auf, die einer und derselben Situation zugeordnet werden, aber durch verschiedene Aussagen beschrieben werden. Mit anderen Worten: Es gibt Regeln in PQ, die nicht zu eindeutig bestimmten Resultaten führen. Treten bei Anwendung einer derartigen Regel, angewandt auf die Situation S, Ausgänge auf, die nicht durch die *Konjunktion* der dieser entsprechenden Aussagen beschrieben werden können, nennen wir dieselben *Konflikte*. Bei dieser Fassung der bereits früher dargestellten Zusammenhänge in der Klasse der Ereignisse zeigt sich die gesuchte Beziehung zwischen Ereignissen und Aussagen recht deutlich:

(i) Die Zusammensetzung PQ der Ereignisse P und Q mit den Ausgängen ‚p' und ‚q' ist ein Ereignis R mit dem Ausgang ‚r' wobei gilt $r = (p \vee q)$.

(ii) Das Ereignis R mit dem Ausgang ‚r' mit $r = (p \vee q)$ läßt sich stets als die Zusammensetzung PQ der Ereignisse P mit dem Ausgang ‚p' und Q mit dem Ausgang ‚q' auffassen.

Die Geltung von (i) ist aufgrund der vorangehenden Ausführungen klar einzusehen. Dagegen bedarf (ii) noch einiger Bemerkungen. Entsprechend der Belegungsregel V.3 gilt für R jedenfalls: $H(p;R) = w$ *oder* $H(q;R) = w$ genau dann, wenn gilt $H(r;R) = w$. – D. h.: Bei vorgelegter Situation S liefert das Regelsystem von R entweder den Ausgang ‚p' *oder* den Ausgang ‚q'. Dieses Regelsystem enthält daher genau die Regeln, die entweder im P-System oder im Q-System enthalten sind. Somit gilt aber $R = PQ$.

Damit sind die mehrmals in intuitiver Weise benützten Zusammenhänge zwischen Ereignisklasse und Aussagenklasse exakter gefaßt: Der *Zusammensetzung* von Ereignissen entspricht die *Disjunktion* der Aussagen, die ihre Ausgänge beschreiben. Nebenbei ist gemäß V. 1–3 festzustellen, daß diese Feststellung sinngemäß auf jede beliebige aussagenlogische Verknüpfung anwendbar ist: Die anderen Verknüpfungen *zweier* Teilaussagen lassen sich definitorisch auf entsprechende Disjunktionen zurückführen.

Angesichts dieses Ergebnisses erscheint es zweckmäßig, die genannten Ausdrucksebenen innerhalb der Erwartungslogik als intuitive Strukturen zu betrachten, deren charakteristische Verknüpfung die im Rahmen von (X, R, H) festgelegte *Disjunktion* ist. Somit betrachten wir eine *Ausdrucksklasse*, die im Rahmen eines Prognoseproblems auftritt, als *Disjunktionsstruktur* – kurz D-Struktur – genau dann, wenn die folgenden Bedingungen erfüllt sind: (i) Sie enthält eine *endliche* Anzahl wohlunterschiedener Ausdrücke. (ii) Mit den Ausdrücken X und Y enthält sie auch den Ausdruck (XvY) (vgl. *Knapp* 1969, S. 78). Im Rahmen eines beliebigen Prognoseproblems ist für alle auftretenden erwartungslogischen Ausdrücke die Bedingung (i) erfüllt. Wir fassen nun innerhalb dieser Ausdrucksklasse *alle* Ausdrücke zusammen, in denen kein Erwartungsoperator auftritt.

Sie bilden als Ausgangsbeschreibung sicherlich eine D-Struktur. Wir nennen sie die *Aussagenstruktur* des Problems. Weiters fassen wir auch alle Ausdrücke zu einer Klasse zusammen, die als *einfache* Teilausdrücke Erwartungsausdrücke enthalten. Auch diese Klasse ist eine D-Struktur. Wir nennen sie die *Erwartungsstruktur* des vorliegenden Problems.

Es zeigt sich, daß die eben geschilderte *Abbildung* der *Erwartungsebene* in die Aussagenebene innerhalb eines vorliegenden Prognoseproblems *strukturerhaltend* ist: Ist X Element der Erwartungsstruktur des Problems, so ist das diesem Element zugeordnete Element X' der Aussagenebene auch Element der *Aussagenstruktur* des Problems. Soll nämlich die genannte Abbildung genau dann bestehen, wenn im entsprechenden Prognoseproblem *relevante Information* vorliegt, so ist zu fordern, daß sich bei Anwendung dieser Abbildung auf das Element X der Gestalt (YvZ) aus der Erwartungsstruktur des Problems einerseits das Bildelement $(YvZ)' = X'$ aus der Aussagenebene ergibt, andererseits aber auch das Element (X'vZ'). Wegen der geforderten Eindeutigkeit der Zuordnung ergibt sich dann: $(Y'vZ') = (YvZ)'$, woraus die Erhaltung der D-Struktur bei dieser Abbildung hervorgeht. Daß beide Ereignisse bei der Abbildung entstehen, ist dadurch motiviert, daß bei Vorliegen relevanter Information über den in X beschriebenen Ereignisausgang X' diesen beschreibt. Andererseits bezieht sich dieser Ausdruck bekanntlich auf ein zusammengesetztes Ereignis, derart, daß (X'vZ') dessen Ausgang beschreibt. Somit wird durch beide Ausdrücke derselbe Ereignisausgang beschrieben. Es gilt die eben angeführte Identität.

Strukturhaltende Abbildungen zwischen zwei Strukturen werden allgemein *Homomorphismen* genannt.

Man kann daher den Begriff der *relevanten Information* innerhalb eines Prognoseproblems folgendermaßen erklären:
Einem Prognoseproblem liegt *relevante Information* zugrunde genau dann, wenn es einen *Homomorphismus* der *Erwartungsstruktur* in die *Aussagenstruktur* des Problems gibt.
Dieser Homomorphismus ist jedoch nicht mit der bereits geschilderten *Realisierung* von Erwartungen identisch. Dazu muß er noch die zweite genannte Bedingung erfüllen, die sich auf die *Wahrheitswertbelegung* der zugeordneten Ausdrücke bezieht. Die hier durchgeführte Unterscheidung des Begriffs der relevanten Information von einem strengeren Informationsbegriff, der im Falle des Vorliegens einer Realisierungsfunktion innerhalb des Prognoseproblems gegeben ist, ist in dem auf intuitiver Basis angedeuteten Unterschied zwischen den beiden Begründungsverfahren (a) und (b) bereits angelegt. In beiden Fällen wird das Vorliegen *relevanter Information* im Rahmen des vorliegenden Prognoseproblems vorausgesetzt. Soll aber eine *empirische* Begründung laut (a) in diesem Problem möglich sein, ist zusätzlich die zweite Bedingung der Realisierungsfunktion zu erfüllen.
Der bisher gefaßte Begriff der relevanten Information soll durch folgende Überlegungen illustriert werden:
(i) Ein Ausdruck der Erwartungsstruktur X enthält Information über den Sachverhalt ‚Y' als Ausgang eines bestimmten Ereignisses P, wenn der Ausdruck Y aus der Ausgangsstruktur als *Beschreibung* dieses Sachverhalts betrachtet werden kann. Y genügt der *Tarski*-Bedingung für die Wahrheit (vgl. *Tarski* 1956, S. 152–165). Damit ist die eingangs betonte Auszeichnungsfunktion der relevanten Information erfüllt.

(ii) Die in diesem Zusammenhang geeignete Wahrheitswertbelegung erfolgt durch die Funktion H: Es wird also durch eine Klasse von Funktionen H_e für *alle* e-Funktionen durch jeweils einen einzigen Wert belegt (vgl. II/2 c 3). Jede e-Funktion ordnet dem Ausdruck X genau einen Ausdruck eX zu, der der Aussagenklasse des Problems angehört. Diese Struktur enthält mit jeder Anzahl derartiger Aussagen auch ihre Disjunktion. Diese entspricht daher dem Ausdruck Y, der dem Ausdruck X zugeordnet ist. Diese Aussage drückt die *Bedingungen* aus, unter denen von Realisierung oder Nicht-Realisierung von X gesprochen werden kann. Dies zeigt sich in den folgenden Betrachtungen. Jedenfalls erscheint es sinnvoll, einen Ausdruck X als informationshaltig zu betrachten, wenn die Bedingungen seiner Realisierung bekannt sind.

Daß durch den Ausdruck Y, der dem Ausdruck X gemäß dem Informationshomomorphismus zugeordnet ist, die Realisierungsbedingungen angegeben werden, zeigt die nähere Betrachtung der bei der Fassung des Realisierungsbegriffs auftretenden Belegungsbedingung (ii). Sie lautet folgendermaßen:

Ist X ein Ausdruck der Erwartungsstruktur und Y der ihm zugeordnete Ausdruck der Aussagenstruktur gilt im Falle der Realisierung von X:

(1) $H(X;P) = w$ genau dann, wenn $H(Y;P) = w$.

Da ja Y eine Aussage im Rahmen des vorliegenden Problems ist, entspricht im Falle seiner Bewertung die Funktion H der Funktion F. Man hat anstelle von (1):

(2) $H(X;P) = w$ genau dann, wenn $F(Y;P) = w$.

Da nun Y der Disjunktion der Aussagen eX entspricht, kann man sagen, daß im Falle der Realisierung der Prognose X wenigstens eine dieser Aussagen wahr sein muß. Ist dagegen keine von ihnen wahr, ist der Ausdruck X als Prognose nicht realisiert.

Zur Durchführung einer Erwartungsbegründung nach (a) ist zusätzlich zu fordern, daß die im betreffenden Problem vorliegende relevante Information die *Realisierungsfunktion*, insbesondere die Bedingung (2), erfüllt. Diese bringt die Identität zwischen den Modellen (X, R, H) und (X, R, F) zum Ausdruck, da sich die beiden Wertbelegungen durch F und H nicht unterscheiden. Das bedeutet, daß die Erwartungsstruktur des dieser Bedingung entsprechenden Prognoseproblems keine Ausdrücke enthält, die gemäß U durch den Wert „unbestimmt (u)" belegt werden müssen. Derartigen *unbestimmten* Ausdrücken wird ja durch H sicherlich einer der Werte „wahr" bzw. „falsch" zugeordnet. Dagegen erhält er gemäß F keinen Wahrheitswert. Die Bedingung (2) ist also in einem Prognoseproblem erfüllt, genau dann, wenn dieses Problem *nur* gemäß U bestimmt bewertete Ausdrücke enthält. Derartige Prognoseprobleme nennen wir *exakt*. Dagegen werden Prognoseprobleme *inexakt* genannt, wenn sie unbestimmte Ausdrücke enthalten.

Man kann nun zeigen, daß im Falle *exakter* Probleme der Informationshomomorphismus *umkehrbar* ist: Die betreffende Abbildung der Erwartungsstruktur in die Aussagenstruktur ist somit zugleich eine Abbildung der Aussagenstruktur in die Erwartungsstruktur.

Wir nehmen zunächst an, daß bei Geltung von (2) im Rahmen des Problems die Eindeutigkeit der genannten Zuordnung *nicht* gegeben ist. Es folgt daraus ein Widerspruch. Damit ist gezeigt, daß bei Geltung von (2) die Abbildung der Aussagenstruktur in die Erwartungsstruktur vorliegt:

Sei wiederum X ein Element der Erwartungsstruktur des Problems und Y das ihm durch den Informationshomomorphismus zugeordnete Element der Aussagenstruktur. Ist nun diese Zuordnung nicht umkehrbar, so gibt es neben X noch mindestens ein hinsichtlich der Deutung verschiedenes Element X' in der Erwartungsstruktur dem ebenfalls Y zugeordnet wird. Gemäß (2) gilt für die Belegungen dieser Elemente:

(i) $H(X;P) = F(Y;P)$.
(ii) $H(X';P) = F(Y;P)$.

Wegen der Transitivität der Identitätsrelation folgt aus (i) und (ii):

(iii) $H(X;P) = H(X';P)$.

Daraus geht aber hervor, daß die Ausdrücke X und X' der Erwartungsstruktur des Problems *äquivalent* im Hinblick auf die Interpretation des Bezugsereignisses P sind. Entgegen der Voraussetzung gibt es somit keine zwei im Hinblick auf die angestrebte Interpretation *verschiedenen* Ausdrücke in der Erwartungsstruktur. Die entsprechende Abbildung ist umkehrbar. Damit ist zugleich gezeigt, daß die Umkehrabbildung ebenfalls strukturerhaltend ist.

Ein in diesem Sinne umkehrbarer Homomorphismus wird *Isomorphismus* genannt. Man kann in dieser Terminologie das folgende Ergebnis festhalten:

Liegt ein *exaktes* Prognoseproblem vor, so besteht ein *Isomorphismus* der Erwartungsstruktur in die Aussagenstruktur des Problems.

Es gilt aber auch die Umkehrung dieser Implikation:

Besteht ein *Isomorphismus* der Erwartungsstruktur in die Aussagenstruktur eines Problems, so ist dieses Prognoseproblem *exakt*.

Sind die beiden Strukturen isomorph, können sie miteinander *identifiziert* werden. d. h.: Ist X ein Element der Erwartungsstruktur, dem X – ein Element der Aussagenstruktur – *isomorph* zugeordnet ist, kann gesetzt werden $X = Y$. Daraus folgt, daß für die Bewertungsfunktion H gilt: $H(X;P) = H(Y;P)$. Dies entspricht aber der Bedingung (1), die nur in *exakten* Problemen Geltung hat.

Die Zusammenfassung dieser beiden Ergebnisse über die Zuordnung von Ausdrücken im Rahmen von Prognoseproblemen führt zur folgenden Feststellung:

Ein *exaktes* Prognoseproblem liegt vor genau dann, wenn ein *Isomorphismus* der Erwartungsstruktur in die Aussagenstruktur des Problems vorliegt.

Die in *exakten* Problemen enthaltene *Information* läßt sich in folgender Weise charakterisieren: Erwartungsausdruck und zugeordnete Aussage lassen sich identifizieren. Das bedeutet, daß sich der Erwartungsausdruck selbst als ausgangsbeschreibende Aussage auffassen läßt. Somit gibt er in *direkter* Weise seine Realisierungsbedingungen an. Zu ihrer Feststellung ist keine Zuordnung von Aussagen zu diesem Ausdruck notwendig, die von ihm verschieden sind. Man bedarf zur Bewertung des entsprechenden Erwartungsausdrucks keiner e-Funktion. Eine Beliebigkeit im Hinblick auf die *Wahl* adäquater e-Funktionen bei der exakten Fassung der Realisierungsbedingungen der entsprechenden Prognosen ist daher ausgeschlossen. Die solchermaßen vorliegende Information läßt sich daher im Rahmen des Problems *nicht verändern:* Sie ist durch zusätzliche Entscheidungen betreffend die Deutung des Problems nicht ergänzbar. Wir nennen diese Art relevanter Information daher *unvervollständigbar*.

Einem Prognoseproblem liegt *unvervollständigbare In-*

formation zugrunde, genau dann, wenn es einen Isomorphismus der Erwartungsstruktur in der Aussagenstruktur des Problems gibt.

Dagegen wird eine relevante Information im Rahmen *inexakter* Probleme *vervollständigbar* genannt. Man kann somit sagen:

Einem Prognoseproblem liegt *vervollständigbare Information* zugrunde genau dann, wenn der *Homomorphismus* der Erwartungsstruktur in die Aussagenstruktur des Problems *nicht umkehrbar* ist.

Die Festlegung der Realisierungsbedingungen erfolgt in diesem Falle durch Bereinigung der in den die entsprechenden Ereignisse regelnden Systemen auftretenden Deutungskonflikte. In formaler Hinsicht äußert sich dies in der Wahl der entsprechenden e-Funktionen.

Man sieht nunmehr leicht den Zusammenhang zwischen den im vorangehenden Abschnitt betrachteten Ausdrücken (4) und (5) der Erwartungslogik und der Informationsfrage. Die in (X, R, H) allgemeine Geltung von (5) z. B. folgt aus der Voraussetzung der *Informationshaltigkeit* der betreffenden Prognoseprobleme. Die nachgewiesene Nicht-Allgemeinheit der Geltung der Umkehrimplikation von (5) entspricht der nicht allgemein voraussetzbaren Umkehrbarkeit des Informationshomomorphismus: Bei Voraussetzung des Vorliegens *vervollständigbarer* Information in den betreffenden Problemen gilt diese dagegen: Gemäß der Informationszuordnung entspricht der Erwartung Ep die Aussage P als Angabe der Realisierungsvoraussetzungen für Ep, ebenso entspricht dabei Eq die Aussage Q. Der Erwartung E(pvq) entspricht dabei die Aussage R. Diese Aussagen bestehen aus jeweils *allen* durch Anwendung einer zulässigen e-Funktion auf den entsprechenden Erwartungsausdruck entstehenden Aussagen, die die einzelnen

Bedingungen der Realisierung des jeweiligen Erwartungsausdrucks darstellen. Da diese Zuordnung ein Homomorphismus der geschilderten Art ist, gilt $(R \to (PvQ))$. Mit anderen Worten: Unter den Realisierungsbedingungen, die sowohl P als auch Q enthalten, sind *alle* Realisierungsbedingungen von R enthalten. Dies ist aber klar ersichtlich, denn die Aussagenstruktur des Problems enthält mit den einzelnen Aussagen immer auch ihre Disjunktionen. Diese aber sind genau die Realisierungsbedingungen von R. Bei *relevanter Information* gilt daher (5) allgemein. Im Falle einer Geltung der Umkehrimplikation zu (5) müßte entsprechend gelten: $(R \to (PvQ))$: Die Realisierungsbedingungen von R müßten dann genau den Realisierungsbedingungen von P oder von Q entsprechen. Dies ist dann der Fall, wenn die betreffenden Erwartungsausdrücke Ep, Eq und E(pvq) den Aussagen P, Q und R eindeutig zugeordnet sind. In diesem Fall kann man setzen: $Ep = P$, $Eq = Q$ und $E(pvq) = R$ und weiter: $P = p$, $Q = q$, und $R = (pvq)$. Man hat dann die Identität: $(PvQ) = (PvQ)$. Umgekehrt läßt sich in diesem Fall auch zeigen, daß bei der geschilderten Identifizierung von Aussagen mit Erwartungen diese Umkehrimplikation gilt. Auf Grund der geforderten Eindeutigkeit der Abbildung folgt dabei bereits die entsprechende Äquivalenz: $(E(pvq) = (EpvEq))$. Diese gilt somit bei *vervollständigbarer Information* und genau dann.

Im Hinblick auf die Erwartungsbegründung gemäß (a) ist aber der eben eingeführte Begriff der *unvervollständigbaren Information* im Rahmen eines Prognoseproblems noch einzuschränken. Die genannte *Identifikation* zwischen Erwartungsstruktur und Aussagenstruktur innerhalb der jeweiligen Probleme darf nämlich nicht dazu führen, daß wir es nach wie vor mit Problemen der bloßen Situationsbeschreibung zu tun haben, sondern eben doch mit Problemen der Erwartungsbegründung. Bei der durchgeführten Identifizierung, die die allgemeine Geltung u. a. von (R 1) garantiert, wird daher immer noch von der Gegenüberstellung von Erwartungsausdruck und Aussage ausgegangen. Entsprechend der erklärten *Realisierungsfunktion* wird über den Prognosecharakter des entsprechenden Erwartungsausdrucks keine Entscheidung getroffen: Begründete wie auch unbegründete Erwartungen können gemäß der Bedingungen (i) und (ii) realisiert bzw. nicht realisiert sein. Eine Nichtprognose ist demnach realisiert, wenn die ihr entsprechenden Realisierungsbedingungen nicht erfüllt sind. Man kann also sagen: Der *Realisierung* einer Prognose von p entspricht die Realisierung einer Nicht-Prognose von (–p). Da die Realisierungsbedingungen in *exakten* Problemen und nur in diesem Fall allgemein gelten, liegt der beschriebene Informationsisomorphismus für diesen Fall vor. Es gilt deshalb bei unvervollständigbarer Information allgemein:

(I) $Ep = (-E(-p))$.

Dieser Ausdruck zeigt klar die Entsprechung der *Erwartungslogik* mit der *Modallogik* im Falle exakter Probleme. Bei der Behandlung *inexakter* Probleme gilt diese Entsprechung nicht. In diesem Fall sind Erwartungen nicht mit ihren Realisierungsbedingungen identifizierbar.

Gerade der oben angeführte Fall des Vorliegens der Realisierungsfunktion bei unbegründeten Prognosen deutet darauf hin, daß bei der Unterscheidung von Informationsbegriffen dieser Unterschied zwischen Erwartungen berücksichtigt werden muß. Jede im Sinne von (a) gegebene *empirische* Begründung hat *theoreti-*

schen Charakter. Das bedeutet, daß über die reine Beschreibung von Sachverhalten hinausgehend *Erwartungen* (Vermutungen) geäußert werden, die auf Grund der betrachteten Situationen als Prognosen gelten. Das Problem der Bestätigung derartiger Theorien besteht in der Frage nach der Realisierung bzw. Nicht-Realisierung dieser Prognosen. Bezüglich der zu überprüfenden Erwartungen wird also in derartigen Problemen gefordert, daß gilt:

(3) $H(X;P) = w$.

Probleme, die der Forderung (3) genügen nennen wir *theoretisch*. Dabei wird unter „Theorie" immer eine „empirische Theorie" verstanden. Theoretische Probleme enthalten daher in ihrer Erwartungsstruktur *nur* Prognosen. Die oben begründete syntaktische Beziehung (I) tritt bei der Behandlung theoretischer Probleme nicht auf, da unbegründete Erwartungen in diesem Rahmen nicht geprüft werden. Die Erwartungsstruktur derartiger Probleme wird daher durch eine *negationsfreie Logik* – Lorenzen nennt sie „affirmativ" (vgl. *Lorenzen* 1962, S. 68–85) – geprägt. Offensichtlich läßt sich (R1) im erwartungslogischen Zusammenhang nur unter der Bedingung (3) anwenden: Für die Prämissen der Schlußregel wird ja verlangt, daß jeweils (3) gilt. Eine Erwartung läßt sich dieser Regel gemäß nur *ableiten*, wenn wenigstens eine der Prämissen ebenfalls eine Erwartung ist. Sie ist als Prämisse zugleich Prognose. Man spricht angesichts *theoretischer Probleme* davon, daß die in ihnen enthaltene Information *vollständig* sei. Es ist ja in diesem Falle bekannt, daß die Realisierungsbedingungen der betreffenden Erwartungen tatsächlich erfüllt sind. Auf diese Weise läßt sich eine *Falsifikation* im Sinne *Poppers* strenggenommen erst durchführen, da man sich erst jetzt auf die Schlußregel des *Modus tollens* in der durch *Popper* angeführten Weise berufen kann, will man eine Theorie widerlegen (vgl. *Popper* 1935). Ausgehend von diesen Feststellungen läßt sich der folgende Informationsbegriff erklären:

Ein Prognoseproblem enthält *vollständige Information* genau dann, wenn es einen *Isomorphismus* der *affirmativen* Erwartungsstruktur in die Aussagenstruktur enthält.

Damit ist der im Rahmen der Unterscheidung zwischen modellhafter und empirischer Begründung von Erwartungen intuitiv angedeutete strenge Informationsbegriff präzisiert. Wie sich dabei zeigt, besteht aber keine Zweiteilung zwischen den betreffenden Informationsbegriffen bei Prognoseproblemen, dergemäß etwa vollständiger unvollständige Information gegenübersteht. Es besteht lediglich eine strenge Disjunktion zwischen vervollständigbarer und unvervollständigbarer Information. Vollständige Information ist ein Teilbegriff des Begriffs der unvervollständigbaren Information. Es bleibt nun noch die Aufgabe bestehen, die Probleme hinsichtlich der in ihnen enthaltenen Information zu charakterisieren, die durch die bisher genannte Klassifizierung der relevanten Information noch nicht erfaßt sind. Zunächst kann in diesem Zusammenhang festgehalten werden, daß der Begriff der *vervollständigbaren* Information sicherlich unter den Begriff der *unvollständigen Information* zu zählen ist. Offenbar zieht die im Falle inexakter Probleme geforderte Existenz *unbestimmter* Ausdrücke in der Erwartungsstruktur des Problems nach sich, daß es in dieser Struktur Ausdrücke X geben *kann*, die bei einer Belegung durch H den Wert „falsch" erhalten. Andernfalls hätte man ja alle Ausdrücke X bei der Bewertung U bereits durch einen bestimmten Wert belegen können. Andererseits folgt aus der Forderung der Existenz falscher Ausdrücke in der Erwartungsstruktur das Problem *nicht*, daß dieses Problem *inexakt* ist. Es gibt vielmehr sicherlich Probleme, die unbegründete Erwartungen enthalten und exakt sind. Man denke an das diskutierte Lotteriebeispiel. Offenbar ist die in ihm enthaltene Information unvervollständigbar, denn die Realisierungsbedingungen für den erwarteten Gewinn sind in exakter Weise festgelegt. Andernfalls könnte das genannte Spiel gar nicht gespielt werden. Die Gewinnerwartung ist aber zugleich unbegründet, wie bereits gezeigt. Zur Charakterisierung des Begriffs der *unvollständigen Information* im Rahmen von Prognoseproblemen bietet sich daher die Forderung an, daß für ein X aus der Erwartungsstruktur des Problems gilt:

(4) $H(X; P) = f$.

Probleme dieser Art enthalten also mindestens eine unbegründete Erwartung.
Koch beschreibt die gemäß seiner „handlungstheoretischen Konzeption" betriebswirtschaftlichen Probleme als in diesem Sinne *inexakte* Probleme (vgl. *Koch* 1974a, 1974b). Er geht dabei davon aus, „daß im Rahmen der betriebswirtschaftlichen Theorie in mehr oder minder großem Umfang Fiktiv-Prämissen eingeführt werden müssen" (*Koch* 1974b, S. 327). „Diese Fiktiv-Prämissen bestehen teils in der lediglich überspitzten Fassung eines empirisch beobachtbaren, teils in der Unterstellung eines empirisch überhaupt nicht erfaßbaren Sachverhalts" (*Koch* 1974a, S. 229). Es handelt sich hierbei also um Ausdrücke, die keinen empirischen Gehalt haben, die aber zum Aufbau einer be-

triebswirtschaftlichen Theorie heranzuziehen sind, weil in ihrem Rahmen – der Auffassung *Kochs* entsprechend – Allgemeinaussagen über die Unternehmensweise gebildet werden müssen. Zur Ableitung derartiger Aussagen hat man unter anderem davon auszugehen, daß der Aktor sein Handeln als rein instrumentales Verhalten betrachtet – sein Handeln also keinem Selbstzweck entspricht –, daß er dementsprechend rational handelt, d. h. seine Entscheidung ausschließlich und vollständig auf Vorstellungsinhalte gründet usw. Ohne auf die Einzelheiten der recht unübersichtlichen Darstellung des einer Auffassung nach *axiomatischen Aufbaus* der betriebswirtschaftlichen Theorie näher einzugehen, läßt sich feststellen, daß die eben dargelegte Auffassung noch einiger Präzisierung bedarf, soll sie tatsächlich als Alternative zu der durch *Koch* kritisierten Auffassung des kritischen Rationalismus – insbesondere *Poppers* und *Alberts* – ernst genommen werden. *Koch* bemüht sich in diesem Zusammenhang, ein „Effizienzkriterium" für die Beurteilung derartiger *Fiktiv-Prämissen* aufzustellen:

„Hiernach ist ein betriebswirtschaftliches Theorem immer dann unmittelbar anwendbar (prognosetauglich), wenn die im Theorem gesetzte Handlungsweise unter solchen konkreten Randbedingungen, die den spezifischen Modellprämissen entsprechen, in den meisten Fällen einer Vielzahl experimenteller Untersuchungen beobachtet worden ist" (*Koch* 1974 b, S. 335).

Dieses Kriterium der „relativen Beobachtungshäufigkeit" – wie *Koch* es nennt – kennzeichnet allgemein betriebswirtschaftliche Theoreme als *Erwartungsausdrücke* in unserem Sinne: Die „Allgemeinaussage über die Unternehmensweise" wird in bestimmter Weise *spezifiziert*. Man erhält auf diese Weise die „spezifischen

Modellprämissen", deren *Realisierung* empirisch überprüft werden kann.
Diese Überprüfung ergibt dann die Feststellung, daß die entsprechende Handlungsweise in einer Vielzahl der Fälle beobachtet worden ist oder, daß dies nicht der Fall ist. Ist ersteres der Fall, ist die beurteilte Allgemeinaussage im Sinne des Prognoseziels effizient bzw. „anwendbar", andernfalls ist sie ineffizient bzw. nicht anwendbar. Man ersieht aus dieser Schilderung leicht, daß es sich um die Charakterisierung von *Prognoseproblemen* in dem von uns gefaßten Sinne handelt: Allgemeinaussagen" bei *Koch* sind demzufolge Erwartungen, zu deren Bewertung eben vorausgesetzt wird, daß ihre Realisierungsbedingungen präzisiert werden. Fiktiv-Prämissen sind von dieser Warte aus gesehen *unbegründete Erwartungen*, denn es handelt sich dabei um Allgemeinaussagen über die Unternehmensweise (Handlungsweise), deren Realisierungsbedingungen nicht – oder nur in seltenen Fällen – erfüllt sind. Die mit der Feststellung der Existenz von unbegründeten Erwartungen in betriebswirtschaftlichen Problemen gezeigte *Unvollständigkeit der Information* wird durch *Koch* selbst im Zusammenhang mit der Einführung von *Fiktivprämissen* betont, indem er darauf hinweist, daß auf Grund der Komplexität des Wirtschaftsgeschehens der Betriebswirt gezwungen ist, kleine und überschaubare Komplexe zusammenzufassen und der Betrachtung zugrunde zu legen (vgl. *Koch* 1974a, S. 229). Derartige Zusammenfassungen führen zu den genannten betriebswirtschaftlichen Theoremen. Für den eben angedeuteten Ersetzungsprozeß von „Allgemeinaussagen" durch „spezifische Modellprämissen" gibt *Koch* das folgende Beispiel:
„Zunächst wird eine experimentelle Optimumbestim-

mung vorgenommen, bei der das exakte Handlungstheorem durch ein praktikables, aber sinnhaftes Optimalitätskriterium vergröbert ausgedrückt wird. Dabei werden die konkreten Randbedingungen so gewählt, daß sie den Prämissen des theoretischen Modells möglichst entsprechen" (*Koch* 1974 b, S. 334).

Koch schildert hier die Ersetzung einer nicht operational gefaßten *Optimalvorstellung* – wie z. B. der Vorstellung der Gewinnmaximierung in Unternehmungen – durch entsprechende operationale Fassungen derselben: z. B. Erzielung des größtmöglichen Gewinns innerhalb Jahresfrist unter ganz speziellen Bedingungen der Gewinnermittlung. Es gibt offenbar die unterschiedlichsten Möglichkeiten derartiger Ersetzungen. Bei der Fassung seines Effizienzkriteriums bleibt die Frage nach der geeigneten Ersetzung offen. In unserer Terminologie gesprochen hat man es mit dem Problem der *Wahl* geeigneter e-Funktionen zu tun. Sie tritt in den hier geschilderten betriebswirtschaftlichen Problemen auf, weil diese als *inexakte* Probleme betrachtet werden. D. h. *Koch* setzt zwar die Unvollständigkeit der darin enthaltenen Information voraus, zugleich aber geht er davon aus, daß diese bei geeigneter Spezifizierung *vervollständigt* werden kann. Die Darstellung *Kochs* leidet besonders daran, daß er nicht zwischen Aussagen und Erwartungen unterscheidet. Daraus folgt, daß er von der betriebswirtschaftlichen *Theorie* und zugleich auch vom entsprechenden *Modell* spricht. Dies wiederum ermöglicht den Vorwurf des *Modellplatonismus* und *Konventionalismus*, gegen den sich *Koch* zwar vehement zur Wehr setzt, den er aber auf seiner Grundlage nicht entkräften kann. Dieser Umstand aber ändert nichts an der in intuitiver Hinsicht adäquaten Darstellung der betreffenden Probleme als *inexakte Prognoseprobleme*.

Die hier auftretenden Informationsbegriffe werden wie folgt erklärt:

Ein Prognoseproblem enthält *unvollständige Information* genau dann, wenn der *Informationshomomorphismus* die *nicht-affirmative* Erwartungsstruktur in die Aussagenstruktur des Problems abbildet.

Man sieht in dieser Erklärung klar, daß unvollständige Information sowohl in inexakten – der Homomorphismus ist nicht umkehrbar – als auch in exakten Problemen auftreten kann. In letztgenanntem Fall tritt der Isomorphismus an die Stelle des Homomorphismus. Es wird daher in der Folge zwischen nicht-vervollständigbarer und vervollständigbarer unvollständiger Information gesprochen.

Ein Prognoseproblem enthält *nicht-vervollständigbare* (unvollständige) Information genau dann, wenn ein *Isomorphismus* der *nicht-affirmativen* Erwartungsstruktur in die Aussagenstruktur des Problems existiert.

Im Rahmen *nicht-affirmativer* Strukturen lassen sich stets *Disjunktionen Konjunktionen* durch einen *Isomorphismus* zuordnen, der *Negation* genannt wird. Man kann daher eine derartige Struktur immer auch als *Konjunktions-Struktur* – kurz: K-Struktur (vgl. *Knapp* 1969, S. 78) – auffassen. Diese Beziehung zwischen den Ausdrucksverknüpfungen wird bei *Hilbert* und *Ackermann* ausführlich geschildert (vgl. *Hilbert/Ackermann* 1959, S. 19 f.). Ohne auf die technischen Einzelheiten dieser Abbildbarkeit (Automorphismus) näher einzugehen, stellt man fest, daß auf Grund des geforderten Isomorphismus zwischen Erwartungs- und Aussagenstruktur der oben geschilderten Probleme diese Isomorphie ebenso im Rahmen der Aussagenstruktur besteht. Gibt es nun – wie vorausgesetzt – in der Erwartungsstruktur *falsche Ausdrücke*, so sind diese realisiert, genau dann, wenn für die ihnen zugeordneten Ausdrücke X′ gilt: $F(X';P) = f$. Damit gilt zugleich: $F(-X';P) = w$. $(-X')$ ist dabei ein Element der früher geschilderten Konjunktionsstruktur. Mit anderen Worten: Elementen der Konjunktionsstruktur der Erwartungsausdrücke werden Elemente der Disjunktionsstruktur der Aussagen des vorliegenden Problems isomorph zugeordnet. Diese Konjunktionsstruktur enthält wenigstens ein Element, dem der Wert „wahr" durch H zugeordnet wird. Damit ist gezeigt, daß unser Problem jedenfalls ein *Teilproblem* enthält, das *theoretisch* ist. Die dabei vorgenommene Ersetzung der Disjunktions- durch Konjunktionstrukturen ist auf Grund der hervorgehobenen Isomorphie gerechtfertigt. Dieses Teilproblem umfaßt *alle* Elemente der genannten *K-Strukturen* mit $H(X;P) = F(X;P)$ und $H(X;P) = w$. Vergleicht man nun die exakte D-Struktur des vorliegenden Prognoseproblems mit der theoretischen K-Struktur, die in ihr enthalten ist, so läßt sich auf diesem Wege der *Grad der Theoretizität* des vorliegenden Problems abschätzen. Je umfangreicher dabei die theoretische Struktur ist, desto *vollständiger* ist die in diesem Problem auftretende unvollständige Information. Entsprechendes gilt auch für den Grad der Theoretizität des Problems.

Entsprechend der Konstruktionsvorschrift für Verknüpfungsstrukturen, enthält jede der genannten Strukturen einen *längsten* Ausdruck, der alle seine einfachen Elemente einmal als Glied der betreffenden Verknüpfung enthält. Man kann daher den angestrebten Vergleich auf den Vergleich zwischen diesen längsten Ausdrücken zurückführen. Bildet man nun den Quotienten aus der Zahl der Glieder der längsten Disjunktion und der Zahl der Glieder der längsten Konjunktion, so erhält man das gesuchte Maß. Die betreffende Zahl liegt zwischen

Null und Eins. Sie nimmt den Wert Eins an genau dann, wenn *alle* Erwartungen unbegründet sind. Den Wert Null dagegen nimmt sie nur an, wenn es die K-Struktur nicht gibt, d. h. wenn die betreffenden Erwartungen *alle* begründet sind. In diesem Fall liegt vollständige Information vor. Man sieht also: Durch diese Zahl wird die *Unsicherheit* des *Eintretens* von Ereignisausgängen gemessen. Man spricht auch von der *Wahrscheinlichkeit* der Realisierung der betreffenden Erwartung. So ist z. B. die Wahrscheinlichkeit der Realisierung der Erwartung, daß ein bestimmtes Los in einer fairen Lotterie gezogen wird $w(X) = 1/N$, wenn N die Zahl der ausgespielten Lose ist. In diesem Problem liegen nämlich N einfache Elemente der D-Struktur der Erwartungen vor. Betrachtet man die genannte Erwartung – sie ist jedenfalls unbegründet –, so wird sie realisiert, indem das betreffende Los *nicht* gezogen wird. Die K-Struktur umfaßt in diesem Fall genau ein Element. Der Quotient $w(X)$ beträgt daher $1/N$. Dabei ist es aus den genannten Gründen unrichtig, diesen Wert als Wahrscheinlichkeit für das Gezogenwerden dieses Loses aufzufassen, obwohl dies immer geschieht. Darin spricht sich nämlich die mangelnde logische Unterscheidung zwischen Erwartung und Prognose aus. Die Unsicherheit dieser Erwartung ist daher bei großem N sehr klein. Immer eher ist anzunehmen, daß eben die unbegründete Erwartung auch nicht bestätigt werden wird. Mit anderen Worten: Es wird immer unvernünftiger, auf ein Los der betreffenden Lotterie zu setzen.

Es ist leicht zu zeigen, daß dieses *Unsicherheitsmaß* im Sinne der Wahrscheinlichkeitstheorie ein Wahrscheinlichkeitsmaß ist. Demnach hat eine *Zahl* die folgenden Bedingungen zu erfüllen, soll sie ein Wahrscheinlichkeitsmaß heißen:

Einem Objekt X wird eine Zahl w(X) in eindeutiger Weise zugeordnet (Zahl heißt genauer: Reelle Zahl), so daß:

(i) w(X) liegt im abgeschlossenen Intervall zwischen Null und Eins.
(ii) Für miteinander *verträgliche* Objekte X und Y – ihre Zusammensetzung wird XY genannt – gilt:
w(XY) = w(X) + w(Y).

Im Rahmen der Wahrscheinlichkeitstheorie spricht man meist von Ereignissen. Ihre Verträglichkeit wird als stochastische Unabhängigkeit betrachtet. In unserem Fall ist jedenfalls die Bedingung (i) durch das Unsicherheitsmaß erfüllt. Die Objekte X, Y sind dabei Ausdrücke der Erwartungsstruktur des Problems. Die betreffende Zusammensetzung ist die Disjunktion der Ausdrücke. Die Verträglichkeitsforderung entspricht der Forderung nach dem Nichtvorkommen gemeinsamer Teilausdrücke der betreffenden Glieder in der D-Struktur. Sie ist auf Grund der durchgeführten Konstruktionen erfüllt. Unter dieser Voraussetzung läßt sich unser Quotient immer in eindeutiger Weise bilden. Liegt eine längere Disjunktion vor, z. B. XvY, deren Unsicherheitsgrad zu bestimmen ist, so entspricht diesem Ausdruck der längere Ausdruck der K-Struktur X'. Y'. Hat die längste Disjunktion N Glieder, so entspricht unserem Ausdruck der Unsicherheitsgrad 2/N, der sich aus der Summe der Unsicherheitsgrade der einzelnen Ausdrücke ergibt: 1/N + 1/N = 2/N. Die Ausdrücke X und Y sind dabei als innerhalb der Struktur *einfach* vorausgesetzt. Sind sie das nicht, so ergibt sich mit w(X) = s und w(Y) = t, daß gilt w(XvY) = s + t, wenn X und Y keine einfachen Teile gemein haben, also miteinander verträglich sind.

Aus diesem Vergleich geht hervor, daß Wahrscheinlichkeitsmaße zur Angabe der *Unsicherheit* der betreffenden Erwartungen in Problemen mit unvervollständigbar-unvollständiger Information angegeben werden können. Derartige Prognoseprobleme sind daher *probabilistisch*. Es gilt aber auch umgekehrt, daß probabilistische Prognoseprobleme unvervollständigbar-vollständige Information voraussetzen:

Kann man im Rahmen eines Prognoseproblems die Unsicherheit des Eintritts eines erwarteten Ereignisausganges durch bestimmte Wahrscheinlichkeitsmaße abschätzen, so muß das betreffende Problem jedenfalls *exakt* sein. Andernfalls enthält es definitionsgemäß *unbestimmte* Ausdrücke. Ihre Realisierungsbedingungen stehen erst nach *Wahl* entsprechender e-Funktionen fest. Diese aber sollen der angestrebten Beurteilung zugrunde gelegt werden. Bei entsprechender Schätzung der Maße erhält man somit unterschiedliche Werte für einen Erwartungsausdruck, je nachdem, welche *Wahl* getroffen wird. Derartige Werte genügen nicht den Bedingungen für Wahrscheinlichkeitsmaße. Man sieht: Unsicherheit und Unbestimmtheit von Ausdrücken ist streng zu unterscheiden. Der Fall mit $w(X) = O$ schließlich besagt, daß keine unbegründete Erwartung in X vorliegt. X ist daher nur dann in einem Problem mit unvervollständigbar-unvollständiger Information enthalten, wenn diese Erwartung mit einer unbegründeten Erwartung Y im Zusammenhang steht. Bei vollständiger Information gilt immer $w(X) = O$, sofern die Definition des Wahrscheinlichkeitsbegriffs auf diese Probleme ausgedehnt wird. Dies ist nur sinnvoll, wenn das vorliegende Problem auch Ausdrücke enthält mit $w(Y) \neq \neq O$. Man spricht daher nur im Falle von unvervollständigbar-unvollständiger Information von Wahrscheinlichkeiten.

Probabilistische Prognoseprobleme liegen vor genau dann, wenn diese Probleme *unvervollständigbar-unvollständige* Information enthalten.

Als Ergebnis der vorangehenden Untersuchung des Zusammenhanges zwischen Prognose und Information kann festgehalten werden:

Die *Prognoseprobleme* lassen sich in folgende Kategorien einteilen:

(i) *Exakte Probleme.* Sie enthalten nur bestimmte Ausdrücke, deren Realisierungsbedingungen exakt festgelegt sind. Sie können in folgende Gruppen unterteilt werden:

(a) *Theoretische Probleme.* Sie enthalten nur *Prognosen*.

(b) *Probabilistische Probleme.* Sie enthalten mindestens eine *unbegründete* Erwartung.

(ii) *Inexakte Probleme.* In ihnen sind *unbestimmte* Ausdrücke enthalten. Die Realisierungsbedingungen derselben sind erst nach *Wahl* geeigneter e-Funktionen bestimmt.

Jede dieser Problemkategorien enthält entsprechende *relevante Information:*

(i) *Unvervollständigbare Information* ist in exakten Problemen enthalten. Sie wird durch einen *Isomorphismus* zwischen der Erwartungsstruktur und der Aussagenstruktur des Problems charakterisiert.

(a) *Vollständige Information* ist in theoretischen Problemen enthalten. Hierbei liegt eine *affirmative* Erwartungsstruktur (Aussagenstruktur) vor.

(b) *Unvollständige Information* ist in probabilistischen Problemen enthalten. Die Ausdrucksstrukturen sind *nicht-affirmativ*.

(ii) *Vervollständigbare Information* ist in inexakten Problemen enthalten. Sie wird durch einen *Homomorphismus* der Erwartungsstruktur in die Aussagenstruktur des Problems charakterisiert, der *nicht umkehrbar* ist.

III. Inexakte Prognoseprobleme

In Teil I haben wir uns mit einigen einfachen Beispielen von Prognosen befaßt. Wir gelangten dort zu einer vorläufigen Gliederung der mit der Klärung des Prognosebegriffs verbundenen Fragestellungen: Zunächst wird der Ausdruck von Prognosen betrachtet (vgl. I/1). Anschließend hat man sich mit der Erstellung von Prognosen – dem sogenannten Prognoseproblem zu befassen (vgl. I/2). Teil II schließt an den ersten Punkt an. In ihm gelangen wir im Wege über die Unterscheidung zwischen Prognose und Erwartung und die damit verbundenen semantischen (vgl. II/3) Untersuchungen zur Klärung des Zusammenhangs zwischen der logischen Struktur der Prognosesituation und der entsprechenden Struktur des Erwartungszusammenhangs – kurz: zur Klärung des mit jeder Prognose verbundenen Informationsbegriffs (vgl. II/3 d). Dabei muß Information als teleologische Klasse im Sinne *Churchmans* (vgl. *Churchman* 1971) verstanden werden. Es handelt sich also nicht um den probabilistischen Informationsbegriff der Informationstheorie (vgl. *Hintikka/Suppes* 1970, S. 1–57). Prognoseprobleme heißen in diesem Zusammenhang *exakt*, wenn der entsprechende Erwartungszusammenhang durch eine D-Struktur E (p) beschrieben wird, die nur *bestimmte* Elemente enthält, *inexakt*, wenn diese Struktur *keine Prognosen*, aber *unbestimmte* Elemente enthält. Exakte Prognoseprobleme können *deterministisch* oder *probabilistisch* behandelt werden, je nachdem ob sie vollständige oder unvollständige Information voraussetzen. Inexakte Probleme setzen stets unvollständige Information voraus. In diesem Fall ist aber stets eine *Vervollständigung der Information* möglich. Diese führt häufig entweder zu einer deterministischen oder zu einer probabilistischen Behandlung des Prognoseproblems. Im folgenden ist also die Frage zu stellen, wie man sich diese Vervollständigung der Information vorzustellen hat. Damit ist der zweite Punkt der Gliederung aus Teil II angesprochen, denn die Erstellung von Prognosen wird insbesondere im Fall inexakter Prognoseprobleme zum Problem. Die unbestimmten Elemente der genannten D-Struktur sind inexakte Ausdrücke im Sinne *Körners* (vgl. *Körner* 1959, 1970b). Sie werden aber in Abhängigkeit von der Stellungnahme des Analytikers jeweils mit exakten Ausdrücken identifiziert. Diese erfolgt in Abhängigkeit von zusätzlicher Information, die er sich beschafft. Daher muß die Frage nach dem Charakter dieser Zusatzinformation gestellt werden (vgl. III/3). Der Weg dorthin führt über die Analyse verschiedener bekannter Prognoseprobleme in III/1–2.

1. Trendprognose

Wir versuchen in diesem Abschnitt zunächst an Hand eines einfachen Beispiels aus der Absatzprognose zu zeigen, daß es sich bei den sogenannten *Trendprognosen* um inexakte Prognoseprobleme handelt. Daran anschließend stellen wir vorläufige Erörterungen über die Struktur der in diesen Problemen geforderten *Zusatzinformation* an (III/1 a). Das Problem der Zusatzinformation wird im Anschluß daran im Hinblick auf Probleme erörtert, in denen eine *Trendumkehr* angenommen wird (III/1 b).

a. Prognose des kommenden Absatzes

Ein Unternehmen setzt in Österreich Autos der Marke X ab. Die Anzahl der abgesetzten Autos pro Jahr wurde für die vergangenen sechs Jahre festgestellt. Welche Absatzanzahl ist für das folgende Jahr zu erwarten? – Die vorliegenden sechs Absatzzahlen zeigen *steigende Tendenz*. Man spricht in solchen Fällen auch von einem steigenden *Trend*. Es ist daher zu erwarten, daß die jährliche Absatzzahl steigt. Als *relevante Information* für diese vorläufige Prognose dient die Aussage über den Trend. Man spricht in solchen Fällen allgemein von *Trendprognosen*. Diese rein qualitative Prognose führt nicht zur Antwort auf das gestellte Prognoseproblem: Man kann zwar annehmen, daß im kommenden Jahr ein höherer Absatz an Autos der Marke X durch das Unternehmen U eintreten wird, über die Höhe dieses erwarteten Absatzes läßt sich aber nichts aussagen.
Um diesem Ziel näher zu kommen, wird versucht, den in dieser Situation festgestellten steigenden Trend zu präzisieren. Dies geschieht durch die Angabe einer bestimmten mathematischen Funktion, die die Art des Ansteigens der Absatzzahlen exakt beschreiben soll. Man nennt derartige Funktionen *Trendfunktionen*. So kann man z. B. der Ansicht sein, daß der festgestellte Anstieg in *linearer* Gestalt erfolgt, d. h. daß zwischen aufeinanderfolgenden Absatzzahlen immer eine konstante Differenz besteht. Der Zuwachs pro Jahr beträgt dann eine bestimmte Anzahl von abgesetzten Autos des Typs X. Der festgestellte Absatztrend wird in diesem Fall durch eine lineare Funktion der Gestalt $f(t) = a + b \cdot t$

beschrieben. Dabei ist t eine Ziffer, die die jährliche Feststellung bezeichnet, der die Absatzzahl f(t) entspricht. Es ist klar, daß mit der Festlegung des „Jahres" t zugleich eine Beschreibung der entsprechenden Marktverhältnisse in Österreich gegeben wird. a und b sind bestimmte Zahlenwerte: a stellt den Anfangsabsatz dar, den Absatz für das durch t = O bezeichnete „Jahr". b entspricht der genannten konstanten Absatzzunahme. Diese Zahlenwerte – Parameter der entsprechenden Funktion genannt – können für das betreffende Prognoseproblem bestimmt werden. Legt man den solchermaßen bestimmten Trend der Prognose zugrunde – sieht man ihn also als relevante Information zur gesuchten Prognose an –, so erhält man durch Einsetzen der Ziffer t', die dem kommenden „Jahr" entspricht, in die Funktion f(t) den gesuchten Absatzwert f(t') = a + b.t'. Die Erwartung, daß der Absatz an Autos der Marke X im kommenden Jahr f(t') betragen wird, ist begründet, das vorliegende Prognoseproblem scheint gelöst (vgl. I/2: „naive Anwendung des Trendproblems").

Daß die eben skizzierte Denkweise bezüglich angestrebter Trendprognosen zu ernsten Problemen führt, zeigt *Hempel* in einem sehr klar gefaßten Beispiel:

"Suppose, for example, that the pairs of associated values of x and y measured so far are: (0,–1); (1,0); (2,1).

These satisfy the following generalisations, among others:

(5.7) $y = (x-1); y = (x-1)^3; y = (x-1)^5; \ldots$
$y = \cos \pi (1-x/2); y = (x-1)^2 \cos \pi (1-x/2); y = (x-1)^4 \cos \pi (1-x/2); \ldots$

Each of these pairwise incompatible generalizations represent, I think, a perfectly good lawlike statement, capable of confirmation by restricting the use of our elementary induction rules to the cases where the conclusion is a lawlike statement, we may well eliminate inductive inconsistencies of the kind constructed by Goodman, but we will still be left with inconsistent sets of hypotheses of the kind illustrated by (5.7)" *(Hempel 1960, S. 459 f.).*

Die vorliegende Prognosesituation ist die folgende:

(i) Bestimmte – nicht näher beschriebene – physikalische Größen werden unterschiedlichen *Messungen* unterworfen.

(ii) Es wird vorausgesetzt, daß diese Messungen in *korrekter* Weise durchgeführt werden. D. h. die Meßregeln sind der gestellten Aufgabe adäquat und vollständig festgelegt.

(iii) Das Vorliegen eines physikalischen *Zusammenhangs* zwischen den den Messungen unterworfenen Größen wird vorausgesetzt. Die einzelnen Meßergebnisse werden daher in entsprechenden *Paaren* in der geschilderten Weise angegeben.

Die bisher angeführten Punkte werden durch *Hempel* als bereits geklärt vorausgesetzt. Ihn interessiert darauf aufbauend der an Hand von (5.7) geschilderte Tatbestand:

Man kann nun in den vorliegenden Wertepaaren *unter anderem* die durch die aufgezählten Funktionen präzisierten Zusammenhänge sehen. *Hempel* nennt sie in der im Rahmen der induktiven Logik eingeführten Terminologie „Generalisierungen". Auf die dieser Ausdrucksweise zugrunde liegende Vorstellungsweise braucht an dieser Stelle nicht eingegangen werden. Wichtig aber ist die Feststellung *Hempels,* daß diese Generalisierungen *inkompatibel* sind: Sie führen nämlich zu unterschiedlichen *Erwartungen* hinsichtlich der Ergebnisse weiterer

Messungen der vorhin festgelegten Art. Da andererseits eine Messung, die den oben genannten Erfordernissen entspricht, angewandt auf eine bestimmte Situation *nur einen Wert* liefert, kann man sich jedenfalls nicht mit der Feststellung zufrieden geben, daß alle genannten „Generalisierungen" gleichermaßen prognosetauglich seien. Sie seien ja alle „gesetzesartig" und gleich gut durch die Meßwerte bestätigt. *Hempel* zieht daraus mit Recht den Schluß, daß die Auszeichnung gewisser „Generalisierungen" als „gesetzesartige Aussagen" *nicht* zu einer Lösung des vorliegenden Prognoseproblems führt. Damit ist aber auch gezeigt, daß das oben geschilderte naive Vorgehen bei der Trendextrapolation nicht gerechtfertigt ist: Dazu müßte nämlich in der geschilderten Lage *nur einer* der genannten Zusammenhänge *prognosetauglich* sein. Dieser müßte zur angestrebten Prognose herangezogen werden. Angesichts der eben dargelegten Situation aber bleibt die Frage *offen*, welcher Wert denn nun eigentlich als Prognose auszuzeichnen sei, der mit Hilfe der linearen Funktion erhaltene oder ein anderer, etwa mit Hilfe der logarithmisch-linearen Funktion erhaltener. Vielleicht ist auch keiner von beiden als Lösung des gestellten Problems anzusehen! –

Der genannte logarithmisch-lineare Zusammenhang wird häufig als Präzisierung des vorliegenden Trends betrachtet. Man denkt in entsprechenden Prognoseproblemen daran, daß zwischen aufeinanderfolgenden Absatzwerten ein gleichbleibender prozentueller Zuwachs stattfindet. Die Prognosefunktion hat dann die Gestalt: $\log g(t) = a + b \cdot t$. – Der Parameter b entspricht dabei dem genannten relativen Zuwachs, a ist ein Niveauwert für die erste Periode ($t = 0$). Der angesichts der Gegenüberstellung zwischen linearer und logarithmisch-linearer Funktion als Präzisierung des Trends im Beispiel aus der Absatzprognose leicht entstehende Eindruck, die geschilderte *Offenheit* der Prognosesituation hinsichtlich ihrer Lösung sei leicht auf den Umstand zurückzuführen, daß bei der statistischen Trendanpassung nicht die genauen Beobachtungswerte, sondern nur in ihrem statistischen Streubereich liegende Werte zur Trendanpassung verwendet werden, scheidet aus. Das zeigt der Vergleich mit dem Beispiel *Hempels* deutlich. Dort werden exakte Werte vorausgesetzt. Es entsteht derselbe Effekt:

Zur Ermittlung der *Struktur* des vorliegenden Prognoseproblems ist eine Präzisierung der intuitiven Schilderung notwendig: In einer Serie von Messungen – charakterisiert durch den Index t – wird eine Reihe von Werten y_t *gemessen*. Die Meßbedingungen sind klar umrissen, und jede Messung liefert genau einen Wert y_t. Im Rahmen der Absatzprognose liegen jährliche Feststellungen t von Gesamtabsatzzahlen y_t vor. Im physikalischen Beispiel *Hempels* erhält man durch genau beschriebene Meßverfahren, angewandt auf eine physikalilische Situation bestehend aus Paaren von Objekten, zwischen denen ein Zusammenhang angenommen wird, ein *Wertepaar* y_t. Im gegenwärtigen Zusammenhang ist davon abzusehen, daß in einem Fall über die *innere* Struktur der gemessenen Situationen keine Annahme vorliegt, im anderen dagegen eine solche vorliegt. Dieser Unterschied spielt bei der durch *Hempel* aufgezeigten Problematik keine Rolle. Diesen Meßwerten y_t wird jeweils ein Wert y(t) gegenübergestellt: der „theoretische" Wert. Es ist dabei wichtig, zu sehen, daß auch in dieser Hinsicht zwischen beiden Problemen eine vollständige Entsprechung herrscht: Nimmt man im Beispiel der Absatzprognose z. B. einen *linearen Trend* an, so gilt *voraussetzungsgemäß* für *alle* Messungen t: y(t)

$= a + b \cdot t$. Dieser Wert wird dem Meßwert y_t *gegenübergestellt*. Im Falle der physikalischen Prognose wird eine für *alle* Messungen identische Aussage z. B. der Gestalt $y(t) = (x(t)-1)$ angenommen. Es ist daher nicht notwendig, bei der Angabe der entsprechenden Funktion, immer den Index t anzugeben. Der Formulierungsunterschied zwischen den Funktionsausdrücken (5.7) und der durch Präzisierung des Trends gebildeten Trendfunktionen ist durch den strukturellen Unterschied der untersuchten Situationen begründet. Er braucht daher in diesem Zusammenhang nicht berücksichtigt werden. Dem *beobachteten* Meßwert y_t wird auch hier der „theoretische" Meßwert $y(t)$ gegenübergestellt: Jedem Paar (x_t, y_t) das Paar $(x, f(x))$.

Diese Gegenüberstellungen erfolgen unter jeweils verschiedenen *Voraussetzungen*: Je nach dem angenommenen Zusammenhang zwischen den gemessenen Größen wird dem Wert y_t ein bestimmter Wert $y(t)$ zugeordnet, der sich von unter anderen Voraussetzungen zugeordneten Werten $y'(t)$ unterscheidet. Bei *Voraussetzung* der Konstanz der absoluten Differenz der Werte y_{t+1} und y_t bei den entsprechenden Messungen $(t+1)$ und t steht dem Wert y_t der Wert $(a + b \cdot t)$ gegenüber. Nimmt man dagegen an, daß die relative Differenz (Zuwachsrate) der genannten Werte konstant ist, stellt man dem Wert y_t den Wert $(e^{a+b \cdot t})$ gegenüber, den man durch Entlogarithmieren des logarithmisch-linearen Zusammenhangs erhält. – Bei Voraussetzung des bei *jeder Messung unveränderten* Zusammenhangs zwischen den Werten x_t und y_t derart, daß die Differenz zwischen x und y immer den konstanten Wert 1 hat, wird dem Paar (x_t, y_t) das Paar $(x, (x-1))$ gegenübergestellt. Die Annahme eines anderen für alle Messungen konstanten Zusammenhangs zwischen diesen Werten führt zur Gegenüberstellung von (x_t, y_t) mit $(x, \cos(1-x/2))$ usf. In allen Fällen besteht jeweils eine *Abbildung* der Klasse der Ausdrücke der Gestalt:

„y_t ist Meßwert" – genannt *Beobachtungsklasse*

in die Klasse der Ausdrücke der Gestalt:

„$y(t)$ ist Meßwert" – genannt *theoretische Klasse*.

Die genannte Zuordnung erfolgt selbstverständlich *bezogen* auf jeweils dieselbe Messung, die auf dieselbe Situation angewandt wird. Andernfalls ist das theoretische Prädikat nicht als Präzisierung des beobachteten Prädikats auffaßbar. Der *Wahrheitswert* des jeweiligen Prädikats ist jeweils bezüglich des Ereignisses „Messung t" bestimmt. Zwischen diesen beiden Ausdrücken besteht aber ein wichtiger *semantischer* Unterschied: Liegt eine Zahl z vor, so kann gefragt werden, ob das Prädikat „ist Meßwert" im Hinblick auf die Messung t auf z zutrifft oder nicht. Die Beantwortung dieser Frage fällt beim Beobachtungsprädikat anders aus als beim theoretischen Prädikat:

Im ersten Fall ist zur entsprechenden Entscheidung Voraussetzung, daß die betreffende *Messung durchgeführt* ist. Gilt für die dadurch bestimmte Zahl y_t: $y_t = z$ (das Äquivalenzkriterium kann dabei sehr unterschiedlich gewählt werden), so ist der Ausdruck „z ist Meßwert" im Rahmen der *Beobachtungsklasse wahr*. Gilt dagegen: $y_t \neq z$, so ist dieses Prädikat *falsch* im angegebenen Rahmen. Im Falle aber, daß die Messung t *nicht* durchgeführt ist, ist y_t *nicht bestimmt*. Daher kann der angegebene Vergleich zwischen y_t und z nicht ausgeführt werden: Das Beobachtungsprädikat „z ist Meßwert" hat *unbestimmten* Wahrheitswert. Offenbar enthält die Beobachtungsklasse *unbestimmte Prädikate,* denn im Rahmen der genannten Prognoseprobleme wird gerade nach Werten nicht durchgeführter Messungen gefragt.

Das Beobachtungsprädikat „y_t ist Meßwert" ist *inexakt* im Sinne *Körners*.

"A sign is a concept only if the rules governing it include a rule of reference, i. e. a rule for its assignment or refusal in a wide sense of the therm ...

A rule, say r, for the assignment or refusal of a sign, say U, will be called an inexact rule of reference, and U an inexact concept, if the following two conditions are fulfilled.

(i) The first concerns the possible results of assigning or refusing U to objects. These are: (a) the case in which assignment of U to some object would conform to r whereas the refusal would violate it, ... (b) the case in which refusal of U to some object would conform to r whereas the assignment would violate it; ... (c) the case in which both the assignment and the refusal would conform to r in which case the object is a neutral candidate for U; ...

(ii) The second condition concerns the nature of the neutral candidates for the inexact concept U. If we define a concept, say V, by requiring that the neutral candidates of U be positive candidates of V, V will again have positive, negative, and neutral candidates" *(Körner 1968, S. 160)*.

Bedingung (i) ist bereits als erfüllt nachgewiesen für die „Objekte" z. Handelt es sich – wie vorausgesetzt – um ein *Prognoseproblem,* ist (ii) ebenfalls erfüllt, denn *bestimmt* man durch *Definition,* daß für bestimmte noch nicht durchgeführte Messungen das Prädikat „y_t ist Meßwert" *wahr* ist, so bleiben immer noch weitere Messungen übrig, die noch nicht durchgeführt sind und deren Resultate neutrale Kandidaten für dieses neue Prädikat sind. Andernfalls könnte man das gestellte Prognoseproblem durch Definition geeigneter Begriffe lösen:

Die Beurteilung des Prognosecharakters der betreffenden *Erwartung,* daß y_t' Meßwert bei der zukünftigen Messung t' sein wird, hängt *nicht* von den Resultaten der Messungen ab.

Stellt man die gleiche Frage hinsichtlich des *Wahrheitswerts* des theoretischen Prädikates „y(t) ist Meßwert" bei der Messung t, so ist wiederum der Vergleich zwischen dem angenommenen Wert z und dem Wert y(t) anzustellen. In diesem Falle aber ist der theoretische Wert unabhängig von der Durchführung der betreffenden Messung bestimmt. Es liegt gemäß f eine *Rechenregel* vor, der gemäß zu gegebenem t der Wert f(t) bestimmt werden kann. Der Begriff „Meßwert" ist im Sinne *Körners exakt:* Er enthält *keine neutralen Kandidaten* z.

Man kann also sagen: Die *Abbildung* der Beobachtungsklasse in die theoretische Klasse ordnet dem *inexakten Begriff* „Meßwert" einen *exakten Begriff* „Meßwert" zu. Darin besteht der Wert dieser Zuordnung im Rahmen des gestellten Prognoseproblems. Im Hinblick auf das verwandte Problem der *Theorienbildung* schildert *Körner* diese Abbildung folgendermaßen:

„Die theoretischen Basisaussagen müssen daher mit ihnen korrespondierenden empirischen Aussagen identifiziert werden, deren Subjekte und Prädikate nicht zu T_0 gehören" (*Körner* 1970b, S. 227).

Dabei versteht er unter T_0 eine „inhaltliche Theorie, die durch Hinzufügung eines oder mehrerer Individuenbereiche, einer Klasse inhaltlicher Postulate bzw. Axiome betrachtet" werden kann (vgl. *Körner* 1970b, S. 226). Sie enthält „theoretische Basisaussagen", die mit Hilfe der Subjekte und Prädikate von T_0 formuliert und quantorenfrei sind. „Empirische Aussagen" sind dagegen Elemente einer Ausdrucksklasse, die *inexakte* Prädikate enthält. Die Zuordnung zwischen der Klasse der empirischen Ausdrücke und der Theorie T_0 nennt er „Identifikation". Sie ist Voraussetzung zur empirischen Überprüfung von Theorien. Offenbar entspricht diese Identifikation der von uns dargestellten Abbildung inexakter in exakte Klassen von Ausdrücken. Dies wird besonders durch folgende Äußerung *Körners* unterstrichen, die sich auf die Identifizierung theoretischer Basisaussagen der Mechanik mit empirischen Aussagen bezieht:

„Diese Prädikate müssen dann modifiziert werden: durch Elimination der Inexaktheit, die Aufhebung aller ihrer deduktiven Beziehungen zu Prädikaten, die für die klassische Mechanik irrelevant sind, ..." (*Körner* 1970b, S. 227 f.).

In der Folge unterstreicht er zu Recht den Zusammenhang dieser Zuordnung mit dem Informationsbegriff (vgl. II/3 c):

„Die theorieabhängigen Bedingungen bestimmen sozusagen nur, was die empirischen Aussagen e_1 und e_2 an empirischer Information enthalten müssen, um für b_1, b_2 und T_0 relevant zu sein" (*Körner* 1970b, S. 228).

b_1 und b_2 sind dabei die zu überprüfenden Basisaussagen von T_0, e_1 und e_2 sind die empirischen Aussagen, die mit ihnen zum Zwecke der Überprüfung identifiziert werden müssen. Unter den „theorieabhängigen Bedingungen" versteht *Körner* formale Voraussetzungen, denen die Zuordnung „Identifikation" genügen muß, soll die geforderte Identifizierung empirischer Aussagen mit Aussagen von T_0 gelingen. Sie entsprechen den von uns angegebenen *Homomorphiebedingungen* für den Begriff der *relevanten Information* (vgl. *Körner* 1970b, S. 227 und II/3 c).

Körner geht bei seiner Schilderung davon aus, daß die

Theorie T_0 bereits *vorliegt*. Sie soll empirisch *überprüft* werden. Uns interessiert dagegen im Zusammenhang mit der Prognoseproblematik der Fall, in dem zwar empirische Feststellungen im Rahmen einer bestimmten Struktur vorliegen, nicht aber die entsprechende Theorie T_0: Die Begründung entsprechender Erwartungen über empirische Werte ist in erster Linie davon abhängig, *welche Information* – d. h. welche Abbildung der Beobachtungsklasse in die theoretische Klasse – dazu herangezogen wird. Diese ist daher nicht – wie bei *Körner* – bereits bestimmt.

Häufig wird davon ausgegangen, daß die geschilderte Abbildung der Beobachtungsklasse in die theoretische Klasse *umkehrbar* sei. Das bedeutet, daß es zu einem theoretischen Prädikat immer *nur ein* bestimmtes Beobachtungsprädikat gibt. Damit ist zugleich behauptet, es gäbe nur *eine* einzige *Voraussetzung*, unter der vorliegende Beobachtungsprädikate vorliegen können. Im Beispiel der Absatzprognose gibt es demzufolge *genau eine richtige Trendaussage*. Sie muß gefunden werden können, wenn nur die *Struktur* der betreffenden Beobachtungsausdrücke hinreichend analysiert wird. Im Beispiel *Hempels* bedeutet diese Voraussetzung, daß *nur ein* funktionaler Zusammenhang das *Gesetz* darstellt, das die vorliegende Situation adäquat beschreibt. Im Rahmen der induktiven Logik spricht man bei theoretischen Aussagen, die Ausdruck derartiger einziger Voraussetzungen sind, von sozusagen „empirischen Generalisierungen". Der Voraussetzung gemäß ist zu jeder Serie von Meßwerten *eine* bestimmte Generalisierung zu finden. Als Kriterium der Adäquatheit von theoretischen Aussagen als empirische Generalisierung liegt es nahe, die Komplexität ihrer Strukturen heranzuziehen. Demzufolge hätte man etwa im *Trendbeispiel* die Ausdrücke

$(a+b \cdot t)$ und $e^{a+b \cdot t}$ hinsichtlich ihrer strukturellen Komplexität zu vergleichen. Der *einfachere* Ausdruck ist dann eher als empirische Generalisierung zu betrachten als der komplexere. Diese Ansicht wird durch die Vorstellung motiviert, daß die Zuordnung zwischen theoretischem Ausdruck und Beobachtungsausdruck eher *eindeutig* ist, wenn der theoretische Ausdruck einfacher ist. Es ist bereits an dieser Stelle klar, daß das hier auf intuitivem Wege eingeführte Kriterium dann zu einer endgültigen Entscheidung über den Charakter einer theoretischen Aussage als empirische Generalisierung führt, wenn es Aussagen von *absolut-einfachster* Struktur im vorliegenden Prognoseproblem gibt. Dies ist nicht anzunehmen, da es sich bei dem hier anzuwendenden Einfachheitsbegriff um einen strukturellen Begriff handelt. Er ist daher auf bestimmte formale Ausdruckssysteme bezogen. Ein anderer Weg, zu einer derartigen Auszeichnung zu gelangen, besteht in der *vollständigen* Aufzählung *aller* in Frage kommenden theoretischen Ausdrücke. Diese können dann paarweise entsprechend dem Einfachheitskriterium beurteilt werden. Dabei kann der in diesem Problem einfachste Ausdruck ermittelt werden. Diese Vollständigkeit läßt sich aber in den angegebenen Beispielen nicht realisieren. So bemerkt z. B. *Hempel* vollkommen zu Recht, daß die durch ihn aufgezählten Ausdrücke (5.7) nur eine verschwindende Auswahl aus der Klasse aller möglichen Ausdrücke der geforderten Art darstellen: Grundsätzlich läßt sich immer eine beliebige Anzahl von Kurven durch eine Reihe bestimmter Punkte legen. Für die Durchführbarkeit des angedeuteten Projekts bleibt also doch nur die Suche nach einem in gewissem Sinne *absoluten Einfachheitskriterium* übrig.

Swinburne schildert die Bemühungen bei der Aufstellung absoluter Einfachheitskriterien in anschaulicher Weise (vgl. *Swinburne* 1973, S. 108–112). Insbesondere bespricht er an der genannten Stelle den Versuch von *Jeffreys* (vgl. *Jeffreys* 1931, Kap. IV), wonach die Komplexität eines Gesetzes durch die Summe der absoluten *ganzzahligen Werte* und der *frei wählbaren Parameter*, die in ihm enthalten sind, ausgedrückt wird. So hat z.B. $y^2 = ax^3$ den Komplexitätswert 6: Die Summe der ganzzahligen Werte ist $2+3=5$, die Summe der freien Parameter beträgt 1. – *Jeffreys* beschränkt dabei seine Überlegungen auf „Gesetze". Das sind seiner Auffassung nach Aussagen, die durch Differentialgleichungen endlicher Ordnung ausgedrückt werden können. Schon im Beispiel *Hempels* ist dieses Kriterium daher nicht anwendbar, denn hierin sind Kosinusfunktionen mit Funktionen des oben angegebenen Typs zu vergleichen. Sie erfüllen als transzendente Funktionen die Bedingung *Jeffreys'* nicht. Ähnliches gilt für die Logarithmusfunktion in unserem Beispiel. Man könnte auch sagen, daß eben der Ansatz *Jeffreys'* ein erster Versuch sei. Man könnte also daran denken, ein Kriterium an die genannten Bedingungen anzupassen, da es ja in vielen einfachen Fällen zu intuitiv befriedigenden Ergebnissen führt. Gegen alle derartigen Versuche aber führt *Swinburne* das folgende Argument an:

Das Kriterium *Jeffreys'* enthält plausible Vorstellungen:

(i) Die, daß von zwei Ausdrücken h_1 und h_2 derjenige *einfacher* ist, der *nur* Teilausdrücke des anderen enthält, und zwar nicht alle.

(ii) Die, daß es *einfachere* und *weniger einfache* Verknüpfungen zwischen Ausdrücken gibt.

Gegen (i) wendet er ein, daß die Anzahl der Glieder eines Ausdrucks von der Art der Formalisierung abhängt, die man wählt. Er belegt diese Behauptung mit Hilfe eines Beispiels.

Gegen (ii) argumentiert er mit dem Hinweis auf die jeweils in der wissenschaftlichen Tradition liegende Gewohnheit, bestimmte Verknüpfungen als einfacher anzusehen als andere. So gilt in der Regel ein Ausdruck dann als einfacher, wenn die in ihm enthaltene Verknüpfung bereits länger beherrscht wird als die Verknüpfung im verglichenen Ausdruck. Auf diese Weise gelangt er zu dem folgenden Schluß:

„I conclude that our judgements about the relative mathematical simplicity of mathematical equations are dependent on the notation in which those equations are expressed and our familiarity with and understanding of that notation" (Swinburne 1973, S. 112).

Der hier auf mathematische Funktionen bezogene Schluß gilt sicherlich auch hinsichtlich weiterer Bereiche: Je nach dem gewählten Ausdruckssystem erscheinen Ausdrücke desselben Inhalts einmal einfach, das anderemal komplex. Bezogen auf das durch *Hempel* und uns angesprochene Problem der Anpassung von *Kurven* an Meßreihen bringen dies *Hullett* und *Schwartz* sehr einprägsam zum Ausdruck:

„By changing the units of measurement or the properties we plot along either or both our x and y axes, we can always construct alternative graphs whose smoothest curve gives us projections that are incompatible with those of our original graph. Thus our definition of ‚smoothest curve' is not enough. We would need, in addition, some means for choosing from among competing graphs that differently represent our data" (*Hullett/ Schwartz* 1967, S. 262).

Hierin tritt anstelle der Einfachheit der Struktur der betrachteten Ausdrücke die *Glattheit* der die jeweilige

Funktion darstellenden Kurve. Diese hängt von der Wahl der Koordinaten ab. Das Koordinatensystem entspricht also dem Ausdruckssystem von oben. Sowohl *Hullett* und *Schwartz* als auch *Swinburne* weisen in ihrer Argumentation auf die Wahl der jeweiligen *Bezugsrahmen* hin, die zu unterschiedlichen Lösungen der vorliegenden Prognoseprobleme Anlaß gibt. Wir haben in diesem Zusammenhang von *Voraussetzungen* gesprochen, die sich in der *Wahl* der jeweiligen Zuordnung zwischen den beiden Ausdrücken beobachteter und theoretischer Werte ausdrückt. Diese Zuordnung ist bei entsprechender Voraussetzung *eindeutig* und daher nicht allgemein *umkehrbar*. Dieses Ergebnis unterstreicht die Tatsache, daß die vorliegenden Prognoseprobleme *inexakt* in dem von uns erklärten Sinn sind (vgl. II/3 c): Die Abbildung der Beobachtungsklasse in die theoretische Klasse des jeweiligen Problems ist nicht umkehrbar. Die in dem entsprechenden Problem vorliegende Information ist daher nicht nur *unvollständig* – das zeigt bebereits der Aufweis des inexakten Begriffs „Meßwert" im Rahmen der entsprechenden Probleme –, sondern darüber hinaus *vervollständigbar*. – Daß die genannte Zuordnung jeweils die für Informationsbegriffe geforderte *Homomorphiebedingung* hinsichtlich der *Disjunktion* erfüllen, läßt sich leicht zeigen. Andeutungsweise war davon schon bei der Bemerkung über die *Körner*schen „theorieabhängigen Bedingungen" für die Identifizierung die Rede: Im Rahmen der vorliegenden Probleme entspricht eine Disjunktion beliebiger Beobachtungsausdrücke immer einer Disjunktion der entsprechenden theoretischen Ausdrücke, weil andernfalls die theoretische Klasse nicht alle Realisierungsbedingungen der entsprechenden Aussage über Messungen zum Ausdruck bringt (vgl. *Körner* 1970 b, S. 227).

Das Prognoseproblem stellt sich im Falle der *Trendprognose* somit folgendermaßen dar: Die *Erwartung*, daß bei einer Messung t der Wert y_t Meßwert ist, wird unter folgenden Bedingungen als Prognose ausgezeichnet: (i) den beobachteten Werten $y_{t'}$ bereits durchgeführter Messungen (Absatzfeststellungen) werden in eindeutiger Weise durch den Informations-Homomorphismus h theoretische Werte $y(t')$ zugeordnet. (ii) Jede Zahl z, für die gilt: $z = y(t)$ – das Äquivalenzkriterium läßt sich beliebig festlegen – *realisiert* die genannte Erwartung und wird daher als *Prognosewert* betrachtet: Gilt also $y_t = y(t)$, so ist die Erwartung von y_t bezüglich t begründet. Der unter (i) genannte Informations-Homomorphismus ist nicht umkehrbar. Die entsprechende Information läßt sich daher *vervollständigen*. Es ist nun die Frage, in welcher Weise eine derartige Informationsvervollständigung erfolgt, welcher Art also die erforderliche *Zusatzinformation* in den genannten Beispielen ist.

Je zwei verschiedene Trendfunktionen f und g haben eine Anzahl von Werten $f(t)$ und $g(t)$ derart, daß gilt: $f(t) = g(t)$. Das Gleichheitszeichen symbolisiert eine passend gewählte Äquivalenzrelation. Es handelt sich um theoretische Werte, die Ergebnisse bisher durchgeführter Messungen t darstellen. Für diese Werte gilt laut Voraussetzung: $f(t) = y_t$ *und* $g(t) = y_t$. Daraus erhält man wegen der Transitivität der Äquivalenz: $f(t) = g(t)$. Andererseits sind diese Funktionen voneinander verschieden. Sie weisen daher auch Werte $g(t')$ und $g(t')$ auf, für die gilt: $f(t') \neq g(t')$ (vgl. *Frege* 1962, S. 16–37). Im vorliegenden Beispiel ist nach dem Meßwert des kommenden Jahres gefragt. *Trendfunktionen,* die für die kommende Messung unterschiedliche Werte aufweisen, sind daher als in diesem Zusammenhang verschieden zu betrachten. Dagegen können alle Trendfunktionen, die sich im Hinblick auf von den genannten verschiedene Messungen beziehen, relativ zum gestellten Prognoseproblem nicht verschieden sein. Derartige Messungen können vor oder nach dem Zeitraum stattfinden, über den sich die Begründung der vorliegenden Erwartung erstreckt. Es kann sich aber auch um Messungen handeln, die zeitlich *zwischen* zwei benachbarten von den bereits genannten Messungen liegen: Kurven, die zwischen gegebene Punkte interpoliert sind, werden daher bezüglich eines gestellten Prognoseproblems nur dann als unterschieden betrachtet, wenn sie im Hinblick auf das Bezugsereignis verschiedene Resultate ergeben: Die *relevante Information* des gestellten Problems als Klasse aller entsprechenden Homomorphismen zerfällt daher in folgende *Teilklassen:* Die Klasse der *prognoseäquivalenten* Homomorphismen – diese können alle gleichermaßen zur Lösung des gestellten Problems herangezogen werden. Es handelt sich dabei um eine Zerlegung dieser Klasse in sogenannte *Äquivalenzklassen,* derart, daß jede der in ihnen enthaltenen Informationen der Erwartung eines *bestimmten Meßwertes* dienen kann.

Durch die *Zusatzinformation* soll die Auszeichnung einer bestimmten Äquivalenzklasse erreicht werden. Dann ist das gestellte Problem gelöst. Eine in diesem Sinne durch geeignete Zusatzinformation relevante Information nennen wir *relativ-vollständig.*

Ein Prognoseproblem enthält *relativ-vollständige Information* genau dann, wenn es eine Äquivalenzklasse in ihr gibt, die entsprechend einer Klasse als gegeben betrachteter *Voraussetzungen ausgezeichnet* ist.

Bereits die oben gemachten Ausführungen zeigen, daß zwar vollständige Information immer auch relativ-voll-

ständig ist, daß aber nicht umgekehrt gilt: Relativ-vollständige Information ist vollständig. Im Falle des Vorliegens des bei vollständiger Information geforderten Isomorphismus sind damit zugleich *alle* Voraussetzungen gegeben, die zur Auszeichnung einer Äquivalenzklasse notwendig sind. Dies ergibt sich aus der Möglichkeit der Identifizierung der Erwartungsklasse (Beobachtungsklasse) mit der Aussagenklasse (theoretischen Klasse). Elemente anderer Äquivalenzklassen würden zur Identifizierung anderer Aussagenklassen mit der Erwartungsklasse führen, die gemäß der festgelegten Isomorphie ausgeschlossen sind. In dem hier geschilderten Fall exakter Prognoseprobleme sind daher die genannten Voraussetzungen immer gegeben und brauchen daher nicht besonders formuliert und erwähnt zu werden. Dagegen sieht man die Notwendigkeit der Angabe dieser Zusatzinformation im Falle inexakter Probleme leicht ein. Sie ist jedenfalls immer auf die Lösung der entsprechenden Probleme bezogen: Was zur Auszeichnung einer Äquivalenzklasse in einem Problem ausreicht, genügt dieser Aufgabe im Rahmen eines anderen Problems nicht unbedingt. Man denke dabei nur an Probleme, die sich zwar auf kalendarisch gleiche Zeiträume erstrecken, aber sich auf Ereignisse in verschiedenem zeitlichen Abstand beziehen. – Die genannten Voraussetzungen – die Elemente der *Zusatzinformation* – bewirken hinsichtlich jeder speziellen Information eine *partielle Identifizierung* der Beobachtungsklasse mit der theoretischen Klasse. Man kann daher auch sagen:
Ein Prognoseproblem enthält *relativ-vollständige* Information genau dann, wenn in ihm die Erwartungsklasse mit der Aussagenklasse *partiell identifiziert* werden kann.
Es ist vom Autoabsatz (Typ X) in Österreich in den

Jahren 1969–1974 die Rede. Die Absatzerwartung bezieht sich auf 1974. Der Vergleich zwischen der Voraussetzung *konstanten Absolutzuwachses*, der zum linearen Ansatz führt, mit der Voraussetzung konstanten Relativzuwachses, der zum logarithmisch-linearen Ansatz führt, ergibt für den Zeitpunkt 1974 etwa folgendes:

(i) Der Wert $(a+b \cdot t')$ liegt *unter* dem Wert $e^{a+b \cdot t'}$, wird die Messung zum Zeitpunkt 1974 durch t' bezeichnet.

(ii) Der Unterschied der beiden Werte ist *erheblich*, d. h. betrachtet man die Erwartungswerte als Entscheidungsunterlage, führen diese zu unterschiedlichen Entscheidungen hinsichtlich der angestrebten Verkaufsanstrengungen. Man kann daher nicht von einer Äquivalenz zwischen diesen Werten sprechen.

(iii) Angesichts der gegenwärtigen Lage auf dem Automarkt in Österreich, die durch Treibstoffknappheit gekennzeichnet ist, empfiehlt sich die Prognose entsprechend der erstgenannten Voraussetzung. Es muß nämlich mit erheblichen Erhöhungen des Treibstoffpreises relativ zum allgemeinen Preisniveau in kurzer Frist gerechnet werden. Der Betrieb eines Autos wird daher relativ teuer, so daß die relative Zuwachsrate sich eher verringert als, daß sie gleichbleibt.

Enthält also die relevante Information im vorliegenden Zeitraum *nur* die angeführten Informationen, so ist entsprechend den eben getroffenen Feststellungen die Prognose bereits erstellt. Die *Zusatzinformation*, die zur Lösung dieses Problems notwendig ist, entspricht der *Stellungnahme des Prognostikers* zu den den unterschiedlichen relevanten Informationen zugrunde liegenden *Voraussetzungen* im Hinblick auf das erwartete Ereignis und seinen Ausgang. Im Beispiel wird die Voraussetzung F, die zur Bestimmung der Trendfunktion f führt, eher angenommen als die Voraussetzung G, die zur Trendfunktion g führt.

Nehmen wir nun an, es sei nach der Prognose des Autoabsatzes für das Jahr 1975 gefragt. Für 1974 sei aus den gegebenen Gründen die mit Hilfe des linearen Trends ermittelte Erwartung f (t') begründet. Kann man dann den gesuchten Prognosewert für den Zeitpunkt t" (1975) einfach durch *Trendverlängerung*, d. h. durch Einsetzen von t" in die Form f (t) in der Gestalt f (t") erhalten? – Wieder sei voraussetzungsgemäß zwischen der Funktion f – der linearen Funktion – und der Funktion g – der Exponentialfunktion – zu entscheiden. Die Parameterwerte werden entsprechend an die Meßwerte statistisch angepaßt. Nimmt man an, die lineare Trendprognose sei im Zeitpunkt t' (1974) realisiert, so hat man diese auch an diesen neuen Wert anzupassen. Dabei ändert sie sich in der Regel, so daß zum Zeitpunkt t' wieder die oben für 1973 geschilderte *Wahlsituation* für den Prognostiker besteht. Die entsprechende *Zusatzinformation* besteht nun in einer Stellungnahme zu entsprechenden Voraussetzungen F und G im Hinblick auf die Absatzfeststellung t":

Sowohl im Hinblick auf (ii) als auch im Hinblick auf (iii) können sich bei Beurteilung der neuen Prognosesituation durch den Prognostiker wesentliche Änderungen ergeben. So kann z. B. der Einfluß der Ölkrise auf den Autoabsatz, der in (iii) als bedeutend eingestuft wird, nach zwei Jahren durch bestimmte wirtschaftspolitische Maßnahmen oder infolge einer verhältnismäßig starken Anhebung des allgemeinen Preisniveaus infolge Inflation usf. wieder an Bedeutung verlieren. Durch das Zurückstellen nicht unmittelbar notwendiger

Autokäufe im Jahr 1974 kann es nunmehr zu einem vergleichsweise starken Ansteigen der Zuwachsrate kommen, so daß man sich nunmehr eher für die optimistischere Annahme des konstanten relativen Zuwachses entscheidet. Eine *formale Trendverlängerung* erweist sich daher in diesem Fall als unangebracht. Allgemein kann gesagt werden, daß eine derartige Verlängerung das Vorliegen *vollständiger Information* in dem betrachteteten Prognoseproblem voraussetzt, was im vorliegenden Problem nicht der Fall ist. Weiters ist festzuhalten, daß zur Erstellung einer Prognose bei vervollständigbarer Information um so mehr *Zusatzinformation* notwendig ist, je weiter sich diese in die Zukunft erstreckt.
Diese Betrachtung weist auf den wichtigen Unterschied zwischen *inexakten Prognoseproblemen* hinsichtlich der *Prognosefrist* hin. Er besteht in Art und Umfang der jeweils zur Erstellung der Prognose erforderlichen Zusatzinformation. Umfaßt der Prognosezeitraum verschiedene *Zeiteinheiten* – Zeitpunkte, in denen verschiedene Messungen durchzuführen sind –, so nennen wir dieses langfristig. Enthält es dagegen nur einen derartigen Zeitpunkt, heißt das betreffende Prognoseproblem *kurzfristig*. Der erstgenannte Fall erfordert mehr Zusatzinformation als der letztgenannte, da der Prognostiker häufiger zum Problem Stellung zu nehmen hat, um die Prognose erstellen zu können. Er muß hinsichtlich einer größeren Anzahl von Zeitpunkten (Ereignissen) über die *Voraussetzungen* relevanter Informationen *entscheiden*. In diesem Sinne werden Prognosen immer problematischer, je *langfristiger* sie sind. Offenbar steht der hier eingeführte Begriff der Fristigkeit von Prognoseproblemen in keinem Zusammenhang mit kalendarisch festgesetzten Fristen. Es ist lediglich häufig der Fall, daß Prognosen, die sich über kalenda-

risch lange Zeiträume erstrecken, auch im oben genannten Sinne langfristig sind. Sie enthalten eben dann verschiedene Ereignisse, im Hinblick auf die durch den Prognostiker Stellung zu nehmen ist. Dies braucht aber keineswegs der Fall zu sein, denn die interessierenden Ereignisse (Messungen) können aus den verschiedensten Gründen in zeitlich großem Abstand zueinander stehen. Andererseits ist zwar häufig eine Prognose, die sich auf ein Ereignis bezieht, das in nächster Zukunft stattfindet, auch kurzfristig. Allerdings ist auch das nicht notwendig, denn die interessierenden Ereignisse können in noch wesentlich kürzeren Zeitspannen aufeinander folgen. Die Festlegung der Ereignisse eines Prognoseproblems erfolgt im Hinblick auf die unterschiedlichsten sachlichen Gegebenheiten, wie z. B. auf die Organisationsstruktur des betreffenden Unternehmens oder Institutes oder die Marktstruktur bzw. die Eigenschaften des betreffenden Produktes usf.

Im Zusammenhang mit Problemen der Trendprognose unterscheidet *Ayres* zwei *Grundhaltungen* des Prognostikers („basic attitudes"):

„1. One can assume a trend will not continue as before unless the known dynamics of the system are such as to clearly encourage its continuance...

2. One can assume a trend will continue as before unless the known constraints on the system clearly inhibit it" (Ayres 1969, S. 99).

Diese Gegenüberstellung der Grundhaltungen kann als gute Schilderung des Entscheidungsproblems gelten, in dem der Prognostiker Stellung zur Prognosesituation bezieht: Es wird jedesmal in indirekter Weise auf die entsprechende Situation bezug genommen, indem von der Dynamik und den Beschränkungen des zugrunde liegenden Systems gesprochen wird. Betrachtet der Prognostiker die vorliegende Situation – das System – zum kritischen Zeitpunkt, so kann er tatsächlich jede dieser Haltungen einnehmen. Er kann angesichts dieser Lage entweder dazu neigen, den bisher als relevant betrachteten Trend auch weiterhin als relevant zu betrachten, oder er kann auch dazu neigen, nunmehr einen anderen Trend als relevant anzusehen. Der Hinweis darauf, daß es sich hierbei um grundsätzliche Einstellungen des einzelnen Prognostikers handeln kann, ist sicherlich zutreffend. Allerdings muß bereits an dieser Stelle auf die große Unbestimmtheit hingewiesen werden, mit der die durch (1) bezeichnete Haltung beschrieben wird. Hier ist lediglich davon die Rede, daß jemand zur Erwartung neigt, der bisher relevant gewesene Trend sei in Zukunft nicht relevant. Demgegenüber ist von unserem Standpunkt aus zu sagen, daß in jeder derartigen Entscheidungssituation eine Anzahl von Alternativen zur Auswahl steht, denn es herrscht ja relevante Information über den Trend im Falle einer Trendprognose. Man kann also an die Stelle von (1) die bestimmtere Beschreibung der Grundhaltung des Prognostikers setzen: Man kann annehmen, *ein neuer* Trend werde in Zukunft auftreten. *Ayres* denkt in seiner Schilderung immer nur an *einen* durch eine Trendfunktion exakt beschriebenen Trend. Auf diese Weise zieht er nicht in Betracht, daß die dem Problem zugrundeliegende Trendinformation aus einer Klasse von Informationen besteht. Diese sind durch Funktionen unterschiedlichster Art zu beschreiben. Diese Schwäche in der Argumentation von *Ayres* zeigt sich in der Folge noch klarer:

„The first attitude is unreasonable, if not irrational, because it insists that asymmetry between the future and the past is always to be expected, regardless of the overwhelming evidence that the same assumption would almost always have been wrong at the earlier times in history" (*Ayres* 1969, S. 99 f.).

Hierin versucht er nun, eine der beiden Grundeinstellungen des Prognostikers angesichts einer bestimmten Situation zum kritischen Zeitpunkt als irrational bzw. undenkbar hinzustellen und damit zugleich die andere als die einzig richtige herauszustreichen. Die an dieser Stelle versuchte Argumentation ist sicherlich nicht stichhaltig, denn die Behauptung, daß in der überwiegenden Anzahl von Fällen der Vergangenheit Prognosen bestätigt worden sind, die sich auf die Annahme der Symmetrie zwischen Vergangenheit und Zukunft gestützt haben, ist nicht einwandfrei bestätigt. Obendrein könnte selbst vergangener durchgängiger Erfolg bzw. Mißerfolg einer dieser Grundannahmen nicht zum Schluß zwingen, daß dieser auch in Zukunft auftreten werde. Ein derartiger Schluß setzt ja gerade voraus, daß bereits gezeigt ist, daß die durch ihn zu rechtfertigende Annahme bereits gilt. Mit anderen Worten, *Ayres* verwikkelt sich mit dieser Argumentation in den bekannten Zirkelschluß, der mit der Rechtfertigung der Induktion häufig verbunden ist (vgl. *Popper* 1972 a, S. 1–31). In unserem Zusammenhang ist aber von Interesse, daß hier der Versuch unternommen wird, eine einzige Haltung für alle möglichen Situationen, denen sich der Prognostiker gegenübersieht, als rational auszuzeichnen! *Ayres* sieht demzufolge das Problem der Trendprognose als *exakt* an. Bisher hat die Funktion f(t) zugetroffen. Ihre Erwartung trifft daher zu. Die Annahme, es gelte f(t) nicht, ist unter dieser Voraussetzung nicht logisch gerechtfertigt (vgl. II/2 b). Eine Grundhaltung des Prognostikers, die zu einem derartigen Schluß führt, ist daher irrational. Daß diese an sich richtige Feststellung auf unser Problem entgegen der Meinung von *Ayres* nicht zutrifft, zeigt schon der Hinweis auf die Gefahren der „blinden Extrapolation", den er selbst im genannten Buch wiederholt gibt. So ist z. B. fortgesetztes Wachstum nicht möglich, ebenso ständiges Absinken eines Wertes um einen bestimmten Betrag usw. Die logische Unmöglichkeit derartiger Trendverlängerungen sieht man ein, wenn man bedenkt, daß es sich bei Problemen der Trendprognose um inexakte Probleme handelt. Der bisher bestätigte Trend entspricht in diesem Zeitraum einem anderen Trend, der ebenso gut bestätigt ist. Die Frage des Prognostikers angesichts einer bestimmten Situation zu einem bestimmten Zeitpunkt kann daher nicht lauten: Setzt sich dieser Trend fort oder nicht? – Sie lautet aber: Ist die bisher als relevant betrachtete Trendfunktion angesichts dieser Situation relevant, oder ist eher eine andere Funktion angesichts dieser Lage zutreffend? – In diesem Fall hat man zu jedem relevanten Zeitpunkt neu zu entscheiden. Die beiden genannten Grundhaltungen treten dabei immer von neuem auf. Es besteht daher keine Notwendigkeit, eine von beiden Haltungen auszuzeichnen! – Auf diese Weise besteht auch keine Gefahr der oben angedeuteten „blinden Extrapolation". Die mangelnde Unterscheidung zwischen inexakten und exakten Prognoseproblemen treibt *Ayres* also in die oben angedeutete zirkelhafte Argumentation.

b. Trendumkehr

Die oben dargestellte Diskussion des Trendverfahrens durch *Ayres* kann stellvertretend für eine große Zahl ähnlicher Argumente zur Untermauerung des sogenannten *Projektionsschlusses* behandelt werden. Jedesmal wird davon ausgegangen, daß bei festgelegter Trendfunktion durch die *logische* Operation der *Termeinsetzung* der Prognosewert für die durch den entsprechenden Term t' bezeichnete Situation erhalten werden kann. Dabei wird der festgestellte Trend der betrachteten Entwicklung ohne weiteres mit der genannten *Trendfunktion identifiziert* (vgl. Körner 1970 b, S. 225–243). Die zum Prognosewert führende Operation – genannt *Projektion* – erscheint auf diese Weise als logisch gültiger *Schluß*. Zugleich aber wird festgestellt, daß in vielen Fällen die so erhaltene Prognose nicht erfüllt wird. Die logische Umkehrung des genannten Projektionsschlusses gemäß Modus-Tollens führt in solchen Fällen zum Ergebnis, daß der festgestellte *Trend* für gewisse Terme – sie beschreiben zukünftige Situationen – keine Gültigkeit hat. Zwischen zwei Zeitpunkten t und t' hat demzufolge eine *Änderung des Trends* stattgefunden! – Soweit nämlich die vergangene Situation beschrieben wird (bis zur durch t beschriebenen Situation!), *entspricht* die dort festgelegte Trendfunktion dem in diesem Zeitraum herrschenden Trend. Von dem genannten Zeitpunkt an aber *muß* ein neuer Trend – identisch mit der neuen Trendfunktion – herrschen. Diese Darstellung der Schlußweise zeigt ihre Grundlage deutlich: *Trend* und *Trendfunktion* werden durchgängig als *identisch* betrachtet. Der solchermaßen aufgefaßte Prognosevorgang entspricht in logischer Hinsicht dem Einsetzungsschluß und wird in diesem Kontext als Projektionsschluß bezeichnet. Dieses zunächst recht günstig erscheinende Ergebnis – der Prognoseprozeß scheint damit rational gerechtfertigt – hat jedoch sehr unerwünschte Konsequenzen: Wird für einen Zeitpunkt t' in der Zukunft der Prognosewert gesucht, erhält man diesen nur dann, wenn bekannt ist, daß in der Zwischenzeit *keine* Trendänderung eintreten wird. Mit anderen Worten:

Die Prognose des gesuchten Wertes setzt bereits die Prognose des Trends voraus. Sie wird durch *Ayres* (vgl. Ayres 1969, S. 99 f.) geschildert. Dabei tritt eine für die Praxis viel unerwünschtere Situation auf, die in der bisherigen Schilderung des Problems noch kaum berührt wird: Liegt nämlich die Prognose vor, wonach eine Änderung des bisherigen Trends eintreten wird, ist damit noch keineswegs die Trendfunktion bestimmt. Da Trend und Trendfunktion identifiziert sind, ist in diesem Fall der zukünftige Trend unbestimmt. Eine Trendprojektion scheint unter diesen Voraussetzungen unmöglich. Prognoseprobleme, in denen diese *Trendänderung* in einer *Umkehr* des Trends besteht, werfen ein besonders klares Licht auf diese Frage. Prognosen bei Trendumkehr werden immer häufiger diskutiert, insbesondere bei der Behandlung von *Marktanteilsprognosen* relativ neu auf dem Markt eingeführter Produkte (vgl. *Baum/ Dennis* 1961; *Parfitt/Collins* 1968). Seit längerer Zeit spielt die Betrachtung derartiger Prognoseprobleme im Rahmen der *technologischen* Prognose eine große Rolle: Entwicklungsmöglichkeiten bestimmter Technologien sollen abgeschätzt werden (vgl. *Jantsch* 1967, S. 154 bis 171; *Martino* 1972 a). Auch im Hinblick auf die Prognosetechnik werden diese Probleme in immer stärkerem Maße diskutiert (vgl. *Gilchrist* 1967; *Martino* 1972 b).

Parfitt und *Collins* schildern das folgende Prognoseproblem: Vor wenigen Wochen wurde die Signal-Zahnpasta neu auf dem Zahnpasta-Markt eingeführt. Der Marktanteil dieses Produkts zu einem Zeitpunkt t' soll prognostiziert werden. Der Zeitpunkt t' ist dabei so gewählt, daß der Marktanteil zu einem späteren Zeitpunkt t sich nicht wesentlich vom Marktanteil zum Zeitpunkt t' unterscheiden wird. Man spricht in diesem Fall vom *Gleichgewichtsanteil* für Signal. Kann dieser Gleichgewichtsanteil für Signal prognostiziert werden, läßt sich daraus auf den Erfolg bzw. Mißerfolg der Einführung dieses Produkts schließen. Der wöchentliche Absatz von Signal wurde seit seiner Einführung festgestellt. Daraus wird der *wöchentliche Marktanteil* dieses Produkts ermittelt. Die Prognosesituation liefert zum Zeitpunkt der letzten Marktanteilsfeststellung das folgende Bild: Bisher ist ein *steigender Trend* festzustellen. Darin wird eine Auswirkung der bei der Produktionseinführung festgesetzten Vertriebs- und Werbemaßnahmen gesehen. Der letzte festgestellte Wert ist allerdings kleiner als der vorletzte. Der Prognostiker nimmt daher an, daß der größte wöchentliche Marktanteil, den das Produkt auf Grund der genannten Maßnahmen erreichen kann, bereits überschritten ist. In der Folge wird mit einem weiteren Absinken des wöchentlichen Marktanteils gerechnet. Andererseits wird angenommen, daß sich dieser bei dem gesuchten positiven Gleichgewichtswert einpendeln wird. Das bedeutet zugleich, daß die Entwicklung des wöchentlichen Marktanteils in der Zeit zwischen dem letzten festgestellten Wert und dem Zeitpunkt t' der Prognose eine *Trendumkehr* aufweist. Die eben geschilderte zusätzliche Information über die zum Zeitpunkt der letzten Anteilsfeststellung vorliegende Prognosesituation führt zur Entscheidung des Prognostikers, daß der bisher festgestellte steigende Trend nicht anhält. Weiters ist klar, daß nicht einmal die Festlegung des *fallenden* Trends der allerletzten Zeit eine Prognose des gesuchten Gleichgewichtsanteils ermöglichen kann, denn an einer nicht genauer bestimmten Stelle tritt ja die genannte Trendumkehr ein. Damit ist eine zusätzliche Unsicherheit gegeben.

Stellt man sich auf den Standpunkt von *Ayres,* wie er

früher beschrieben wurde, kann auf Grund der geschilderten Prognosesituation die geforderte Prognose des Gleichgewichtsanteils *nicht* erstellt werden: Der Zeitpunkt der geforderten Prognose liegt jedenfalls nach dem Zeitpunkt der Trendumkehr. Der bisher festgestellte Trend der wöchentlichen Marktanteile für Signal gilt also nicht im angegebenen Prognosezeitraum. Eine Annahme über den später eintretenden Trend, die zur Prognose führen könnte, erscheint unstatthaft.

Dieser krasse Schluß wird jedoch in der Praxis von keinem Prognostiker gezogen. Vielmehr setzt man trotzdem voraus, daß die geforderte Prognose erstellt werden kann. Dazu ist allerdings entgegen der Annahme von *Ayres* festzustellen, daß das geschilderte Prognoseproblem *inexakt* ist. Es handelt sich ja um ein Problem der Trendprognose (vgl. III/1 a). Damit zugleich ist die Frage nach der zur Erstellung der geforderten Anteilsprognose relevanten *Zusatzinformation* zu stellen.

Der *Marktanteil* eines Produktes auf einem bestimmten Markt zu einem Zeitpunkt t – so sagen *Parfitt* und *Collins* – entspricht dem Quotienten aus der Menge des gekauften Produkts und der Menge aller vergleichbaren Produkte, die zu diesem Zeitpunkt t gekauft werden. Es handelt sich im vorliegenden Beispiel um den Anteil der zum Zeitpunkt t gekauften Tuben Signalzahnpasta an der Zahl aller zu diesem Zeitpunkt gekauften Zahnpastatuben. Jede steigende Funktion f(t) beschreibt den bisher festgestellten Marktanteilstrend. Jede dieser Funktionen – sie stellen alle Elemente der zur Erstellung der Trendprognose des Marktanteils relevanten Information dar – hat die Gestalt des eben beschriebenen Quotienten. Diese zusätzliche Information schränkt die relevante Information bereits erheblich ein. Sie enthält jetzt nur mehr Funktionen, die im beobachteten Zeitraum steigen und die Gestalt $f(t) = s(t)/z(t)$ haben. Dabei sind $s(t)$ und $z(t)$ die beschriebenen Anteilsfunktionen. Man sieht aber sofort, daß diese Zusatzinformation zur Erstellung der geforderten Prognose nicht ausreicht. Man weiß ja nur, daß im Beobachtungszeitraum gilt: Die Differenz aufeinanderfolgender Werte von $s(t)$ ist größer als die Differenz der entsprechenden Werte von $z(t)$, da $f(t)$ in diesem Zeitraum steigt. Die Betrachtung der beschriebenen Prognosesituation zeigt, daß die beiden Anteilsfunktionen *nicht allgemein* in dieser Weise *charakterisiert* werden können, denn bereits im letzten Zeitpunkt der Beobachtung T erwartet man eine Trendumkehr: Die beiden Funktionen $s(t)$ und $z(t)$ sind daher selbst nur Elemente unvollständiger Information bezüglich der Prognose von $z(t')$ und $s(t')$ zum Zeitpunkt des Marktgleichgewichts. Dasselbe gilt für die Funktionen $f(t)$, denn $f(t') = s(t')/z(t')$. Das nunmehr vorliegende Prognoseproblem ist trotz der erreichten Einschränkung der relevanten Information durch zusätzliche Information immer noch unbestimmt. Zur Erstellung der geforderten Prognose ist zusätzlich Information notwendig.

$s(t)$ – die Zahl der zu t gekauften Signaltuben – setzt sich zusammen aus der Zahl der Tuben, die bis zum Zeitpunkt t zum *ersten Mal gekauft* werden [wir nennen sie $e(t)$ – die *kumulierten Erstkäufe*] und aus der Zahl der Tuben, die zum Zeitpunkt t mindestens zum zweiten Mal gekauft werden. Diese Zahl nennen wir *Wiederholungskaufzahl* und bezeichnen sie durch $w(t)$. Offenbar ist $s(t)$ gleich dem Produkt aus $e(t)$ und $wt()$: $s(t) = e(t) \cdot w(t)$. Diese zusätzliche Information führt zu einer weiteren Einschränkung der zur Prognose $f(t)$ relevanten Information. Diese umfaßt jetzt nur noch Elemente der Gestalt: $f(t) = e(t) \cdot w(t)/z(t)$. Diese eingeschränkte Information aber ist immer noch relativ *vervollständigbar,* denn zumindest $z(t')$ läßt sich nach wie vor nicht prognostizieren. Daher wird zunächst $z(t)$ einer entsprechenden Betrachtung unterworfen: $z(t)$ erweist sich als Produkt der Zahl der bis zum Zeitpunkt t auftretenden *Käufer* – $k(t)$ – und der Zahl der durch jeden Käufer getätigten Käufe zum Zeitpunkt t: $k(t')$. Man hat also: $z(t) = k(t) \cdot k'(t)$. Diese Zusatzinformation führt zu einer weiteren Einschränkung der zur Prognose von $f(t')$ relevanten Information. Sie enthält nur noch Elemente der Gestalt: $f(t) = e(t) \cdot w(t)/k(t) \cdot k'(t)$. Faßt man die beiden kumulierten Werte und die beiden nicht kumulierten Werte durch Definition zusammen, erhält man: $g(t) = e(t)/k(t)$ – die *kumulierte Marktdurchdringung* des Produktes auf dem gegebenen Markt – und $h(t) = w(t)/k'(t)$ – die *Wiederholungskaufrate* dieses Produktes auf diesem Markt. Die Funktionen $f(t)$ stellen sich dann in der Gestalt des Produktes *$f(t) = g(t) \cdot h(t)$* dar. Wir können somit sagen: *Die relevante Information des vorliegenden Prognoseproblems enthält nur Trendfunktionen, die sich als Produkt aus den beiden Funktionen g(t) und h(t) darstellen lassen.* Die beiden Funktionen $g(t)$ und $h(t)$ sind Elemente relevanter Informationen zur Erstellung der Prognosen $g(t')$ und $h(t')$. Die zugehörige *irrelevante Information* läßt sich in beiden Fällen angeben. *Parfitt* und *Collins* ziehen zur Feststellung der Werte von $g(t)$ und $h(t)$ ein Haushaltspanel heran. Es handelt sich dabei also um Trendfunktionen der entsprechenden Prognoseprobleme. Prognose der kumulierten Marktdurchdringung zum Zeitpunkt t' und Prognose der Wiederkaufsrate zum Zeitpunkt t'. Können beide Prognosen erstellt werden, ist damit auch das Problem der Prognose des Marktanteils gelöst, denn es gilt: $f(t') = g(t') \cdot h(t')$. Die in

diesem Falle vorliegende Information ist *relativ-vollständig*.
Die kumulierte Marktdurchdringung g(t) ist jedenfalls eine steigende Funktion, die mit zunehmendem t flacher wird und eine obere Schranke nicht überschreitet. Das letztere ist leicht zu sehen, denn die Zahl der Erstkäufe bis t kann niemals die Zahl aller Käufer bis zu diesem Zeitpunkt übertreffen. Für alle Zeitpunkte t gilt daher: g(t) = e(t)/k(t) ist kleiner als Eins. Dieser Zahlenwert kann daher durch g(t) nicht überschritten werden. Andererseits nähert sich die Zahl der Käufer mit zunehmendem t der Zahl der Erstkäufe. Die Zahl der Käufer bis t – k(t) – ist eine steigende Funktion: Immer neue Käufer kommen während des betrachteten Zeitraums dazu. Entsprechendes gilt für die Zahl der Erstkäufe e(t). Die Zahl der Käufer kann jedoch in keinem Zeitraum stärker steigen als die Zahl der Erstkäufe. Mit anderen Worten: die Funktion g(t) nähert sich mit zunehmendem t einem Gleichgewichtszustand, den wir durch g(t') bezeichnen. Zur Gewinnung dieser wichtigen Charakterisierung aller Elemente der in diesem Problem relevanten Information ist die Betrachtung der Prognosesituation durch den Prognostiker notwendig. Die relevante Information ist dadurch erheblich eingeschränkt.
Die Wiederholungskaufrate h(t) läßt sich durch genauere Betrachtung der Prognosesituation durch den Prognostiker ebenfalls genauer charakterisieren. Es handelt sich dabei um eine fallende Funktion, die sich ebenfalls mit zunehmender Zeit einem Gleichgewichtszustand nähert. Zunächst wieder zum Gleichgewichtszustand: h(t) = w(t)/k'(t) ist als Quotient zweier positiver Werte sicherlich positiv. Der Wert Null wird daher für keinen Zeitpunkt t durch h(t) unterschritten. Zu

jedem Zeitpunkt t ist die Zahl aller durch einen Käufer getätigten Zahnpastakäufe $k'(t)$ mindestens so groß wie die Zahl der Signalkäufe, die durch diesen Käufer getätigt werden. Daher ist $k'(t)$ größer als die Zahl der zu diesem Zeitpunkt getätigten Wiederholungskäufe $w(t)$. Die untere Schranke der Werte von $h(t)$ ist daher eine *positive Zahl*. Bei wirksamer Einführungswerbung für Signal ist $w(t)$ verglichen mit $k'(t)$ für früheres t größer als für späteres t. Das bedeutet, daß $h(t)$ sich um so schneller der angegebenen Grenze *nähert*, je stärker die Käufer durch die Einführungswerbung bzw. Einführungsmaßnahmen angesprochen werden. Die Funktion $h(t)$ ist daher fallend und nähert sich einer positiven Zahl, die kleiner als Eins ist und um so größer ausfällt, je erfolgreicher die Einführungsmaßnahmen sind. Diese Information über das Nachlassen der anfänglichen Wirkung der Einführungsmaßnahmen führt also zu einer Einschränkung der im Problem der Erstellung der Prognose $h(t')$ relevanten Information. Diese enthält nur Elemente $h(t)$, die fallende Funktionen von t sind und sich einem bestimmten positiven Wert bei steigendem t nähern.

Diese beiden Einschränkungen relevanter Information durch schrittweises Heranziehen von Zusatzinformation über die Prognosesituation führt zugleich zu einer wesentlichen Einschränkung der zur Prognose des Marktanteils relevanten Information: Sie enthält nur Elemente der Gestalt $f(t) = g(t) \cdot h(t)$, wobei $g(t)$ eine steigende Funktion von t ist, die sich mit zunehmendem t einem Gleichgewichtswert $g(t')$ nähert, der zwischen Null und Eins liegt, während $h(t)$ eine fallende Funktion von t ist, die sich mit zunehmendem t einem Gleichgewichtswert $h(t')$ nähert, der positiv und kleiner als Eins ist.

Parfitt und *Collins* gehen nun davon aus, daß die eben

geschilderte Information bis auf eine kleine Ergänzung relativ-vollständig ist, die wir nicht genauer verfolgen wollen. Für unseren Zweck der Schilderung des Zusammenwirkens der Zusatzinformation mit der relevanten Information bei der Erstellung von Prognosen ist die bisher dargestellte Vorgangsweise ausreichend. Sie nehmen also an, daß die Abweichung zwischen den Gleichgewichtswerten, die man mit Hilfe verschiedener Funktionen aus der relevanten Information bei vorliegenden Beobachtungswerten erhält, nicht wesentlich ist, und diese daher als gleich betrachtet werden können. Mit anderen Worten: Es wird ein Intervall angegeben, in dem alle Prognosewerte liegen, sollen sie der Prognoseaufgabe entsprechen. Die geschätzten Gleichgewichtswerte $g(t')$ und $h(t')$ entsprechen laut Voraussetzung dieser Bedingung. Sie können daher laut *Parfitt* und *Collins* als *Prognosewerte* betrachtet werden. Das Produkt $g(t') \cdot h(t')$ für einen Zeitpunkt t', der hinreichend groß ist, entspricht daher dem Prognosewert $f(t')$, der gesucht ist. Die genannten Autoren lösen dabei die beiden Teilprobleme in *intuitiver* Weise, indem sie die Folgen der betreffenden beobachteten Werte betrachten und in ihren letzten Abschnitten den gesuchten konstanten Wert zu schätzen suchen. Sie lassen sich also nicht auf die Bestimmung der Gestalt der Trendfunktionen ein und auf ihre Anpassung an die gegebenen Wertreihen mittels statistischer Verfahren. Im Sinne der von uns entwickelten Vorstellungen über die Erstellung von Prognosen gehen sie in diesem Schritt etwas zu rasch vor. Wir werden aber zeigen können, daß trotzdem bei der Behandlung des geschilderten Prognoseproblems kein ernsthafter Fehler begangen wurde.

Die mit diesem intuitiven Vorgehen verbundene Unsicherheit nehmen *Kroeber-Riel* und *Rolloff* zum Anlaß, sich Gedanken über die Auswahl der geeigneten Trendfunktionen g (t) und h (t) und ihre Anpassung an die Serien der entsprechenden Beobachtungswerte mit statistischen Mitteln Gedanken zu machen (vgl. *Kroeber-Riel/Rolloff* 1972). Sie wählen dazu die Funktionen: $g(t) = d(1-e^{-ft})$ mit d, f größer als Null, und $h(t) = a/(t+b) + c$ mit a, b größer als Null und c größer oder gleich Null. Funktionen dieses Typs erfüllen sicherlich die für Elemente der relevanten Information gestellten Bedingungen. Allerdings braucht in diesem Sinne nicht zugelassen zu werden, daß c gleich Null sein kann, da die Wiederholungskaufrate aus den angegebenen Gründen immer positiv ist: c stellt den Gleichgewichtswert von h(t) dar, d ist der Gleichgewichtswert von g(t). f und a stellen den jeweiligen Anstieg der Funktionen dar. b bestimmt die Lage der Polstelle der Hyperbel relativ zur h-Achse. Sind diese Funktionstypen gewählt, lassen sie sich relativ leicht an die vorliegenden Werteserien statistisch anpassen. Darin kann ein Grund für ihre Wahl gesehen werden. Allerdings ist wiederum vorauszusetzen, daß andere Elemente der relevanten Information nicht zu Funktionswerten führen, die wesentlich von den durch Einsetzung eines t-Wertes in die genannten Funktionen erhaltenen abweichen. Hat man diese Funktionen auf die angedeutete Weise bestimmt, lassen sich unter dieser Voraussetzung nicht nur Gleichgewichtswerte prognostizieren wie bei *Parfitt* und *Collins,* sondern darüber hinaus auch Marktanteilswerte zu allen gewünschten Zeitpunkten: Der Funktionsverlauf von f (t) ist damit bestimmt. Er hängt in eindeutiger Weise von den geschätzten Parametern der beiden Funktionen g (t) und h (t) ab. Diese Zusammenhänge werden in der genannten Arbeit genauer untersucht. Das in ihr angesprochene Problem der Unsicherheit wird aber auf diese

Weise nicht gelöst, wenn man nicht in den bereits kritisierten Standpunkt von *Ayres* zurückfällt, wonach das vorliegende Prognoseproblem von Anfang an *exakt* ist:

Der *Zeitraum der Prognose* erstreckt sich in der Regel über eine *größere* Anzahl von Wochen. Es liegt also ein eher *langfristiges* Prognoseproblem vor: Der Prognostiker hat an einer größeren Zahl von kritischen Zeitpunkten im Hinblick auf die vorliegende Prognosesituation zu entscheiden (vgl. III/1 a). Über diese zur Prognose unumgänglichen Entscheidungen war bisher weder bei *Parfitt* und *Collins* noch bei *Kroeber-Riel* und *Rolloff* die Rede. Zunächst kann in diesem Zusammenhang festgestellt werden, daß das Prognoseproblem um so kurzfristiger ist, je erfolgreicher die Einführungsmaßnahmen für das Produkt sind. Dies ist für die Funktionen h(t), die die Wiederholungskaufrate beschreiben, bereits gezeigt. Entsprechendes gilt auch für die Funktionen g(t), die die kumulative Marktdurchdringung darstellen: Die Einführungsmaßnahmen sind erfolgreicher, wenn sich g(t) rascher einem Gleichgewichtswert annähert, der näher bei Eins liegt, als dies im Falle geringeren Erfolges eintritt. Beide Funktionen erreichen daher früher einen Wert, der mit dem jeweiligen Gleichgewichtswert identifizierbar ist. Somit gilt dies auch für ihr Produkt, die Funktion f(t). Enthält also die Prognosesituation relativ erfolgreiche Maßnahmen, ist die geforderte Prognose relativ leichter erstellbar als im entgegengesetzten Fall. Im Beispiel von *Parfitt* und *Collins* erstreckt sich die Prognosefrist über 16 Wochen. Dieser Zeitraum enthält vier kritische Zeitpunkte, da als Zeiteinheit vierwöchige Abstände gewählt werden. Die geschätzten Gleichgewichtswerte sind relativ hoch. Die Einführungsaktionen können als erfolgreich betrachtet werden. Wie steht es nun mit den an diesen Zeitpunkten zu treffenden Entscheidungen des Prognostikers? – Der erste Zeitpunkt ist der des letzten Beobachtungswertes, des größten erreichten Marktanteils. Ist zu diesem Zeitpunkt anzunehmen, daß die bisher beobachtete Tendenz der Werte g(t) sich ändern wird? – Nein, denn diese Funktion muß jedenfalls steigen. Sie hat zum genannten Zeitpunkt bereits einen Wert erreicht, der relativ nahe an dem Gleichgewichtswert liegen muß, da sonst ein weiterer Anstieg von f(t) zu erwarten ist. Der Prognostiker neigt aber zur Annahme, daß es sich hier um den größten erreichten Marktanteilswert handelt. Jede andere entsprechende Funktion g(t) führt daher erwartungsgemäß zu keinem wesentlich abweichenden Wert für den nächsten Zeitpunkt nach vier Wochen. Für diesen folgenden Wert gelten die eben angestellten Überlegungen um so eher, da sich der Funktionswert zu diesem Zeitpunkt wieder näher am Gleichgewichtswert befindet. Somit läßt sich zu allen kritischen Zeitpunkten annehmen, daß die gewählte Trendfunktion zu Werten für den jeweils nächsten Zeitpunkt führt, die sich nur unwesentlich von Werten unterscheiden, zu denen andere Trendfunktionen aus der relevanten Information führen. Die Wahl der Trendfunktion bleibt unter den genannten Voraussetzungen *stabil für alle* kritischen Zeitpunkte. Die zu dieser Folge von Entscheidungen wichtigste Voraussetzung ist, daß der Prognostiker den Standpunkt zur Situation einnimmt, daß die Einführungsmaßnahmen des Produktes bezüglich der Erstkäufe zum Zeitpunkt der letzten Beobachtung ihren Wirkungshöhepunkt erreichen und nachher ständig an Wirkung *verlieren*. Diese Voraussetzung seitens des Prognostikers führt auch bezüglich des Trends der Wiederholungskaufrate zum Schluß, daß die einmal festgelegte Trendfunktion h(t) in den

folgenden kritischen Zeitpunkten nicht geändert werden muß. Die Erwartungen $g(t')$ und $h(t')$ sind daher als begründet zu betrachten, wenn die *Zusatzinformation* für den Prognostiker vorliegt, daß bei Einführung des Produktes gewisse Maßnahmen gesetzt werden, deren Wirkung gegen Ende des Prognosezeitraums abflaut. Entsprechend der Information, wonach relevante Information zur Prognose von $f(t')$ durch Funktionen der Gestalt $f(t) = g(t) . h(t)$ präzisiert wird, erhält man die gesuchte Prognose als: $f(t') = g(t') . h(t')$. Bleibt die eben genannte Zusatzinformation über das Auftreten der Wirkung der Einführungsmaßnahmen innerhalb der Prognosesituation aufrecht, wird der Verlauf der Werte mit zunehmender Zeit immer ruhiger, d. h. die Prognosewerte sind immer exakter bestimmbar, je langfristiger die Prognose wird. Die Wahl bestimmter Trendfunktionen aus der relevanten Information beeinflußt immer weniger den Prognosewert. Dieser zunehmenden Sicherheit der Bestimmung der Prognosewerte bei gleichbleibender Beurteilung der Prognosesituation durch den Prognostiker steht eine zunehmende Unsicherheit der Begründung gegenüber. Immer mehr kritische Zeitpunkte treten auf. Immer mehr Stellungnahmen des Prognostikers zum Problem sind erforderlich. Ändert sich die dabei maßgebliche Zusatzinformation, ändert sich auch die entsprechende Stellungnahme. Zu einem Zeitpunkt etwa, in dem bekannt wird, daß eine neue Zahnpasta auf den Markt geworfen wird, ist unsere Situation grundlegend neu zu beurteilen. Dementsprechend kann es sich als notwendig erweisen, neue verkaufsfördernde Maßnahmen einzusetzen. Auch dazu wird eine grundlegende Änderung der Beurteilung in der Regel notwendig.
Der in diesem Beispiel geschilderte Prozeß der *relativen*

Vervollständigung relevanter Information erweist sich als schrittweise Einschränkung der Klasse relevanter Information im Rahmen des Problems. Schritt für Schritt werden zusätzliche *Voraussetzungen* explizit gemacht, auf die gestützt der *Prognostiker* zu seiner Einschätzung der vorliegenden Situation gelangt. Er gewinnt dabei Anhaltspunkte über die *Struktur des Trends*. Die betreffenden Informations-Homomorphismen werden dabei hinsichtlich ihrer Gestalt genauer bestimmt. Führt diese schrittweise Elimination von Informationen anderer Gestalt zu Struktur*komponenten*, die ihrerseits zur Begründung entsprechender Erwartungen führen, ist dadurch das vorliegende Prognoseproblem gelöst. Im Beispiel werden die beiden Teiltrends statistisch an die betreffenden Werteserien angepaßt. Die dadurch erhaltenen Erwartungswerte werden als begründet betrachtet. Wird die Zusatzinformation als zur Lösung des Problems ausreichend betrachtet, besteht voraussetzungsgemäß die Homomorphieeigenschaft der Information auch bezüglich der entsprechend strukturierten Erwartungen, so daß die durch Multiplikation der *getrennt* geschätzten Werte berechnete Zahl der Prognosewert der Gesamtprognose ist. Wie bereits gezeigt, hängt der Abbruch dieses Informationsergänzungs-Prozesses von der Stellungnahme des Prognostikers ab, der in diesem Falle feststellt, daß die entsprechende Homomorphismenklasse *relativ-vollständige* Information im Rahmen des vorliegenden Problems darstellt.

Die bisher geschilderte Informationsvervollständigung führt im Wege über die Einschränkung der relevanten Information in *struktureller* Hinsicht zur Angabe eines in diesem Falle „statistischen Prognosemodells". Der Gesamttrend wird als aus Strukturkomponenten zusammengesetzt dargestellt. Es ist an dieser Stelle wichtig, diesen *Modellbegriff* von dem bei der Behandlung der unterschiedlichen Begründungswege von Erwartungen verwendeten Modellbegriff zu unterscheiden (vgl. II/3 c). Im gegenwärtigen Fall wird unter Rückgriff auf zusätzliche Information die formale Struktur des betreffenden Ausdrucks festzulegen versucht. Es handelt sich dabei um eine der Intention nach *analytische Verknüpfung*. Dagegen wird im Begründungsfall das Bestehen einer bestimmten Struktur *erwartet*. Diese Erwartung wird mit Hilfe entsprechender *relevanter Information begründet*. Die *Realisieung* dieses Modells ist daher ungewiß. Der entsprechende Zusammenhang ist daher eher *synthetischer* Art. Es ist daher streng zwischen „sozialwissenschaftlichen Modellen" und „statistischen Modellen" zu unterscheiden.

Bei der Vervollständigung relevanter Information treten also folgende Situationen für den *Prognostiker* auf:

(i) An Hand von entsprechender Zusatzinformation *identifiziert* dieser Erwartungsausdrücke mit Aussagen, wobei die innere Struktur der entsprechenden Ausdrücke keine Rolle zu ihrer Auszeichnung spielt. Dies ist der Fall bei der Begründung von Trenderwartungen in der unter III/1 a geschilderten Weise. Wir nennen die entsprechende *Zusatzinformation einfach*.

(ii) Er identifiziert Erwartungsausdrücke und Aussagen im Rahmen des vorliegenden Problems an Hand entsprechender Zusatzinformation und nimmt dabei Rücksicht auf die innere Struktur der betreffenden Ausdrücke. In diesem Fall wird die *Zusatzinformation zusammengesetzt* genannt.

2. Goodmans Problem

Die bisher behandelten Prognoseprobleme (vgl. III/1) gehören alle in den Bereich der *quantitativen* Prognose. Es entsteht so leicht der falsche Eindruck, daß die dabei herausgestellten Zusammenhänge zwischen relevanter Information und Zusatzinformation zum Großteil quantitativer Natur sind. Auf den ersten Blick wird man durch die Konstruktion des Prognosemodells in III/1 b in dieser Ansicht bestärkt. Im folgenden Abschnitt wird daher ein Beispiel von rein qualitativem Typ behandelt: das sogenannte *Goodmansche Problem*. Wir gehen dabei von der in der Formulierung *Goodmans* enthaltenen Prognoseproblematik aus. So gehen wir nicht in erster Linie auf die mehr ausgedehnte Diskussion ein, die zu diesem Beispiel vornehmlich unter dem Aspekt der Bestätigung genereller Hypothesen geführt wird. Wir stützen uns lediglich auf eine relativ kleine Zahl ausgewählter Beiträge aus dieser Diskussion, die der Klärung des durch *Goodman* selbst recht unklar beschriebenen Problems dienen sollen. Es läßt sich in der Folge zeigen, daß das *Goodman*sche Prognoseproblem ein inexaktes Problem darstellt. Der schon bei seiner ersten Formulierung hervorgehobene *paradoxe* Charakter – inkompatible Hypothesen werden gleichermaßen konfirmiert – läßt sich auf diesen Charakterzug des Problems zurückführen. Es läßt sich im Anschluß daran zeigen, daß dieses Problem analog zu den Problemen der Trendprognose (vgl. III/1 a) behandelt und gelöst werden kann. Man gelangt auf diese Weise zu einer weiteren Klärung des Lösungsprozesses von inexakten Prognoseproblemen.

a. Das Beispiel Goodmans als Prognoseproblem

Goodman stellt in seinem Buch „Fact, Fiction, and Forecast" das folgende Beispiel zur Diskussion:
„Suppose that all emeralds examined before a certain time t are green. At time t, then, our observations support the hypothesis that all emeralds are green; and this is in accord with our definition of confirmation. Our evidence statements assert that emerald a is green, that emerald b is green, and so on; and each confirms the general hypothesis that all emeralds are green. So far, so good.
Now let me introduce another predicate less familiar than ‚green'. It is the predicate ‚grue' and it applies to all things examined before t just in case they are green but to other things just in case they are blue. Then at time t we have, for each evidence statement asserting that a given emerald is green, a parallel evidence statement that that emerald is grue. And the statements that emerald a is grue, that emerald b is grue, and so on, will each confirm the general hypothesis that all emeralds are grue. Thus according to our definition, the prediction that all emeralds subsequently examined will be green and the prediction that all will be grue are alike confirmed by evidence statements describing the same observations. But if an emerald subsequently examined is grue, it is blue and hence not green. Thus also we are well aware which of the two incompatible predictions is genuinely confirmed, they are equally well confirmed to our present definition" (*Goodman* 1965, S. 73 f.).

Es scheint notwendig, diese Textstelle zu zitieren, und nicht bereits in einer verkürzten Fassung oder gar in Gestalt einer Übersetzung. Sie enthält nämlich eine große Zahl unterschiedlicher Aspekte und Fragestellungen, obwohl sie auf den ersten Blick als einfache Schilderung eines Beispiels erscheint. Dieser irrige Eindruck dürfte ein Grund dafür sein, daß seit der Einführung dieses Beispiels durch *Goodman* im Jahre 1955 (und 1946 in etwas abweichender Fassung) die Diskussion zur damit angedeuteten Problematik bis heute nicht abgerissen ist. Jede solche veränderte Fassung stellt naturgemäß den Aspekt in den Vordergrund der Betrachtung, für den sich ihr Urheber besonders interessiert. Es ist aber zunächst wichtig, wenigstens eine Ahnung von der Vielfalt der Probleme zu erhalten, die mit der Einführung dieses Beispiels in der durch *Goodman* gewählten Gestalt angesprochen ist.

Goodman selbst stellt dieses Beispiel in den Zusammenhang seiner Theorie der *Bestätigung* genereller Hypothesen. Dementsprechend werden aus Anlaß der Untersuchung von Smaragden auf ihre Farbe hin zwei derartige Hypothesen bestätigt:

(i) Alle Smaragde sind grün.
(ii) Alle Smaragde sind grue.

Bei ‚grün' und ‚grue' handelt es sich laut *Goodman* um zwei verschiedene Farbprädikate, d. h. sie treffen nicht auf jeden Gegenstand zugleich zu. Entsprechend der Voraussetzung, daß die Anwendung von ‚grün' auf beliebige Gegenstände stets in intuitiv gerechtfertigter Weise geschieht, wird ‚grue' folgendermaßen erklärt: ‚grue' trifft auf einen Gegenstand zu genau dann, wenn eine vor einem bestimmten Zeitpunkt t durchgeführte Farbuntersuchung zum Resultat führt, daß dieser Gegenstand grün ist, im Falle, daß diese Untersuchung aber nicht vor t durchgeführt wird, führt sie zum Ergebnis, daß dieser Gegenstand blau ist.

Mit Hilfe dieser Definition des Prädikats ‚grue' sieht

man, daß die Hypothese (ii) im Falle, daß die Farbuntersuchung nach dem genannten Zeitpunkt t erfolgt, durch einen Smaragd nur dann bestätigt wird, wenn dieser *blau* ist. Ergänzt man – das tut *Goodman* stillschweigend – die gegebene Schilderung durch eine Erklärung des Prädikats ‚grün‘, so ergibt sich, daß (i) für eine Untersuchung nach t grün zu sein hat, soll es auf einen Gegenstand zutreffen: Ein grüner Smaragd bestätigt somit die Hypothese (i) unter den gegebenen Umständen. Die nachzutragende Definition von ‚grün‘ lautet:

‚grün‘ trifft auf einen Gegenstand zu genau dann, wenn dieser zu einem beliebigen Zeitpunkt auf seine Farbe untersucht grün ist.‘

Wir kommen auf die genannten Definitionen der Farbprädikate an geeigneter Stelle zurück. Zunächst sieht man, daß die gleichermaßen durch die bisher durchgeführten Farbuntersuchungen an Smaragden bestätigten Hypothesen (i) und (ii) nicht zugleich durch die Farbuntersuchung eines Smaragds bestätigt werden können, falls diese nach dem Zeitpunkt t erfolgt. In diesem Falle müßte nämlich ein bestimmter Smaragd zugleich die Farbe blau und grün haben, was sicherlich unmöglich ist. Während also jedes Ergebnis einer vor t durchgeführten Farbuntersuchung von Smaragden beide Hypothesen zugleich bestätigt, wird eine der beiden Hypothesen durch eine nach t erfolgende Untersuchung von Smaragden widerlegt. Auf Grund der geschilderten Situation ist aber nicht festzustellen, welche von diesen beiden Hypothesen die widerlegte sein wird. Darin besteht das Problem der Bestätigung von Hypothesen, das durch *Goodman* an dieser Stelle angesprochen wird.

Die zitierte Schilderung enthält aber einen davon wesentlich verschiedenen Aspekt. *Goodman* spricht nämlich im Zusammenhang mit den genannten generellen

Hypothesen auch von *Vorhersagen:*

(i′) Alle Smaragde werden grün sein.
(ii′) Alle Smaragde werden grue sein.

Er bezeichnet sie als *inkompatibel,* indem er sich auf folgende Argumentation stützt: Betrachtet man einen bestimmten Smaragd S, der nach t untersucht wird und sich dabei als grue herausstellt, so ist er erklärungsgemäß blau.

Betrachtet man dagegen einen Smaragd S′, der nach t untersucht wird und sich dabei als grün herausstellt, so ist er entsprechend der nachgetragenen Erklärung von ‚grün‘ tatsächlich grün. Ein und derselbe Smaragd S – nach t untersucht – ist gemäß (i) grün, gemäß (ii) aber blau. Die Begriffe ‚grün‘ und ‚grue‘ haben *unterschiedliche Extension.*

Dieser für die durch *Goodman* angestrebte Lösung des Problems zentrale Begriff des „Konflikts" zwischen Hypothesen kann in sehr *unterschiedlicher* Weise interpretiert werden. Besonders klar weist *Kahane* auf diesen Tatbestand hin:

„Three plausible answers to this question come to mind. First, conflict can be assumed for purely logical reasons. For example, we can assume that projection of the hypothesis ‚All emeralds are non-green‘ conflicts with the projection of (H–1), because logic precludes the possibility of an emerald being both green and non-green ... Second, one might appeal to information obtained via other inductive generalizations. For example, one might conclude that an emerald cannot be both green and blue because of an inductive inference such as ‚All green things are non-blue‘, for which there are innumerable confirming instances ...
Finally, one might appeal to the *meanings* of terms used

as consequent predicates. For example, one might claim that (H–1) and (H–2) conflict because if something is grue after time t then it is blue, and it follows from the meanings of the terms ‚blue' and ‚green' that if something is blue it cannot be green" (*Kahane* 1965, S. 380).

Unter (H–1) versteht er dabei unsere Hypothese (i), unter (H–2) unsere Hypothese (ii). Er versucht, in diesem Zusammenhang zu zeigen, daß *Goodman* seinem Ansatz entsprechend eher der ersten Auffassung zuneigen müßte, von der er behauptet, sie führe nicht zu dem von *Goodman* im Rahmen seiner *Entrenchmenttheorie* angestrebten Lösung. Er selbst bekennt sich zur dritten der genannten Auffassungen. Die zweite Auffassung sieht er dagegen als grundsätzlich nicht akzeptabel an, weil dadurch das Problem der adäquaten Präzisierung des Konfliktbegriffs nur auf die Ebene der genannten Hypothese über den empirischen Zusammenhang zwischen den Prädikaten „grün" und „blau (nicht-grün)" verschoben wird. Diese Stellungnahme *Kahanes* zum Problem *Goodmans* ist vor allem dadurch interessant, daß er auf die *Unklarheit* des Konfliktbegriffs hinweist (a), aber auch dadurch, daß er klar zwischen *syntaktischer* und *semantischer* Ebene des Problems unterscheidet, was in der Darstellung *Goodmans* vermieden wird (b). Im Hinblick auf unsere folgende Analyse dieses Problems ist aber besonders seine Argumentation gegen die *rein logische* Interpretation als Mittel zur Lösung des Problems interessant:

„Clearly an assumption of this kind is acceptable, but if the entrenchment theory is to function properly, other reasons must be available for the assumption of conflict, since (H–2), and most other unwanted hypotheses, cannot be eliminated in this way" (*Kahane* 1965, S. 380).

Die vorgeschlagene Interpretation des Konfliktbegriffs

ist also zwar möglich, sie ist aber zur Behandlung des vorliegenden Problems *inadäquat*. Er erläutert diesen Einwand, indem er auf das Fehlen jedes *logischen Grundes* dafür hinweist, daß die *Projektionen* von (i) und (ii) sich logisch *widersprechen*: Diese Projektionen sind unsere Voraussagen (i') und (ii') (vgl. *Kahane* 1965, S. 381). Der Auffassung *Kahanes* nach muß ein derartiger Widerspruch erst definitorisch gefordert werden, um zu bestehen. Seiner Ausdrucksweise entsprechend handelt es sich dabei um die Voraussetzung *analytischer* Zusammenhänge. Er weist in diesem Zusammenhang darauf hin, daß *Goodman* selbst der Annahme derartiger Zusammenhänge ablehnend gegenübersteht, da sie ein Festhalten an der durch ihn kritisierten vollständigen Disjunktion zwischen „Analytisch" und „Synthetisch" voraussetzt. *Kahane* unterscheidet also hier zwischen Projektionen und beschreibenden Aussagen hinsichtlich ihrer semantischen Bewertung und weist zugleich auf die oben geschilderte Vieldeutigkeit der *Goodman*schen Darstellung des Problems hin: *Goodman* neigt offensichtlich dem geschilderten konfirmationstheoretischen Standpunkt zu, was seine Formulierungen betrifft. Von der Sache her aber steht er eher dem Standpunkt des Prognostikers näher. Allerdings muß aber *Kahane* entgegengehalten werden, daß auch seine Stellungnahme, wonach es sich bei der Präzisierung des Konfliktbegriffs um ein rein semantisches Problem handelt, bei ihm nicht in der Weise klargestellt ist, daß dadurch eine Lösung des vorliegenden Problems erreicht werden könnte. Dies werden die folgenden Überlegungen noch deutlich zeigen:

Beide genannten Problemkreise – Konfirmationsproblem und Prognoseproblem – werden in der vorliegenden Schilderung in einen engen Zusammenhang gebracht.

Er wird – wie bereits erwähnt – allerdings an keiner Stelle expliziert erläutert. Zum Ausdruck gelangt lediglich die Ansicht, daß eine *bestätigte Hypothese* eine *begründete Erwartung* nach sich zieht. In ihrer extremen Gestalt führt diese Annahme zu einer *Identifizierung* der Hypothesen (i) und (ii) mit den Erwartungen (i') und (ii'). Sie werden dann beide als *logische Allsätze* aufgefaßt. Die dargestellten *Vorhersageprozesse* entsprechen unter dieser Voraussetzung der Anwendung des logischen *Spezialisierungs-Schlusses:* Vorausgesetzt, daß es einen nach t untersuchten Smaragd S gibt, erhält man so aus der *generellen Aussage* (i) die *singuläre Aussage* „S ist grün" und aus der entsprechenden Aussage (ii) die *singuläre Aussage* „S ist blau". Diese beiden Aussagen werden voraussetzungsgemäß mit den *Erwartungen* „S wird grün sein" und „S wird blau sein" *identifiziert*. Auf diese Weise erhält man für den Smaragd S die „inkompatiblen" Prognosen. Sie stehen in *logischem Widerspruch* zueinander. Die generellen Hypothesen stehen gemäß der logischen Version *Kahanes* in *Konflikt* zueinander.

Der Versuch einer derartigen *aussagenlogischen* Präzisierung des Problems geht auf *Scheffler* zurück. Er bringt dazu das folgende Beispiel:

„... while the available evidence clearly supports:

(S_1) All specimens of copper conduct electricity.

And clearly disconfirms its contrary:

(S_2) All specimens of copper do not conduct electricity.

This is not sufficient to yield the particular induction concerning a new copper specimen c, to be examined:

(S_3) c conducts electricity.

Since the same evidence also and equally supports:

(S_4) All specimens of copper are either such that they have been examined prior to t and conduct electricity or have not been examined prior to t and do not conduct electricity.

While clearly disconfirming its contrary:

(S_5) All specimens of copper are either such that they have been examined prior to t and do not conduct electricity or have not been examined prior to t and do conduct electricity.

Thus giving rise to the negate of S_3:

(S_6) c does not conduct electricity.

If it is assumed true that:

(S_7) c has not been examined prior to t.

For cases assumed new, then, the generalization formula selects no particular inductions at all" (*Scheffler* 1958, S. 178 f.).

In diesem Beispiel zeigt er seiner Meinung nach, daß eine bestimmte Voraussetzung über das induktive Räsonieren – er nennt sie „generalization formula" – nicht gilt. Dieser Voraussetzung entsprechend wird eine singuläre Prognose dadurch gerechtfertigt, daß sie aus einer empirischen Generalisierung unter geeigneten Voraussetzungen logisch abgeleitet werden kann (vgl. *Scheffler* 1958, S. 177).

Er stellt nun im folgenden Beispiel derartige Schlußweisen auf der Basis derselben Evidenz dar und zeigt zugleich, daß gemäß der genannten Formel ein aussagenlogischer Widerspruch abgeleitet werden kann (S_3, S_6). Diese Darstellung wird durch *Smokler* auf das Beispiel *Goodmans* selbst angewandt. (Vgl. *Smokler* 1966, S. 71 f.). Entgegen der Meinung *Smoklers*, der lediglich die folgenden beiden Voraussetzungen zur Durchführbarkeit dieser Schlußweise anführt:

„For our purposes the following ones are crucial:

(P1) Inductive rules function as rules of acceptance permitting one to assert conclusions separately.

(P2) Any molecular predicate which is a truthfunction of meaningful atomic predicates is admissable in the language to which rules of inductive logic are applicable" *(Smokler 1966, S. 71).*

muß an dieser Stelle die wichtige Voraussetzung genannt werden, wonach die oben geschilderte *Identifizierung* zwischen logischen All*aussagen* und *Erwartungen* genereller Sachverhalte in den genannten Beispielen zulässig ist. Erst unter dieser Voraussetzung nämlich läßt sich aus der Erwartung, daß Kupferstücke Elektrizität leiten (S_1') und der Erwartung, daß c ein Kupferstück ist, *logisch* ableiten, daß c Elektrizität leitet (S_3). Fällt diese Identifizierung fort, folgt lediglich die *Erwartung*, daß c Elektrizität leitet. Wir haben dann den Fall einer *modellhaften* Erwartungsbegründung vor uns (vgl. II/3 b). Dagegen wird bei *Scheffler* und bei *Smokler* eine *empirische* Erwartungsbegründung vorgeführt. Entsprechendes gilt auch für den Schluß von (S_7) auf (S_6) mit Hilfe von (S_4). An seine Stelle tritt bei Wegfall der genannten Voraussetzung die *modellhafte* Begründung der Erwartung, daß c nicht Elektrizität leitet. Die Voraussetzung – sie wird bei *Scheffler* und bei *Smokler* gemacht –, daß die Aussagen (S_2) und (S_4) durch die empirische Evidenz gesichert sind, entspricht der Vorausetzung, daß die entsprechenden Erwartungen begründet, also Modelle der entsprechenden Situation sind. Diese Modelle geben zur Begründung von Erwartungen über Sachverhalte, die nicht zugleich auftreten können, Anlaß. Wie *Kahane* mit Recht bemerkt, besteht zwischen diesen *Modellprognosen kein* logischer *Widerspruch*. Dagegen beziehen sich die beiden durch *Smokler* genannten Voraussetzungen (P1, P2) auf Funktion und Gestalt der zum jeweils entsprechenden logischen Schluß herangezogenen generellen Prämissen. Daher können die durch *Smokler* diskutierten Lösungsvorschläge – sie bestehen in einem Fallenlassen von (P1) *oder* von (P2) – nicht zum Ziel führen. Die besprochene Identifizierung zwischen *Erwartung* und *Aussage* wird dazu bereits vorausgesetzt.

Angesichts der geschilderten Problematik bei der Interpretation des Beispiels von *Goodman* zeigt sich die Notwendigkeit einer klaren Trennung der genannten Auffassungen. Wir klammern daher im Folgenden den *Bestätigungsaspekt* des Problems aus und wenden uns dem *Prognoseaspekt* zu. Entsprechend dieser Einschränkung der Interpretation geben wir zunächst eine Fassung des Beispiels als Prognoseproblem:

In einer Reihe von Untersuchungen wird für jeden dabei beobachteten Smaragd festgestellt, daß er grün ist. Gestützt auf diese Feststellungen *erwartet* man, daß auch die zu einem späteren Zeitpunkt t′ durchgeführte Untersuchung U zum Ergebnis führen wird, daß der betreffende Smaragd grün sei. In derselben Weise läßt sich auch die Erwartung bezüglich der zu t′ durchgeführten Untersuchung U begründen, wonach dieser Smaragd *grue* sei. ‚grue' ist in der durch *Goodman* angegebenen Art erklärt. Welche dieser beiden Erwartungen – sie lassen sich in U zum Zeitpunkt t′ für einen und denselben Smaragd S jedenfalls nicht zugleich *realisieren* – ist in diesem Problem als *Prognose* zu betrachten? –

In dieser Schilderung tritt – das sei zu Beginn der Untersuchung festgehalten – jedenfalls kein logischer Widerspruch auf. Allerdings werden die genannten Erwartungen trotzdem als in gewissem Sinne unvereinbar betrachtet.

Im Gegensatz zur zitierten Schilderung *Goodmans* wird in der eben gegebenen Schilderung dieses Falles als Prognoseproblem *nicht* von logischen *Allaussagen* gesprochen. Vielmehr treten hier nur singuläre Aussagen auf, in denen, bezogen auf eine bestimmte Untersuchung, einem Smaragd eine bestimmte Farbe zugesprochen wird. Es wird demzufolge *direkt* prognostiziert und nicht gestützt auf ein bestimmtes *Modell*. Es ist ohne Zweifel ebenso möglich, den oben dargestellten *Übergang* zwischen genereller Aussage und Erwartung eines durch generelle Aussagen beschriebenen Sachverhalts genauer zu verfolgen. Abgesehen von der technischen Verkomplizierung, die sich durch die zusätzliche Einführung der logischen Allgeneralisierung ergibt, ändert sich jedoch nichts an der Betrachtung: Was am *Prognoseproblem Goodman*s interessiert, ist der Vorgang der direkten Begründung der entsprechenden Erwartung, sei es in singulärer oder genereller Gestalt. Wir schränken daher die folgende Betrachtung in der angegebenen Weise auf singuläre Fälle ein.

Betrachtet man die auftretenden Aussagen näher, so stellt man zunächst fest, daß ihr *Wahrheitswert* nur bezogen auf eine bestimmte *Untersuchung* feststellbar ist. Man kann nicht sagen: „S ist grün" sei für einen beliebigen Smaragd S *wahr* bzw. *falsch*. Es muß jedenfalls dazugesagt werden, daß diese Aussage *das Resultat* der Untersuchung U beschreibt. U wird dabei durch ganz bestimmte Regeln festgelegt, die garantieren, daß die entsprechend durchgeführte Untersuchung tatsächlich zu einwandfreien Ergebnissen führt. So muß U als Untersuchung zur Feststellung *der* Farbe eines Objekts jedenfalls bei *normaler* Beleuchtung erfolgen, die bei Untersuchung jedes entsprechenden Objekts nicht verändert werden darf. Es dürfen keinerlei optische oder chemische Veränderungen auftreten. Der Beobachter soll sich während jeder der genannten Untersuchungen im wesentlichen gleich verhalten, usf. Im vorliegenden Beispiel werden die Farbuntersuchungen durchgehend nach den eben genannten Regeln durchgeführt. Sie unterscheiden sich *nur* dadurch, daß bei jeder Untersuchung *genau ein* Smaragd beobachtet wird. Jede der genannten Untersuchungen läßt sich daher von jeder anderen durch Einführung des Index t unterscheiden. Er kennzeichnet die Zeitspanne einer auf den Smaragd S angewandten Untersuchung bis zur Ermittlung des Ergebnisses. In der Schilderung des Beispiels wird der Einfachheit halber stillschweigend vorausgesetzt, daß die Untersuchungen in einer eindeutig bestimmten Reihenfolge vorgenommen werden: Solange der Smaragd S untersucht wird, wird der andere Smaragd S' nicht untersucht.

Häufig wird versucht, diesen Zusammenhang zwischen Untersuchung U und *ihrem* Ergebnis – beschrieben durch ein *Farbprädikat* – in rein syntaktischer Gestalt zu fassen. Ein Ansatz dazu geht auf *Scheffler* (vgl. *Scheffler* 1958) zurück und wird durch *Smokler* in sehr klarer Weise ausgeführt:

„(D) (Green (x) . Kx) v (Blue (x) . –Kx) This is the way that Goodman defines the predicate ‚grue (x)'" (*Smokler* 1966, S. 72).

Das Prädikat „grue" wird als Disjunktion zweier Konjunktionen syntaktisch festgelegt. Dabei steht Kx für „x ist zu einem Zeitpunkt t vor K untersucht" (vgl. *Smokler* 1966, S. 71). *Smokler* liest den Ausdruck (D) in der folgenden Weise: „x ist entweder vor K untersucht und (dabei) grün oder (aber) nicht vor K untersucht und (dabei) blau." Die genannte syntaktische Struktur läßt sich aber genausogut in einer Weise auffassen, die der Absicht *Smoklers nicht* entspricht: „x ist entweder grün und wird (daher) vor K untersucht oder x ist grün und wird (daher) nicht vor K untersucht." – Im erstgenannten Fall erscheint die Farbfeststellung wie in der Schilderung des Beispiels als Ergebnis einer zu einem bestimmten Zeitpunkt durchgeführten Untersuchung. Die zweite Version dagegen geht davon aus, daß die Objekte x bereits hinsichtlich ihrer Farbe unterschieden sind. Der Zeitpunkt der Durchführung einer Untersuchung richtet sich nach dieser Feststellung. Der Grund für diese im Sinne *Smoklers* unerwünschte Lesart liegt in der *aussagenlogischen* Struktur des Ausdrucks (D): Jedes der *aussagenlogisch verknüpften* primitiven Prädikate: „Green(x)", „Blue(x) Und „Kx" – wird *unabhängig* von allen übrigen Prädikaten semantisch belegt. So ist vorauszusetzen, daß z. B. „Green(x)" für jedes festgewählte x entweder *wahr* oder *falsch* ist – einerlei ob der dadurch beschriebene Sachverhalt Ergebnis einer durchgeführten Untersuchung ist oder nicht. Entsprechendes gilt für das Prädikat „Kx": Es erhält laut Voraussetzung einen bestimmten der Werte *wahr* oder *falsch*, sofern nur x entsprechend gewählt ist. Ob der geschilderte Sachverhalt – die Durchführung einer Untersuchung zum entsprechenden Zeitpunkt – irgendeine Farbfeststellung als Resultat hat oder nicht, spielt dabei keine Rolle. Gerade der Zusammenhang zwischen Durchführung einer Untersuchung und ihrem Resultat ist aber zur Beschreibung des *Goodmanschen Prognoseproblems* von größter Bedeutng.

Es ist daher kaum verwunderlich, wenn Versuche, *projektible* Prädikate an Hand syntaktischer Überlegungen auszuzeichnen, nicht zum Ziele führen. Besonders bekannt ist der Versuch *Carnaps* (vgl. *Carnap* 1947 a, S. 146), Prädikate in drei Gruppen einzuteilen: in *positionale*, *qualitative* und *gemischte* Prädikate. Im Anschluß daran behauptet er, daß *nur* die *qualitativen* Prädikate in Prognosen auftreten können – also *projektierbar* sind. Er geht dabei davon aus, daß die Prädikate wie z. B. „Green(x)" und „Blue(x)" *unabhängig vom Zeitpunkt* einer eventuell durchgeführten Untersuchung semantisch belegt werden: Der beschriebene Sachverhalt beinhaltet keinen Zeitbezug. Dagegen sind Prädikate wie z. B. „Grue(x)" in ihrer semantischen Belegung *abhängig* vom Zeitpunkt einer durchgeführten Untersuchung. Er nennt Prädikate der ersten Art *qualitativ*, Prädikate der zweiten Art dagegen *gemischt*. Als rein *positional* kennzeichnet er Prädikate der Art von „Kx", da hier der Wahrheitswert *ausschließlich* vom Zeitpunkt der Durchführung der Untersuchung abhängt. Bei dieser Unterscheidung ist die Deutung des Index t als Zeitzeichen nicht ausschlaggebend. Wichtig ist dabei lediglich die ausgedrückte Beziehung der genannten Prädikate zu einem festgelegten formalen Ordnungssystem, die *Carnap* in der Folge durch die Konstruktion bestimmter Sprachstrukturen – er nennt sie *Koordinatensprachen* (vgl. *Carnap* 1968 b, S. 163 ff.) – besser zu erfassen versucht.

Dieser Vorschlag *Carnaps* regte eine ausgedehnte Diskussion an, in deren Verlauf die damit verbundene Problematik klar hervorgehoben wird. Den Kern dieser Fragen bildet die bereits angedeutete formale Symmetrie, die in der syntaktischen Fassung des Prognoseproblems mit aussagenlogischen Mitteln zum Ausdruck gelangt. Die im Sinne *Carnaps* qualitativen – also projektiblen – Prädikate, z. B. „Green (x)" können folgendermaßen erklärt werden: „Green (x) . Kx v Green (x) . –Kx" – Im Unterschied zu dem ursprünglichen „Green (x)" tritt nunmehr ein gleichlautendes Prädikat auf, das seiner Struktur nach dem *gemischten* Prädikat „Grue (x)" entspricht. Es besteht aber zunächst kein Grund dafür, zu verlangen, daß ein Prädikat ausschließlich in einer bestimmten Gestalt zu erklären ist. Geht man von der eben geschilderten Unabhängigkeit der Prädikate voneinander aus, erscheint die eben skizzierte Erklärung eines – *zufälligerweise* – zu allen Zeitpunkten gleich bewerteten Prädikats durchaus sinnvoll. Es kann kaum entschieden werden, ob die Belegung *grundsätzlich* positionsunabhängig oder aber *zufällig* positionsunabhängig erfolgt! – Im Rahmen der genannten Diskussion wird diese Symmetrie meist dazu benutzt, weitere *Goodman*-Prädikate zu erklären und zu zeigen, daß die *Positionalität* eine relative – und nicht wie von *Carnap* vorausgesetzt eine absolute – formale Eigenschaft von Prädikaten ist. Wir führen als Beispiel eine entsprechende Stelle aus einer Arbeit von *Barker* und *Achinstein* an, in der die genannten Autoren in der Folge versuchen, die *Absolutheit* der *Positionalität* von Prädikaten auf einem semantischen Wege zu retten:

„It ist true that a person brought up to speak the language of green and blue will not understand ‚grue' and ‚bleen' unless these latter are defined for him in terms of green and blue and time. But, Goodman, will insist, a person brought up to speak the language of grue and bleen will define ‚green' and ‚blue' in an exactly symmetrical manner:..." *(Barker/Achinstein* 1960, S. 512).

‚Bleen' ist ein Prädikat, das auf ein Objekt x zutrifft genau dann, wenn x blau ist und x vor K untersucht ist oder x grün ist und nicht vor K untersucht ist. Die *Positionalität* von „grue" bzw. „bleen" besteht also nur innerhalb der erstgenannten Situation, in der man sich dafür entschieden hat „blue" und „green" als *qualitativ* zu betrachten. In der zweiten Situation, in der die Entscheidung für die Qualitativität von „grue" und „bleen" ausfällt, ist „blue" bzw. „green" als *positional* zu betrachten. In jedem der genannten Fälle wird also das Prognoseproblem dadurch gelöst, daß man eben der Ansicht Ausdruck verleiht, wonach die eine oder die andere Situation in gewissem Sinne natürlicher ist. Hierbei kann es sich jedoch nur um eine Scheinlösung handeln: Man hat sich eben schon für oder gegen eine entsprechende Prognose entschieden! – Auf dieses harte Faktum macht besonders *Ullian* aufmerksam, der auf den angedeuteten Lösungsvorschlag durch Rücksichtnahme auf nicht syntaktische Gesichtspunkte eingeht und schreibt: „Barker and Achinstein have failed to accept what is patently clear. One extension is as good as another for a class qua class, no matter how much (or how little) its description may cut across the boundaries of our ordinary classifications. Unless we priviledge special classes – and logic alone cannot allow to do this – there is no hope of distinguishing those extensions which may be taken as belonging to bona fide predicates" (*Ullian* 1960, S. 388 f.).

Solange die geschilderte aussagenlogische Fassung des Prognoseproblems von *Goodman* den Unterscheidungsversuchen zugrundegelegt wird, ist jeder derartige Versuch zum Scheitern verurteilt: Er muß immer danach trachten, bestimmte im Sinne der Aussagenlogik mögliche Auffassungen durch Hinweis auf außerlogische – genauer nicht-syntaktische – Gründe zurückzuführen. Dadurch wird aber zugleich vorausgesetzt, daß die Extension der betreffenden Begriffe bestimmt, und daß sie nicht bestimmt ist. Es wird also eine logische Unmöglichkeit verlangt. Bezogen auf eine sehr einfache formale Sprache kann nach *Leblanc* die eben herausgearbeitete Struktur des Prognoseproblems aufgewiesen werden (vgl. *Leblanc* 1963 a, S. 49 f.): Die Sprache L enthalte die Individuenkonstanten c_i mit $i = 1, 2, \ldots n$; ferner ein zweistelliges Prädikat G (c_i, c_j), das die *Identität* der genannten Individuen ausdrückt. Weiters enthält L noch ein einstelliges Prädikat F, dessen Bedeutung beliebig festgelegt ist. Auf dieser Grundlage läßt sich mit Hilfe der ebenfalls in L enthaltenen aussagenlogischen Verknüpfungen das folgende Prädikat *erklären:*

$F_m =$ Def. $(F(x) \cdot (G(x,c_1) \vee G(x,c_2) \vee \ldots \vee G(x,c_m))) \vee$
$\vee ((-Fx) \cdot (G(x,c_{m+1}) \vee \ldots \vee G(x,c_n)))$.

Es läßt sich nun zeigen, daß für dieses Prädikat gilt:
'$F_m(c_i) = F(c_i)$' für i kleiner oder gleich m.
'$F_m(c_i) = (-F(c_i))$' für i größer als m.

Das Prädikat F_m weist also die formalen Eigenschaften des *Goodman-Prädikats* „grue" auf. Deutet man die Konstanten c_i als Zeichen der einzelnen Smaragde, F als das Prädikat „green" und (-F) als das Prädikat „blue" (vgl. *Smokler* 1966, S. 72), entspricht F_m offensichtlich dem Prädikat „grue". – In der hier vorliegenden Sprache L läßt sich die Klasse aller Smaragde c_i aufzählen, deren Untersuchung zum Ergebnis F („green") führt. Ebenso ist auch die Klasse der Smaragde aufzählbar, deren Untersuchung zum Resultat (-F) („blue") führt. Entsprechend bringt die m-gliedrige Disjunktion $(G(x,c_1) \vee \ldots \vee G(x,c_m))$ zum Ausdruck, daß das Individuum x einer von den untersuchten Smaragden c_1, ..., c_m ist. Die im zweiten Disjunktionsglied auftretende Disjunktion bedeutet, daß x einer der noch nicht untersuchten Smaragde ist.

Die Erklärung des *Goodman*-Prädikats in der syntaktischen Gestalt setzt also lediglich voraus, daß die Klasse aller untersuchten Objekte in zwei sich ausschließende Teilklassen zerfällt werden kann, sodaß jedes Individuum x zu genau einer dieser Teilklassen gehört. Es ist daher keinesfalls Voraussetzung der Erklärung dieses Prädikats, daß die Objekte in einer festgelegten Ordnung untersucht werden. Entsprechend lassen sich Problemsituationen angeben, in denen nicht von Zeitpunkten die Rede ist. Es werden dann andere unterscheidende Merkmale angegeben, wie z. B. der Besitzstand von Personen, die durch einen Richter entsprechend einem *Goodman*-Prädikat behandelt werden sollen (vgl. *Blackburn* 1973, S. 73). Die *Extensionen* der Prädikate müssen aber in jedem Fall *festgelegt* sein. Das durch *Leblanc* beschriebene Problem ist rein formaler Art. Sieht man es jedoch im oben angedeuteten Sinne als eine formale Fassung des Prognoseproblems von *Goodman*, so ist dadurch die eben genannte Forderung in Frage gestellt: Die Konstanten c_i kennzeichnen die unterschiedlichen *Smaragde*, die der Untersuchung unterworfen werden. Die Frage, ob ein bestimmter Smaragd c der Klasse der bereits untersuchten Smaragde angehört oder aber der Klasse der noch zu untersuchenden Smaragde, läßt sich *nicht* eindeutig beantworten: Eine bestimmte Untersuchung U kann nämlich auf einen und denselben Smaragd c *wiederholt* angewandt werden. Findet diese Untersuchung vor K statt, so gilt F(c), und c gehört der Klasse der bereits untersuchten Smaragde an. Findet die Untersuchung das erste Mal vor K statt, das andere Mal aber nach K statt, gehört c einmal der einen Teilklasse, das andere Mal der anderen Teilklasse an. Der unter der Voraussetzung der durchgängig eindeutigen Beantwortbarkeit der Frage nach der Zugehörigkeit des Objekts c zu einer der disjunkten Teilklassen ist in diesem Fall *nicht* erfüllt. Diese *Unbestimmtheit* führt sich wieder darauf zurück, daß zur Darstellung des Problems die syntaktische Gestalt der angegebenen Form gewählt wird. Dies führt bei der Fassung durch *Leblanc* zu einer *Identifizierung* von Untersuchungsobjekt und Untersuchungsprozeß, die der Struktur des geschilderten Prognoseproblems nicht entspricht.

Sanford sieht in der eben geschilderten *Unbestimmtheit*

die Möglichkeit zur Aufstellung einer Regel, wonach „grue" nicht projektierbar, „green" dagegen projektierbar ist. Kurz gesagt, besteht der Unterschied zwischen „grue" und „green" nach *Sanford* darin, daß „grue" ein *disjunktives*, „green" dagegen ein *nicht-disjunktives* Prädikat ist. In diesem Sinne kann „green" als strukturell *einfacher* als „grue" betrachtet werden. Es liegt dann nahe, einfachere Prädikate als eher projektierbar anzusehen als kompliziertere. Bei der strukturellen Charakterisierung *disjunktiver Prädikate* geht Sanford davon aus, daß diese eine *wesentlich* disjunktive Gestalt haben. Wird daher „grue" als Disjunktion zweier Konjunktionen betrachtet, so läßt sich zunächst feststellen, daß sich die beiden Teilprädikate „green *und* vor K untersucht" und „blue *und* nicht vor K untersucht" wechselseitig ausschließen. Weiters wird vorausgesetzt, daß alle genannten Prädikate auf bestimmte Smaragde zutreffen: Sie sind alle nicht leer. Andererseits haben wir bereits festgestellt, daß es bezüglich der genannten vollständigen Zerlegung von „grue" in die entsprechenden Teilprädikate Smaragde gibt, deren Zugehörigkeit zu einer der beiden entsprechenden Teilklassen der Extension von „grue" nicht entscheidbar ist. Derartige Smaragde werden *Grenzfälle* genannt (vgl. *Sanford* 1970, S. 163). Man sieht sofort, daß „grue" keine Grenzfälle enthält, die *zugleich* Grenzfälle des einen und des anderen Teilprädikats sind: In diesem Fall müßte es möglich sein, daß ein und derselbe Smaragd zugleich grün und blau ist. Prädikate dieser Art nennt *Sanford* „unverbunden" (disjoint):

„A predicate ist disjoint if it can be partitioned into two subpredicates which have no borderline cases in common" *(Sanford* 1970, S. 163).

Gemäß der intuitiven Vorstellung müßte also „grue"

ein unverbundenes Prädikat sein. Dies läßt sich aber nicht nachweisen, solange man nicht genauer auf die Struktur des vorliegenden Prädikates eingeht. Zur Klärung dieser Frage beschreitet nun *Sanford* folgenden Weg: Er definiert eine Folge von disjunktiven Prädikaten unter immer genauerer Berücksichtigung der Struktur der betreffenden Prädikate. Schließlich gelingt es ihm, eine Klasse disjunktiver Prädikate auszuzeichnen, derart, daß „grue" ihr zuzurechnen ist, „green" dagegen nicht (vgl. *Sanford* 1970, S. 168). Zunächst erklärt er „unzusammenhängende" Prädikate (disconnected):

„A *disconnected predicate* is one which can be partitioned into two subpredicates such that every borderline case of each subpredicate is also a borderline case of the original predicate" *(Sanford* 1970, S. 164 f.)

Hinsichtlich der Zuordnung von „grue" zu dieser Prädikatsklasse bleibt die oben geschilderte Ungewißheit bestehen (vgl. *Sanford* 1970, S. 165). Es ist daher notwendig, weitere Klassen disjunktiver Prädikate zu betrachten. Dazu muß allerdings die zunächst eingeführte strenge Forderung der *vollständigen Zerfällung* von „grue" aufgegeben werden. Es wird in der Folge nicht verlangt, daß sich die Unterprädikate *logisch ausschließen* sollen (vgl. *Sanford* 1970, S. 167). Darauf aufbauend läßt sich folgende Klasse disjunktiver Prädikate definieren:

„A predicate is *inclusively disjunctive* if it can be split into two subpredicates which, although they have borderline cases in common, . . .What kind of borderline case something is of one subpredicate is irrelevant to what kind of borderline case it is of the other: . . ." *(Sanford* 1970, S. 167).

Diese einschließend disjunktiven Prädikate sind also dadurch charakterisiert, daß Grenzfälle der Teilprädikate, die auch Grenzfälle beider gemeinsam sind, ebensogut Grenzfälle jedes Teilprädikats unter Ausschluß des anderen sind: Bezüglich der Grenzfälle spielt in diesem Fall die Abschwächung der Zerlegungsbedingungen keine Rolle. Die Teilprädikate von „grue" weisen diese Struktur auf: Die Zerlegung z. B. von „green und vor K untersucht" in die Teilprädikate „green" und „vor K untersucht" ist jedenfalls nicht logisch-exklusiv. Es gibt ja Smaragde, die grün sind und vor K untersucht werden. Andererseits gilt für jeden Smaragd, der Grenzfall eines der beiden Teilprädikate ist auch, daß er Grenzfall von „green und nicht vor K untersucht" und von „nichtgreen und vor K untersucht" ist. Dies ergibt sich daraus, daß die genannten Grenzfälle *alle* nur im Hinblick auf das Prädikat „vor K untersucht" auftreten. Im Hinblick auf die angestrebte Klassifizierung von „grue" und „green" sind wir damit noch nicht am Ziele angelangt. Hierzu muß noch genauer auf die Struktur dieser Prädikate eingegangen werden. Sowohl „grue" als auch „green" lassen sich bekanntlich in der folgenden Gestalt darstellen:

$Px = (Tx \cdot Sx \vee Ux \cdot (-Sx))$.

Dabei sind T und U Teilprädikate – sie entsprechen im Falle „grue" den Farbprädikaten „green" und „blue". – Das „Grenzprädikat" S entspricht im genannten Beispiel dem Prädikat „vor K untersucht". Im Falle „green" entsprechen T und U dem Prädikat „green". Hinsichtlich S bleibt alles beim alten. Auf dieser Basis läßt sich nun ein *irreguläres* Prädikat erklären („skew") durch die folgende Bedingung:

„If something is a borderline case of one subpredicate and also a borderline case of the boundary predicate, it does not follow that it is a boundary case of the other subpredicate" (*Sanford* 1970, S. 168).

„green" erweist sich gemäß dieser Bedingung als *irregulär*: Ein Smaragd, für den nicht feststeht, ob er unter das Prädikat „green und vor K untersucht" fällt oder nicht, weist dieselbe Unbestimmtheit nicht notwendigerweise auch hinsichtlich des Prädikats „blue und nicht vor K untersucht" auf. Bringt man dagegen „green" in die genannte disjunktive Gestalt, so läßt sich zeigen, daß Grenzfälle hinsichtlich des Teilprädikats „green und vor K untersucht" auch Grenzfälle des Prädikats „green und nach K untersucht" sind. Ein Unterschied in dieser Hinsicht könnte sich nur im Hinblick auf „vor K untersucht" ergeben, da in beiden Fällen „green" gilt. Dies jedoch ist nicht möglich (vgl. *Sanford* 1970, S. 168). Damit ist das angestrebte Ziel scheinbar erreicht: „grue" ist als *irreguläres* Prädikat in einem wesentlichen Sinne *disjunktiv* – es läßt sich daher nicht einer Prognose zugrunde legen – „green" dagegen ist als nichtirreguläres Prädikat auch *nicht* in einem wesentlichen Sinne *disjunktiv*. Es läßt sich daher einer Prognose zugrunde legen.

Betrachtet man allerdings das vorliegende *Prognoseproblem* genauer, so sieht man, daß *Sanford*, indem er die syntaktische Gestalt einer Disjunktion von Konjunktionen seiner Untersuchung zugrunde legt, die bereits aufgewiesene *Unbestimmtheit* durch seinen Begriff des *Grenzfalles* eines Prädikates nicht adäquat erfassen kann. Da die zugrunde liegende syntaktische Gestalt der Erklärung der Prädikate nicht ausreicht, um den *Ergebnischarakter* des durch die Farbprädikate beschriebenen Sachverhalts hinsichtlich der durchgeführten Untersuchung hervorzuheben, setzt auch die Betrachtung *Sanfords* die Unabhängigkeit zwischen Ergebnis und Untersuchung voraus: Ein Grenzfall im Sinne *Sanfords* ist ein Individuum, dessen Elementcharakter bezüglich der entsprechenden Extension nicht entschieden werden kann. Die hierbei zugrunde liegende Entscheidung wird also für jedes der genannten Prädikate *besonders* getroffen. Ein Smaragd S ist demnach Grenzfall des Prädikats „vor K untersucht", wenn der Untersuchungszeitpunkt von S nicht festliegt. Entsprechend ist S Grenzfall von „green", wenn die Farbe von S nicht bestimmt ist, usw. Die Eigenschaft eines Smaragds S, Grenzfall des erstgenannten Prädikats zu sein, ist daher unabhängig von der Eigenschaft von S, Grenzfall des anderen Prädikats zu sein, beurteilbar. Ist dagegen das Resultat der Untersuchung U hinsichtlich der Farbe von S *unbestimmt*, so kann diese Feststellung über dieses Resultat nur in *Abhängigkeit* von der Eigenschaft von S, Untersuchungsobjekt bei U zu sein, getroffen werden. Hinsichtlich einer Untersuchung U', in der S nicht untersucht wird, ist die Behauptung sinnlos, daß man nicht wisse, ob S die Farbe F habe oder nicht! – Die von *Sanford* versuchte Einbeziehung von unbestimmten Fällen in die Betrachtung des Prognoseproblems löst daher dieses Problem nicht.

Die Struktur des vorliegenden Prognoseproblems läßt sich also nicht unter Anwendung der Syntax der Aussagenlogik klären. In allen entsprechenden Versuchen wird die Beziehung zwischen einer bestimmten Untersuchung und ihrem Resultat nicht beachtet: Die durch bestimmte Regeln charakterisierten einzelnen Untersuchungen der Beobachtungsserie *führen* zu je einem Ergebnis, wonach eben der dabei untersuchte Smaragd die Farbe F hat. Dieses Resultat läßt sich durch das Prädikat „S hat die Farbe F" beschreiben. Die Beschreibung ist *wahr* genau dann, wenn bei der durchgeführten Untersuchung U des Smaragds S die Farbe von S sich als F erweist. Nehmen wir also an, S erweise sich bei der

Untersuchung U als grün, so gilt: „S ist grün" bezüglich U ist wahr. Stellt man bei dieser Untersuchung aber eine andere Farbe bei S fest, so ist „S ist grün" bezüglich U falsch. Entsprechendes gilt auch für das Prädikat „grue". Die beiden genannten Prädikate sind als Beschreibung der Resultate von Farbuntersuchungen an Smaragden völlig gleichrangig: Sie lassen sich beide in der gleichen Weise durch die angedeutete semantische Belegungsregel festlegen. Es gilt:

„S ist grün" ist *wahr* bezüglich U genau dann, wenn die Untersuchung U ergibt, daß S grün ist.

„S ist grue" ist *wahr* bezüglich U genau dann, wenn die Untersuchung U ergibt, daß S grue ist.

Diese beiden Prädikate unterscheiden sich aber, wenn man sie auf die Klasse aller Farbuntersuchungen an Smaragden bezieht: Man hat dann:

„S ist grün" ist *wahr*, wenn *jede* der genannten Farbuntersuchungen ergibt, daß S grün ist. Dagegen gibt es im Falle von „grue" Untersuchungen unterschiedlichen Typs: Untersuchungen U ergeben, daß der dabei untersuchte Smaragd S grün ist. Untersuchungen U′ des anderen Typs ergeben, daß der in ihnen untersuchte Smaragd S′ blau ist. Man kann die beiden Prädikate daher folgendermaßen definieren:

Die Klasse aller Farbuntersuchungen an Smaragden wird vollständig und disjunkt aufgeteilt in zwei Teilklassen: Die Teilklasse I enthält alle Untersuchungen, die vor dem Zeitpunkt t durchgeführt werden. Wir sprechen kurz von Untersuchungen der Art I und Untersuchungen der Art II.

„S ist grün" ist *wahr* genau dann, wenn das Ergebnis von U der Art I und U′ der Art II ist, daß der untersuchte Smaragd S grün ist.

„S ist grue" ist *wahr* genau dann, wenn das Ergebnis

von Untersuchungen der Art I ist, daß der untersuchte Smaragd grün ist; das Ergebnis der Untersuchungen der Art II dagegen ist, daß der untersuchte Smaragd blau ist.
Der Wahrheitswert der beiden Prädikate ist abhängig von den Elementen der Untersuchungsklasse, deren Ergebnisse sie beschreiben: Im ersten Fall entspricht eine gleiche Bewertung gleichen Untersuchungsergebnissen. Dagegen wird „grue" gleich bewertet, wenn unterschiedliche Untersuchungsergebnisse auftreten. Die Prädikate „grue" und „grün" stellen so betrachtet *Funktionen* der Untersuchungen des Problems dar, die in der oben geschilderten Weise durch den Index t charakterisiert werden können. Dies kann dadurch ausgedrückt werden, daß man ausdrückt: $G(t)$ für „grün" ist wahr bezüglich t, und $G'(t)$ für „grue" ist wahr bezüglich t. Im Rahmen dieser Bezeichnungsweise braucht nicht explizit auf die untersuchten Smaragde eingegangen zu werden, denn die durch t gekennzeichnete Untersuchung wird an einem geeigneten Smaragd ausgeführt. Es wird nicht vorausgesetzt, daß die Untersuchung anderer Smaragde zum selben Zeitpunkt nach den gleichen Regeln zu anderen Ergebnissen führt. Der Werteverlauf dieser Funktionen G bzw. G' ist für Untersuchungen der Art I gleich. Sie unterscheiden sich erst im Hinblick auf Untersuchungen der Art II: Gilt in diesem Falle $G(t)$, so ist der untersuchte Smaragd grün; gilt dagegen $G'(t)$, so ist dieser Smaragd blau. Das vorliegende *Prognoseproblem* erweist sich als *inexakt;* eine Erwartung betreffend das Resultat einer Farbuntersuchung t aus der Klasse II läßt sich jeweils unter Rückgriff auf die Beschreibung durch die Prädikate „grün" bzw. „grue" begründen. Dabei zeigt sich die Verwandtschaft des *Goodman*schen Prognoseproblems mit den behandelten Problemen der

Trendprognose, auf die verschiedene Autoren bereits hingewiesen haben (vgl. *Hempel* 1945 b, S. 106; *Hullett/ Schwartz* 1967, S. 260 f.; *Blackburn* 1973, S. 83–95): Hinsichtlich aller bisher durchgeführten Farbuntersuchungen an Smaragden – Untersuchungen der Art I – gilt sowohl „S ist grün" als auch „S ist grue". Entsprechend der Analyse des Trendproblems können auch in diesem Zusammenhang zwei Ausdrucksklassen unterschieden werden:

(i) Die *Beobachtungsklasse*: Sie enthält Ausdrücke der Gestalt „X ist (beobachtete) Farbe von S" – für alle bisher durchgeführten Farbuntersuchungen an Smaragden läßt sich X durch „grün" ersetzen.
(ii) Die Klasse der *theoretischen Ausdrücke*: Sie enthält Ausdrücke der Gestalt „X ist (erklärte) Farbe von S". Anstelle von X lassen sich im vorliegenden Beispiel sowohl „grün" als auch „grue" setzen.

Die Resultate der Farbuntersuchungen waren bisher immer gleich: Man stellte fest, daß die beobachteten Smaragde grün waren. Will man nun eine Erwartung über das Ergebnis der Farbuntersuchung t′ aus der Klasse II der noch nicht durchgeführten Farbuntersuchungen an Smaragden begründen, so hat man diese Beobachtungen zu präzisieren: Den Beobachtungsprädikaten aus (i) werden theoretische Prädikate aus (ii) gegenübergestellt. Diese sind in der oben angegebenen Weise *definiert*. So ist man in jedem Fall in der Lage, zu entscheiden, ob das betreffende Prädikat zutrifft oder nicht. Das definierte „Grün" entspricht der Funktion $G(t)$, das beobachtete „Grün" ist davon zu unterscheiden. Die Zuordnung zwischen Ausdrücken der Klasse (i) und Ausdrücken der Klasse (ii) ist *nicht umkehrbar,* denn sowohl

„grün" als auch „grue" können zur Präzisierung des beobachteten „Grün" herangezogen werden.

Goodman selbst weist auf die Vieldeutigkeit der in diesem Beispiel auftretenden Information hin. Er reagiert damit auf den Vorschlag von *Barker* und *Achinstein* (vgl. *Barker/Achinstein* 1960), wonach *positionale* von nicht positionalen Prädikaten im Hinblick auf ihre *Repräsentation* durch klar umrissene Beispiele zu unterscheiden sind. Zur Repräsentation eines nicht positionalen Prädikats ist demnach *ein einziges* Bild ausreichend. Dagegen sind mindestens zwei Bilder notwendig, um positionale Prädikate zu repräsentieren. „Grün" – so stellen sich *Barker* und *Achinstein* vor – kann durch *einen* grünen Farbfleck dargestellt werden, „grue" dagegen verlangt einen grünen und einen blauen Farbfleck zu seiner Repräsentation.

„The limitations upon what can represent what are far from obvious. We often see black-and-white diagrams in which different colors are represented by different shadings: say green by cross-hatching, blue by dotting, and so forth. Plainly symbols like these can equally well be used for grue. Vertical shading, say, for what is green up to time t or blue thereafter is as legitimate a representation of grue as the other symbols are of green and blue" (*Goodman* 1960, S. 523).

Es gibt offensichtlich eine große Zahl verschiedener Darstellungsweisen für ein Objekt. Jedes der entsprechenden Bilder *präzisiert* das Gesehene in bestimmter und vom anderen Bild unterschiedlicher Weise. Die Positionalität bestimmter Prädikate kann daher nur auf die genannte Repräsentation zurückgeführt werden, wenn genau ein Bild als das adäquate – eine Repräsentation als *die* in gewissem Sinne natürliche – ausgezeichnet wird. Dies aber setzt – wie *Goodman* mit vollem Recht bemerkt – bereits die gesuchte Unterscheidung zwischen Prädikaten voraus.

Bezogen auf das *Prognoseproblem*, stellt sich der durch *Goodman* hervorgehobene Tatbestand folgendermaßen dar:

Farbbeobachtungen an bestimmten Smaragden führen zu Ergebnissen, die sowohl das Prädikat „grün" als auch durch das Prädikat „grue" präzisiert werden können. Beide genannten Prädikate gehören der theoretischen Klasse des Problems an. Sie können daher zur Begründung entsprechender Farberwartungen betreffend in t untersuchte Smaragde herangezogen werden. Welcher Art sind diese Ergebnisse im Falle, daß „grün" zur Begründung herangezogen wird; welcher Art sind sie, wenn „grue" dazu herangezogen wird? – *Barker* und *Achinstein* sind der Meinung, daß die Art der entsprechenden Ergebnisse durch das jeweils herangezogene Prädikat eindeutig *bestimmt* ist. *Goodman* weist dagegen nach, daß diese Bestimmtheit jedenfalls *nicht eindeutig* ist. Sie lassen sich auf die unterschiedlichste Weise repräsentieren! – Setzt man voraus, daß der genannte Repräsentant – z. B. der entsprechende Farbfleck – bei den relevanten Untersuchungen tatsächlich beobachtet wird, so kann er als die natürliche Abbildung des betreffenden theoretischen Prädikats betrachtet werden. Der Interpretationsstandpunkt ist dadurch mitbestimmt. Allerdings weist *Goodman* mit Recht darauf hin, daß z. B. die Beobachtung eines grünen Farbflecks auf dem Smaragd S nicht zur Entscheidung zwischen den Beschreibungen dieses Sachverhalts durch eines der Prädikate „grün" bzw. „grue" ausreicht. Nimmt man aber an, daß zu einem folgenden Zeitpunkt an einem Smaragd S′ ein blauer Farbfleck beobachtet wird, so ist damit die Entscheidung für „grue" und gegen „grün" gefallen.

Entsprechendes gilt auch für die anderen Darstellungsweisen der Prädikate, die Goodman anführt, sofern sie als im obengenannten Sinne als „natürlich" betrachtet werden: Sieht man in der Untersuchung U am Smaragd S einen grünen Farbfleck, so läßt sich nicht unterscheiden, ob dieser Sachverhalt durch kreuzweise Schraffur oder durch vertikale Schraffur darzustellen ist. Eine entsprechende Entscheidung fällt erst dann, wenn man annimmt, daß bei einer anderen Untersuchung ein Ergebnis auftritt, das durch Punktieren darzustellen ist. In diesem Fall sind die theoretischen Prädikate durch andere ersetzt. Die dadurch präzisierte Beobachtung wird dadurch nicht in eindeutiger Weise bestimmt, denn es könnte ja sein, daß eben schraffierte Flächen beobachtet werden. Sie können dann in entsprechender Weise durch Farbflecken symbolisiert werden bzw. durch die entsprechenden Farbprädikate. Aus der theoretischen Beschreibung der beobachteten Sachverhalte läßt sich nicht darauf schließen, welche der hinsichtlich der Beschreibung gleichwertigen Sachverhalte Ergebnisse der jeweils vorliegenden Untersuchungen sind und welche dies nur sein könnten! – Dies aber ist im Rahmen jedes Prognoseproblems bekannt.

Die Überlegungen zeigen deutlich, daß die genannten zwei Ebenen innerhalb jedes Problems unbedingt klar unterschieden werden müssen: *Jedes* Prädikat läßt sich als Beobachtungs- und als definiertes (theoretisches) Prädikat auffassen. Welche Rolle es im vorliegenden Problem tatsächlich spielt, ist von Fall zu Fall festzustellen! – Es erweist sich dann, daß die Zuordnung zwischen Beobachtungs- und theoretischen Prädikaten nicht umkehrbar-eindeutig ist. Ferner handelt es sich um einen Disjunktionshomomorphismus, da ja jeder Feststellung auch eine präzise Fassung entspricht. Das Prognoseproblem

Goodmans ist daher *inexakt*. Die in ihm enthaltene Information ist *vervollständigbar*. Bezieht man die betreffenden Erwartungen auf bestimmte zukünftige Untersuchungen, ist diese Information *relativ-vervollständigbar*, wie die folgende Darstellung der Lösung des Problems zeigt: Dabei ist die zur relativen Vervollständidung notwendige *Zusatzinformation* genauer hervorzuheben. Damit zugleich sieht man, daß Lösungsversuche im Rahmen rein syntaktischer Überlegungen generell zum Scheitern verurteilt sind. Auf diesen Umstand hat bereits *Goodman* hingewiesen. Allerdings in sehr unklarer Weise.

b. Die Lösung des Prognoseproblems

Die Lösung des durch *Goodman* gestellten Prognoseproblems erfordert das Artikulieren geeigneter *Zusatzinformation*. Es handelt sich ja um ein inexaktes Problem. In ihm liegt *vervollständigbare* Information vor, die durch zusätzliche Information ergänzt in *relativvollständige* Information übergeführt werden kann.
Thomson schlägt zur Lösung dieses Problems folgenden Weg vor:
„I shall try to make out that *if* a certain principle about reasons is acceptable, then we can explain the preferability of ‚green' over ‚grue' for certain subject-classes" (*Thomson* 1966 a, S. 289).
Der hier geschilderte Ausgangspunkt der Untersuchung *Thomsons* – sie hat ihn übrigens in ihrer Antwort auf *Goodmans* Erwiderung zu ihrem Artikel wiederholt (vgl. *Thomson* 1966 b, S. 529) – deckt sich weitgehend mit dem von uns vertretenen Standpunkt: Es wird hier nach „Gründen" gesucht, die den Prognostiker veranlassen, die durch „green" erfolgende Präsisierung des

Problems der durch „grue" erfolgenden *vorzuziehen*. Diese Gründe sind jedenfalls als Elemente der zusätzlichen Information zu betrachten. Diesem Ansatz entsprechend analysiert *Thomson* die durch *Goodman* genannten *Farbuntersuchungen* eingehend, um zum Schluß zu gelangen, daß kein Grund dafür zu finden ist, „grue" dem Prädikat „green" im beschriebenen Beispiel vorzuziehen (vgl. *Thomson* 1966 a, S. 304–307). Wie die durch sie geschilderte Vorgangsweise zeigt, geht sie bei der Realisierung ihres Vorhabens allerdings bereits von einem *Vorverständnis* des Problems aus, das ihre Betrachtungsweise in unzulässiger Weise einschränkt: Demnach handelt es sich um eine unter *naturwissenschaftlichen* Zielsetzungen ausgeführte Untersuchungsreihe! – Diese bereits durch *Goodman* selbst angeregte Betrachtungsweise hat einschneidende Konsequenzen gerade im Hinblick auf die durch *Thomson* aufgeworfene Frage nach der Struktur des zur Lösung dieses Prognoseproblems notwendigen Zusatzwissens. Die einzelnen Untersuchungen erfolgen voraussetzungsgemäß unter den Bedingungen, die an naturwissenschaftliche *Experimente* üblicher Weise gestellt werden. Dementsprechend werden die Untersuchungssituationen *nur* im Hinblick auf *Faktoren* betrachtet, die die Farbe der Smaragde zu verändern geeignet sind. Diese werden als „Gründe" betrachtet, die die Wahl des entsprechenden Prädikats zur Beschreibung der Untersuchungsresultate bestimmen. Die angestrebte Feststellung, daß kein Grund für eine Bevorzugung von „grue" besteht, kommt daher dem Nachweis des Nicht-Bestehens geeigneter zusammengesetzter Zusatzinformation (vgl. III/1 b) gleich. Die betreffenden Prädikate werden in diesem Zusammenhang als *Prognosemodelle* betrachtet. Die Frage nach der *einfachen Zusatzinformation* wird gemäß diesem Ansatz nicht gestellt. Anderenfalls müßte eben die oben angedeutete Voraussetzung des Experimentcharakters der Farbuntersuchungen besonders artikuliert werden: Der Plan bzw. Zweck der Untersuchungen müßte zugleich beachtet werden.

Diese Einschränkung der Betrachtungsweise bei *Thomson* wird dadurch unterstützt, daß auch diese Autorin nicht klar zwischen dem Prognose- und dem Bestätigungsaspekt des *Goodman*schen Beispiels unterscheidet. Sie geht daher explizit von der geschilderten *syntaktischen* Gestalt der Erklärung des Prädikates „grue" aus (vgl. *Thomson* 1966 a, S. 290), die sich zur Darstellung des *inexakten Prognoseproblems* als ungeeignet erweist (vgl. III/2 a). Das gesuchte Präferenzkriterium lautet dann:

„If a man has found of such X's as he has examined that they are P and knows that they are P-or-Q only because he has deduced this from their being P, then, unless he has independent reason to think V may be responsible for a thing's being, he has no better reason to think V is responsible for a thing's being P-or-Q than he has to think V is responsible for a thing's being P" (*Thomson* 1966a, S. 301).

Dieses Prinzip verlangt – die Deutung von „grue" als *Disjunktion* vorausgesetzt –, daß die Annahme, der Smaragd sei grue, nur dann als begründet anzusehen sei, wenn der Prognostiker einen „Grund" V für dessen Grünsein vor t *und* einen davon *unabhängigen* „Grund" W für dessen Blausein nach t angeben kann. Zwei Gründe werden abhängig genannt, wenn zwischen ihnen eine *logische Ableitbarkeitsbeziehung* herrscht. Dies ist laut *Thomson* nicht der Fall: Der „Grund" W für „blau nach t" läßt sich nicht angeben, geht man vom Experimentcharakter der Farbuntersuchungen aus. Der Prognostiker hat also *keinen besseren* Grund zur Annahme, V' begründe das Gruesein des Smaragds, als zur Annahme, V' begründe das Grünsein dieses Smaragds. Zur Prognose ist daher „green" eher heranzuziehen als „grue". Allerdings hat diese Entscheidung vorläufigen Charakter, weil ja niemand in der Lage ist, alle möglichen Gründe – also alle Elemente möglicher zusätzlicher Information – vollständig zu überblicken.

Gegen diesen Lösungsversuch ist lediglich anzumerken, daß er nicht konsequent bleibt. Ein konsequentes Weiterschreiten in die zunächst eingeschlagene Richtung müßte zu einer Feststellung des inexakten Charakters des vorliegenden Prognoseproblems führen. Damit ist eine Verknüpfung der Betrachtung mit der syntaktischen Version dieses Problems unmöglich. Dies wiederum hat zur Folge, daß nicht zuerst die Zusatzinformation in zusammengesetzter Gestalt betrachtet wird. Vielmehr hat man zunächst nach der einfachen Zusatzinformation zu fragen: „Grün" und „Grue" sind nicht entsprechend dieser Fragestellung gleichrangig – die Gründe zur Verwendung eines der beiden Prädikate zum Zwecke der angestrebten Farbprognose an Smaragden beziehen sich daher unmittelbar auf diese Prädikate und nicht auf deren Struktur.

In diesem Zusammenhang wird die Frage nach dem *Zweck* der Untersuchung wichtig, die durch *Thomson* stillschweigend ausgeklammert wird. Trotz dieser Schwäche der Darstellung gelingt es aber *Thomson*, wichtige Komponenten des Prognoseproblems treffend hervorzuheben:

(i) Es handelt sich dabei um ein echtes Entscheidungsproblem für den Prognostiker: Zwischen den Versionen „Grün" und „Grue" ist rational zu entscheiden.

(ii) Es ist daher nach „Gründen" zu fragen, die der Prognostiker für seine Entscheidung zugunsten des einen oder des anderen der genannten Prädikate als Beschreibungsmittel der einzelnen Untersuchungsresultate in der vorliegenden Situation findet.

(iii) Das auf diese Weise geschilderte Prognoseproblem ist *offen* in dem Sinne, daß die Stellungnahme des Prognostikers angesichts jeder neuen Situation geändert werden kann. Dabei treten unter Umständen neue Gründe auf, die eine andere Entscheidung nahelegen. Es gibt daher keine endgültige Lösung des Prognoseproblems, sondern immer nur eine vorläufige!

Diese Offenheit des Problems gelangt auch in einem Lösungsvorschlag zum Ausdruck, der auf *Goodman*, *Scheffler* und *Schwartz* zurückgeht (vgl. *Goodman/ Scheffler/Schwartz* 1970): Es wird dort die folgende Unterscheidung bezüglich der Hypothesen vorgeschlagen:

– Eine Hypothese *verdrängt* (overrides) eine mit ihr in *Konflikt* stehende Hypothese genau dann, wenn ihre *Prädikate* besser *verankert* sind als die entsprechenden Prädikate der anderen.

– Eine Hypothese ist *projizierbar* genau dann, wenn sie *alle* mit ihr im Konflikt stehenden Hypothesen verdrängt.

– Eine Hypothese ist *unprojizierbar* genau dann, wenn sie durch eine mit ihr im Konflikt stehende Hypothese verdrängt ist.

– Eine Hypothese ist *nicht projizierbar* genau dann, wenn sie von keiner mit ihr im Konflikt stehenden Hypothese verdrängt wird bzw. wenn sie keine derselben verdrängt (vgl. auch: *Kahane* 1971, S. 488).

Es handelt sich bei diesem Vorschlag um einen Versuch, die ursprünglich von *Goodman* vorgeschlagene Lösung zu verbessern (vgl. *Goodman* 1965, S. 97–119).

Wie bereits bekannt, versteht *Goodman* unter „Hypothese" eine generelle Implikation der Gestalt: „Alle X, die P sind, sind Q." Er nennt P Antecedensprädikat, Q Konsequenzprädikat. Sowohl der Begriff des *Konflikts* zwischen zwei derartigen Hypothesen als auch der Begriff der *Verankerung* (entrenchment) bestimmter Prädikate sind durch *Goodman* nicht klar expliziert, wie die Diskussion zeigt, die sich an seinen Lösungsvorschlag knüpft. Dies hängt – wie bereits angedeutet – teilweise damit zusammen, daß *Goodman* angesichts seines Beispiels die beiden verschiedenen Aspekte nicht klar auseinanderhält. Besonders deutlich weist *Teller* auf die grundlegende Unklarheit beim Konfliktbegriff hin (vgl. *Teller* 1969, S. 224–228). Er führt sie darauf zurück, daß *Goodman* nicht in der Lage ist, ein eindeutiges Kriterium zur Feststellung der *Extensionsgleichheit* zweier Prädikate anzugeben. Dies wiederum hängt mit der aufgewiesenen *Inexaktheit* des vorliegenden Prognoseproblems zusammen. Jeder Versuch, ein derartiges Kriterium aufzustellen, setzt voraus, daß das vorliegende Problem *exakt* sei. In diesem Fall nämlich sind die Extensionen der entsprechenden Prädikate bestimmt. In diesem Fall aber ist die *Verankerung* eines Prädikates durch die *Häufigkeit des bisher* eingetretenen Prognoseerfolgs faßbar. Dies hat aber auch zur Folge, daß neue Prädikate immer weniger *verankert* sind als bereits oft verwendete. Dieser Konsequenz versucht *Goodman* mit Recht zu entgehen, indem er eine unterstützte, unverletzte und unerschöpfte Hypothese dann als *besser verankert* bezeichnet als eine andere derartige Hypothese, wenn sie in größerem Maße erfolgreich projiziert werden *könnte* (vgl. *Goodman* 1965, S. 70 ff.). Damit muß aber zugleich der Versuch aufgegeben werden, die Extensionsgleichheit zweier Prädikate bestimmen zu wollen. Dies aber ist Voraussetzung zur Feststellung eines Konflikts zwischen Hypothesen, denn dieser soll nach *Goodman* eben darin bestehen, daß diese entweder extensionsgleiche Antecedensprädikate und Konsequenzprädikate unterschiedlicher Extension enthalten oder umgekehrt. Die in der oben geschilderten revidierten Fassung der „Entrenchment-Theorie" *Goodmans* auftretenden zentralen Begriffe des *Verdrängens* und der *Projizierbarkeit* sind daher ebenfalls nicht klar festgelegt. Trotzdem gelangt in der dort geschilderten Dreiteilung der Fälle in projizierbare, unprojizierbare und nicht projizierbare ein wichtiger Aspekt des vorliegenden Prognoseproblems zum Ausdruck: Nichtprojizierbare Hypothesen können sich unter Heranziehung *neuen* Wissens sowohl als projizierbar als auch unprojizierbar erweisen. Dies betont *Goodman* in seiner Antwort auf einen Einwand *Kahanes* zu Recht (vgl. *Goodman* 1972, S. 83). Es bleibt daher zunächst *offen*, ob ein neu eingeführtes Prädikat im Rahmen einer Hypothese zur Elimination dieser Hypothese als Prognosegrundlage führt oder nicht. Allerdings ist *Goodman* seinerseits nicht in der Lage, die Aussicht abzuschätzen, die eine derartige Neueinführung im Hinblick auf eine Prognostizierbarkeit hat. Dies gelingt wiederum deshalb nicht, weil der Begriff der Verankerung und damit die genannten Folgebegriffe nicht festgelegt werden können: Es bleibt eben unklar, wie die *Erfolgsmöglichkeit* einer Erwartung vor ihrer Realisierung festgestellt werden soll. Schließlich kann der Erfolg einer Prognose immer nur am *Grad* ihrer *Realisierung* gemessen werden. Es ist aber ohne weiteres möglich, daß eine *unbegründete* Erwartung in diesem Sinne äußerst erfolgreich ist. Über den Prognosecharakter der betreffenden Erwartung läßt sich bekanntlich durch derartige Erfolgsfeststellungen nichts aussagen. Ein Schluß vom Erfolg einer Erwartung auf ihre Begründetheit – dieser liegt zu einem gewissen Grade im *Goodman*schen Begriff der Verankerung vor – kommt letzten Endes wieder der unzulässigen Vermischung des Bestätigungs- mit dem Prognoseaspekt bei *Goodman* gleich! – Soll diese Konsequenz vermieden werden, hat man zunächst die Inexaktheit des vorliegenden Prognoseproblems anzuerkennen. Dies wiederum hat zur Folge, daß zur Lösung des Problems *zusätzliche Information* notwendig ist, von der die gesuchte Abschätzung der Erfolgsmöglichkeit von Prognosen abhängig ist. Diese *Zusatzinformation* beinhaltet Hinweise auf den Zweck der angestellten Untersuchungen. Im Hinblick auf diesen läßt sich erst die Erfolgs*möglichkeit* gewisser Erwartungen abschätzen.

Die sogenannte „Entrenchment-Theorie" *Goodmans* läßt sich wegen der aufgewiesenen unbehebbaren Unklarheiten in ihrer Grundlage jedenfalls nicht als Lösung des vorliegenden Prognoseproblems ansehen. Trotzdem bleiben die folgenden Ergebnisse seiner Unsuchungen aufrecht:

(i) „Hypothesen" als Elemente der relevanten Information sind *projizierbar*. Sie unterscheiden sich von „Hypothesen", die nicht der relevanten Information angehören.

(ii) Die Entscheidung über die Zugehörigkeit bestimmter „Hypothesen" zur relevanten Information des vorliegenden Problems ist *nicht* endgültig. Sie erfolgt immer nur relativ zu anderen „Hypothesen".

(iii) Die eben genannten „Hypothesen" sind Elemente der *zusätzlichen Information*. So beziehen sie sich direkt auf die Prognosesituation. Sie begründen die Entscheidung über die Relevanz der projizierbaren Hypothesen.

Auf den herausgearbeiteten Zusammenhang zwischen relevanter Information und Zusatzinformation im Rahmen des vorliegenden Beispiels weist *v. Kutschera* besonders deutlich hin:
„Im gleichen Sinn zeigt die Diskussion der induktiven Apriori-Annahmen, daß sich mit der Wahl eines Systems von deskriptiven Prädikaten synthetische Annahmen verbinden: die Vertauschbarkeitsannahmen, die gewisse induktive Prinzipien in Gang setzen, aufgrund derer wir bei gleichen Beobachtungen zu anderen Annahmen über die Welt kommen, als wenn wir von einem anderen System von Prädikaten – z. B. den *Goodman*-Korrelaten – ausgegangen wären. Diese Annahmen sind nicht nur anders formulierte, aber äquivalente Hypothesen, sondern sie sind unverträglich, haben also verschiedene Wahrheitswerte und bestimmen daher verschiedene Weltansichten" (*v. Kutschera* 1972, S. 162).
Der wesentliche Unterschied zwischen den unterschiedlichen Elementen der relevanten Information wird vollkommen zu Recht besonders unterstrichen. *Von Kutschera* spricht in diesem Zusammenhang von unterschiedlichen „Weltansichten", die durch unterschiedliche Wahrheitswertbelegungen gekennzeichnet sind. Sie können daher *nicht* als ineinander übersetzbare äquivalente Beschreibungen des vorliegenden Sachverhalts aufgefaßt werden. Wird das Ergebnis einer Farbuntersuchung t durch das Prädikat „grün" beschrieben, so trifft diese Beschreibung zu genau dann, wenn der in t untersuchte Smaragd S grün ist. Liegt dagegen derselbe Tatbestand vor, wird aber durch „grue" beschrieben, so trifft diese Beschreibung hinsichtlich dieser Untersuchung *nicht* zu, sofern t nicht zur Klasse U_1 gehört (Untersuchung nach T). In diesem Sinne drückt „grün" eine „Weltansicht" aus, die von der durch „grue" ausgedrückten verschie-

den ist: Die beim Eintritt desselben Ereignisausgangs den entsprechenden Ausdrücken zugeordneten *Wahrheitswerte* sind verschieden. Gerade deshalb ist die Stellungnahme des Prognostikers zur Lösung des vorliegenden Prognoseproblems notwendig. Es handelt sich dabei darum, daß er *zwischen* den konkurrierenden Weltansichten hinsichtlich der gestellten Aufgabe *entscheidet*. Diese Entscheidung kann *nicht* durch eine *Analyse* des betreffenden *Prädikats* begründet werden. Sie sind bekanntlich als Beschreibungsmittel bestimmter Sachverhalte gleichrangig und so vom rein syntaktischen Standpunkt aus gesehen durcheinander ersetzbar. Vielmehr hat man zur Begründung der geforderten Entscheidung auf *zusätzliche Information* zurückzugreifen. *Von Kutschera* spricht an dieser Stelle von „Apriori-Annahmen", die er näher als *Vertauschbarkeitsannahmen* charakterisiert. Es handelt sich dabei seiner Meinung nach um Annahmen über die Vertauschbarkeit bestimmter Prädikate im Rahmen bestimmter *Sprachen*. Diese Annahmen sind zu treffen, will man eine bestimmte Sprache zur Beschreibung bestimmter Sachverhalte in *adäquater* Weise heranziehen. Den Zusammenhang dieser Annahmen mit der jeweiligen Sprache charakterisiert er folgendermaßen:
„Mit der Wahl einer bestimmten Sprache verbinden sich bereits bestimmte Vertauschbarkeitsannahmen über die primitiven Prädikate, die die Grundlage für weitere, dann evtl. empirisch gestützte Vertauschbarkeitsannahmen bilden" (*v. Kutschera* 1972, S. 160).
Bestimmte Sprachen werden dieser Auffassung gemäß durch die Geltung bestimmter Regeln charakterisiert, die angeben, welche Prädikate mit welchen anderen im Kontext dieser Sprache vertauscht werden können. Demzufolge haben wir es beim vorliegenden Prognosepro-

blem mit der *Wahl* zwischen zwei *Sprachen* zu tun. Die eine – wir nennen sie kurz G-Sprache – setzt unter anderem voraus, daß die Farbprädikate „grün" und „blau" nicht vertauscht werden können. Weiters wird vorausgesetzt, daß das Prädikat „Farbe des Smaragds" mit dem Prädikat „grün" vertauschbar ist, nicht aber mit dem Prädikat „blau", usf. Die andere Sprache – kurz G'-Sprache genannt – setzt voraus, daß die genannten Prädikate unter Umständen miteinander vertauschbar sind. Jedenfalls gilt die Vertauschbarkeit von „grün" mit „Farbe des Smaragds", usf. Die Frage nun, ob eher „grün" oder eher „grue" als Grundlage der Prognose zu verwenden ist, wird danach im Hinblick auf diese Vertauschbarkeitsannahmen entschieden. Dadurch wird zugleich die Weltansicht des Prognostikers festgelegt.

Wie *v. Kutschera* betont, läßt sich diese Schilderung der im vorliegenden Prognoseproblem enthaltenen *Wahlsituation* nicht als Lösung des *Goodman*schen Problems betrachten. Sie gibt lediglich einen Hinweis, in welcher Richtung bei der Lösung dieses Problems gegangen werden sollte. Der Grund dafür liegt in der engen Beschränkung, die sich *v. Kutschera* bei der Fassung der Vertauschbarkeitsannahmen auferlegt. Er bezieht diese Annahmen ausschließlich auf *Prädikate* – also *sprachliche Ausdrücke* –. Bei näherer Betrachtung des Prognoseproblems sieht man aber, daß diese Beschränkung der Betrachtung zu eng ist. Es handelt sich ja um die *Wahl* einer bestimmten Sprache S, die unter dem Gesichtspunkt der *Adäquatheit* der durch S geleisteten Beschreibung der Prognosesituation zu erfolgen hat. Erst wenn dieser Zusammenhang explizit beachtet wird, kann die entsprechende Wahl klar beschrieben werden. In diesem Sinne stehen sich die *Ergebnisse* von *Farbuntersuchungen* an Smaragden und deren *Beschreibungen* im Rahmen der Sprache S gegenüber. „Grün" – und damit die G-Sprache – erweist sich in diesem Sinne adäquat, wenn angenommen wird, daß *alle* Farbuntersuchungen zu Ergebnissen führen, die vertauschbar sind. Diese werden dann durch ein und dasselbe Prädikat beschrieben, wobei eben die Prädikate „Grün" und „Farbe von Smaragden" vertauschbar sind. Dagegen erweist sich „grue" – und damit die G'-Sprache – adäquat, wenn die Annahme von Untersuchungen mit unterschiedlichen Ergebnissen vorliegt. Sie werden durch „Grün" nur dann adäquat beschrieben, wenn es sich um Ergebnisse von Untersuchungen der ersten Art (vor T) handelt. Andernfalls werden sie durch „Blau" in adäquater Weise beschrieben. Die Prädikate „Farbe des Smaragds" und „Grue" lassen sich in diesem Sinne miteinander vertauschen, nicht aber die genannten Farbprädikate untereinander als Ergebnisbeschreibungen. Der *semantische* Aspekt des Prognoseproblems wird also durch *v. Kutschera* zugunsten einer voreiligen Verschiebung des Problems in die *Pragmatik* (vgl. *v. Kutschera* 1972, S. 160 f.) vernachlässigt.

Der Grund für diese Schwäche der Darstellung *v. Kutscheras* scheint uns darin begründet zu sein, daß er von der Kritik des rein syntaktischen Ansatzes *Carnaps* ausgeht. Es kann in diesem Zusammenhang von der Beobachtung ausgegangen werden, daß das Problem *Goodmans* sich im Rahmen der induktiven Logik *Carnaps* nur deshalb nicht als *logischer Widerspruch* äußert, weil die durch *Carnap* zugrunde gelegte Sprache eine zu einfache Syntax aufweist, um darin Prädikate einzuführen, die den *Goodman*-Prädikaten bei syntaktischer Deutung entsprechen. Diese Feststellung erweist sich insofern als folgenschwer als man sich mit dieser Beschränkung auch im Sinne *Carnaps* nicht zufriedengeben kann.

Die induktive Logik soll ja unabhängig von Zufälligkeiten der Sprachkonstruktion gelten! – Andererseits deutet unsere Analyse des Prognoseproblems darauf hin, daß die syntaktische Deutung der *Goodman*-Prädikate nicht adäquat ist. In diesem Falle lassen sich die Prädikate „Grün" und „Grue" gleichermaßen als primitive Prädikate entsprechender Sprachen deuten. Die betreffenden Prädikate treten dann auch in den einfachen Sprachen *Carnaps* auf. Die Anwendung der durch *Carnap* aufgestellten Regeln erzwingt dann widersprüchliche Ergebnisse (vgl. *v. Kutschera* 1972, S. 142 f.).

Auf Grund der bisher gemachten Erfahrung erweist sich im Rahmen dieser Betrachtung der *Bestätigungsgrad* von G(t′) als *ungleich* mit dem Bestätigungsgrad von G′(t′). Dabei ist t′ eine Farbuntersuchung, die nach T erfolgt. Es gilt daher nach *Carnap* das folgende *Invarianzaxiom* für die logische Wahrscheinlichkeit:

Der Bestätigungsgrad von H relativ zu B ist *invariant* bei *Vertauschung* der Prädikatkonstanten.

Die zusätzliche Einführung dieses Axioms ist aber ein wichtiger Eckpfeiler bei der Charakterisierung des logischen Wahrscheinlichkeitsbegriffs im Vergleich zum rein formalen oder auch personalistischen Begriff. Sie bringt die geforderte Invarianz dieses Begriffs gegenüber der zufällig verwendeten Sprache zum Ausdruck. Somit erweist sich die induktive Logik *Carnaps* als ungeeignet, das *Prognoseproblem Goodmans* zu lösen. Dies ist nicht verwunderlich, wenn man beachtet, daß *Carnap* in seiner rein syntaktischen Konstruktion das Vorliegen *exakter* Probleme voraussetzt. Das betrachtete Prognoseproblem erweist sich jedoch als *inexakt*. Im Wege über diese Kritik wird die Aufmerksamkeit auf *Vertauschbarkeitsannahmen* gelenkt, wie sie im Rahmen der subjektiven Wahrscheinlichkeitstheorie gelten (vgl. *v. Kut-*

schera 1972, S. 74 ff.): Ereignisse werden in diesem Zusammenhang *vertauschbar* genannt, wenn bei *festgelegter* Wahrscheinlichkeitsverteilung entsprechend lange n-Tupel aus dem Ereigniskörper *gleiche* Wahrscheinlichkeitswerte zugeordnet erhalten. Die Zuordnung dieses Wertes gemäß der festgelegten Verteilung hängt also *nicht* von der Art der Ereignisse, sondern nur von ihrer Anzahl ab! – Derartige Vertauschbarkeitsannahmen sind Voraussetzung zur fehlerfreien Anwendung des folgenden allgemeinen *Induktionsprinzips.*

„(V) Wenn ein Prädikat F auf alle bisher untersuchten Objekte $a_1, \ldots a_n$ zutrifft, so ist es für hinreichend großes n wahrscheinlicher, daß F auch auf das nächste Objekt a_{n+1} zutreffen wird, als daß F auf dieses Objekt nicht zutreffen wird" (*v. Kutschera* 1972, S. 141).

Unter der Voraussetzung der oben erklärten Vertauschbarkeit entsprechender Ereignisse werden Widersprüche der oben geschilderten Art ausgeschlossen, denn die betreffenden Ereignisse werden durch Prädikate der Gestalt $F(a_i)$ beschrieben. Im Falle der Vertauschbarkeit dieser Ereignisse gilt für *alle* Ausdrücke bzw. Konjunktionen aus diesen Ausdrücken gleicher Länge jeweils der gleiche Wahrscheinlichkeitswert. $F(a_{n+1})$ erhält daher relativ zur Konjunktion aller n Prädikate $F(a_i)$ genau einen Wahrscheinlichkeitswert zugeordnet, der größer ist als der Wert von $(-F(a_{n+1}))$ relativ zu diesem Erfahrungsdatum. Wird also dieses Induktionsprinzip der Betrachtung zugrunde gelegt, läuft die geschilderte Wahl zwischen geeigneten Sprachen auf die Wahl zwischen entsprechenden Annahmen über die Wahrscheinlichkeit entsprechender Prädikate relativ zum Erfahrungsdatum hinaus.

Mit dieser Einengung des Gesichtsfeldes auf die Betrachtung von Wahrscheinlichkeitszuordnungen zu sprachlichen Ausdrücken bei *fest* gewählter *Wahrscheinlichkeitsverteilung* – sie entspringt der wahrscheinlichkeitstheoretischen Formulierung des Induktionsprinzips in (V) – wird zugleich die *Exaktheit* des behandelten Problems vorausgesetzt (vgl. II/3 c). Damit unterliegt der bis zu dieser Stelle verfolgte Lösungsansatz des *Goodman*schen Problems denselben Einwänden wie der durch *v. Kutschera* mit Recht kritisierte Ansatz *Carnaps:* Er ist zur Lösung des entsprechenden Prognoseproblems nicht geeignet.

Trotzdem deutet aber die Betrachtungsweise *v. Kutscheras* in die Richtung auf die Lösung des vorliegenden Problems, indem sie folgende Gesichtspunkte hervorhebt:

(i) Die Lösung des Prognoseproblems besteht in der begründeten *Wahl* einer beschreibenden *Sprache* S.

(ii) Diese Wahl ist unumgänglich, da jede der genannten Sprachen eine bestimmte *Weltansicht* zum Ausdruck bringt. Somit lassen sich die in Frage kommenden Sprachen *nicht* als *äquivalente* Beschreibungen des Problems auffassen und entsprechend ineinander übersetzen.

(iii) Die entsprechenden Sprachen sind durch *Apriori-Annahmen* über die Vertauschbarkeit ihrer Prädikate charakterisiert.

Allerdings sind diese Vertauschbarkeitsannahmen nicht im Rahmen der Wahrscheinlichkeitstheorie zu formulieren, da dadurch der inexakte Charakter des Prognoseproblems außer acht gelassen wird. Die Diskussion der genannten Lösungsvorschläge *Thomsons, Goodmans* und *v. Kutscheras* deutet in übereinstimmender Weise darauf hin, daß die Fassung der Elemente der *zusätzlichen Information* – der Gründe also für die angestrebte

Sprachwahl – nicht ausschließlich vergangenheitsorientiert erfolgen kann. Vielmehr spielen dabei Fragen der *zukünftigen Gestaltung* eine wichtige Rolle. Wir haben es mit der Erwartung des Resultats einer in Zukunft auszuführenden Untersuchung zu tun. Damit spielen Fragen des *Untersuchungsziels* eine bestimmende Rolle. Im Hinblick darauf kann von *Vertauschbarkeit* oder *Unvertauschbarkeit* der betreffenden Untersuchungen die Rede sein. Die damit angesprochenen Verhältnisse charakterisieren zugleich – wie *v. Kutschera* mit Recht bemerkt – die Struktur der entsprechenden Sprachen, indem Ergebnisse von im Hinblick auf das Untersuchungsziel vertauschbaren Untersuchungen durch in diesem Sinne vertauschbare Prädikate in der geeigneten Sprache beschrieben werden.

Im Lichte dieser Feststellungen ist das Prognoseproblem *Goodmans* einer genaueren Betrachtung zu unterziehen. Dabei ist zunächst festzuhalten, daß die *Fristigkeit* des Prognoseproblems in der Schilderung *Goodmans* nicht bestimmt ist. Er spricht lediglich von Farbuntersuchungen an Smaragden, die nach einem bestimmten Zeitpunkt t durchgeführt werden. Wie viele entscheidende Untersuchungszeitpunkte zwischen dem Zeitpunkt des zu prognostizierenden Untersuchungsergebnisses und dem Prognosezeitpunkt liegen, ist daher unbestimmt. Wir gehen in der Folge von der vereinfachenden Annahme aus, daß wir es mit einem *kurzfristigen* Problem zu tun haben. Somit reicht die einmalige Stellungnahme des Prognostikers zum vorliegenden Problem im Prognosezeitpunkt zur Lösung des Problems aus. Die genannte Reihe von Untersuchungen an Smaragden liefert also in jedem Zeitpunkt das Ergebnis grün. Für die nach dem kritischen Zeitpunkt erfolgende Untersuchung kommen die Ergebnisse grün oder blau in Frage. Der Prognostiker stellt sich daher in diesem Zeitpunkt die Frage, ob er sich in dieser Situation für „grün" oder für „grue" als Präzisierung des Festgestellten *entscheiden* soll. Entscheidet er sich für „grün", so besteht die *Realisierung* der entsprechenden Farberwartung im Auftreten von Grün an dem zur entsprechenden Zeit untersuchten Smaragd. Entscheidet er sich für „grue", so ist die entsprechende Erwartung durch das Auftreten von Blau am betreffenden Smaragd realisiert. Die Stellungnahme des Prognostikers für eines der beiden Prädikate als Beschreibung der Untersuchungsresultate beinhaltet also zugleich eine *Annahme über die Realisierungsbedingungen* der betreffenden Erwartungen. Diese Annahmen sind die Elemente der *Zusatzinformation* zur relativen Vervollständigung der im Problem auftretenden Information.

Die angedeutete Entscheidung hängt maßgeblich davon ab, welcher Zweck mit der Durchführung der genannten Farbuntersuchungen verfolgt wird. Eindeutige Äußerungen *Goodmans* zu dieser Frage liegen nicht vor. Es ist jedoch mit *Thomson* anzunehmen, daß hierbei an eine naturwissenschaftliche Untersuchungsreihe zum Zwecke der Feststellung *der* Farbe von Smaragden gedacht ist. Es wird daher über die einzelnen Untersuchungen mindestens Folgendes vorausgesetzt:

(i) Eine bestimmte Untersuchung – sie wird nach festgelegten Regeln durchgeführt – findet in einem bestimmten *Zeitintervall* statt.

(ii) Eine Untersuchung ist derart geregelt, daß eine Wiederholung derselben in einem anderen Zeitintervall *bezüglich desselben Smaragdes* zum selben Ergebnis führt.

(iii) Eine Untersuchung ist in der Weise geregelt, daß sie, auf verschiedene Smaragde innerhalb desselben Zeitintervalls angewandt, dieselbe Farbe als Ergebnis liefert.

Es handelt sich hierbei um Forderungen, die die genannten Farbuntersuchungen erfüllen müssen, sollen sie im Rahmen der betreffenden Untersuchungsreihe als relevant betrachtet werden. Es braucht nicht besonders betont zu werden, daß an Stelle dieser Forderungen an die Ereignisse, deren Ausgänge zu beschreiben sind, auch andere gestellt werden können. Sie stehen jeweils in engem Zusammenhang mit der jeweils gestellten Prognoseaufgabe. Im vorliegenden Fall betrachten wir die genannten drei Forderungen als Elemente der *zusätzlichen Information*. Es wird noch zu zeigen sein, daß diese zur relativen Vervollständigung der relevanten Information ausreichen, wodurch das gestellte Prognoseproblem gelöst ist. Zunächst versuchen wir jedoch eine genauere Charakterisierung der solchermaßen angedeuteten Zusatzinformation.

Von besonderem Interesse ist in diesem Zusammenhang die Forderung (ii). Sie spricht von einer „Wiederholbarkeit" der betreffenden Untersuchungen. Diese ist dadurch gekennzeichnet, daß die Farbe eines und desselben beliebig gewählten Smaragds bei jeder nach entsprechenden Regeln durchgeführten Untersuchung gleich sein soll. Teilen wir also die Untersuchungen der Reihe in zwei Klassen ein, so daß in die erste Klasse alle Untersuchungen fallen, die vor dem kritischen Zeitpunkt t durchgeführt werden; in die zweite Klasse dagegen *alle* noch beabsichtigten Untersuchungen nach diesem Zeitpunkt, so sollen die Untersuchungen der ersten Klasse Resultate liefern, die auch die Untersuchungen der zweiten Klasse liefern. Zwei Untersuchungen U_1 und U_2 können in diesem Sinne *vertauschbar* genannt werden, genau dann, wenn ihre Resultate im Hinblick auf die gestellte Frage nicht unterschieden werden. Die genannten Farbuntersuchungen sollen also *vertauschbar* sein, sofern sie an einem und demselben Smaragd durchgeführt werden. Da die Frage nach der Farbe von Smaragden gestellt ist, ist zu bestimmen, welche Farben als gleich, welche als verschieden anzusehen sind. Aus der Schilderung des vorliegenden Problems geht hervor, daß die Farben blau und grün jedenfalls im Sinne der Fragestellung zu unterscheiden sind, da wir mit der Lösung eines inexakten Problems befaßt sind. In diesem Sinne ist also festzustellen: Farbuntersuchungen werden im Rahmen der geschilderten Untersuchungsreihe als vertauschbar betrachtet, wenn sie zur Feststellung derselben Farbe (blau oder grün) an entsprechenden Smaragden führen. Andernfalls heißen sie unvertauschbar und führen zur Feststellung jeder der zur Wahl stehenden Farben – grün und blau – an einem Smaragd.

Die Forderung (ii) läßt sich im Sinne der gegebenen Erklärung als *Annahme* über die Vertauschbarkeit von Ereignissen (Farbuntersuchungen) interpretieren. Damit gelangen wir in die Nachbarschaft zur Betrachtung *v. Kutscheras*. Allerdings ist bei uns von Vertauschbarkeitsannahmen die Rede, die sich auf Ereignisse beziehen. Bei *v. Kutschera* beziehen sich die Vertauschbarkeitsannahmen auf Ausdrücke der beschreibenden Sprache.

Nimmt nun der Prognostiker die Vertauschbarkeit der Farbuntersuchungen an einem Smaragd an, so beeinflußt dies die Wahl der beschreibenden Sprache. Die Erwartung, daß der ausgewählte Smaragd bei der betreffenden Untersuchung grün sein wird, wird durch die Feststellung der grünen Farbe am betreffenden Smaragd *realisiert*. Wird diese Erwartung unter Bezugnahme auf die Resultate früherer Untersuchungen *begründet*, so setzt dies eine

Präzisierung der festgestellten Resultate durch „grün" voraus. Es gilt daher für den Smaragd, daß er bei jeder bisher durchgeführten Untersuchung grün war. Die *Prognose* also, daß S grün sein wird, setzt die Vertauschbarkeit der Farbuntersuchungen dieser Untersuchungsreihe voraus.

Die Erwartung, der genannte Smaragd werde grue sein, ist dagegen *realisiert* genau dann, wenn der Smaragd sich bei der betreffenden Untersuchung als *blau* erweist. Die Begründung dieser Erwartung aber setzt eine Präzisierung des Festgestellten durch „grue" voraus. Das bedeutet aber, daß die bisher angestellten Untersuchungen *grün* waren. Damit besteht die oben geforderte Vertauschbarkeit der Untersuchungen der Reihe im Falle der Prognose, daß der Smaragd grue sein wird, nicht.

Der Prognostiker muß sich also angesichts der Forderung (ii) für die G-Sprache und gegen die G'-Sprache zur Beschreibung des vorliegenden Problems entscheiden. Damit ist das gestellte kurzfristige Prognoseproblem gelöst. Diese Lösung ist allerdings nicht endgültig, d. h. der Prognostiker kann sich unter Heranziehung weiterer Zusatzinformation ohne weiteres auch für „grue" und also gegen „grün" entscheiden. Seine Entscheidung hängt ja maßgeblich von der jeweils herangezogenen Zusatzinformation ab, deren Elemente als Annahmen über die Vertauschbarkeit von Ereignissen im Hinblick auf das Bezugsereignis der Prognose aufgefaßt werden können. Damit ist die Lösung des Problems abhängig von der Ansicht des Prognostikers über die jeweils gestellte *Frage*, deren Antwort die Prognose sein soll. Im Beispiel *Goodmans* ist nach *der* Farbe untersuchter Smaragde gefragt. Daraus ergibt sich die Forderung, daß die betreffenden Untersuchungen in der Weise zu regeln sind, daß nicht ein und derselbe Smaragd je nach ausgeführter Untersuchung verschiedene Farben aufweist. Hätte man dagegen nach der Änderung der Farbe an Smaragden unter bestimmten Bedingungen gefragt, könnte zur Beschreibung dieses Problems ohne weiteres „grue" geeignet sein. Entsprechende Änderungen der Beschreibung können auch dann notwendig sein, wenn man das Beispiel *Goodmans* als *langfristiges* Problem betrachtet. In diesem Fall hat der Prognostiker hinsichtlich verschiedener Zeitpunkte zugleich Stellung zu beziehen. Hierbei kann es sich als der Situation entsprechend erweisen, daß Farbuntersuchungen im Hinblick auf die Veränderung bestimmter Farben erfolgen. Es kann daher die langfristige Prognose lauten: „Der zu T untersuchte Smaragd wird grue sein, dagegen wird in *kurzer* Frist zum selben Zeitpunkt erwartet, daß dieser Smaragd grün sein wird.

Allgemein läßt sich festhalten:

Die *Zusatzinformation* umfaßt *Annahmen* über die *Vertauschbarkeit* der *Ereignisse* im Hinblick auf das jeweils gestellte Problem.

Diesen Informationen entsprechend erweisen sich zur Beschreibung der Ereignisausgänge jeweils verschiedene *Sprachen* als adäquat: Die entsprechenden *Prädikate* müssen dabei den angenommenen Vertauschbarkeitsverhältnissen Rechnung tragen.

3. Der teleologische Begriff „Information"

Als Ergebnis der vorangehenden Untersuchungen kann festgehalten werden, daß die Frage nach der Begründung von Erwartungen und damit zugleich ihrer *semantischen Bewertung nicht* in einer *absoluten* Weise beantwortet werden kann. Vielmehr sind Prognosen als Antworten auf spezifische Fragestellungen zu sehen. Es bestehen demnach jeweils in charakteristischer Weise *strukturierte Prognoseprobleme*. In Abhängigkeit von ihrer Struktur erfolgt die semantische Bewertung der in ihrem Rahmen auftretenden Erwartungsausdrücke. Dieser Tatbestand läßt sich auch in der Weise ausdrücken, daß man sagt, jede bestimmte Frage erfordere eine hinsichtlich ihrer Gestalt wohlbestimmte Antwort. Zur Auszeichnung der Erwartung als Prognose und damit zur *Lösung* des jeweiligen Prognoseproblems ist vorauszusetzen, daß das betreffende Problem *Information* in geeigneter Gestalt enthält. Diese Art der Information wird als *relevant* bezeichnet und so der *irrelevanten* Information gegenübergestellt, die im Hinblick auf die Beantwortung der gestellten Frage nicht von Bedeutung ist. Zunächst läßt sich nun die Problemstruktur dahingehend charakterisieren, daß man das entsprechende Problem nach der Art der in ihm enthaltenen relevanten Information klassifiziert. Die dabei zutage tretende allgemeine Struktur von Prognoseproblemen besteht darin, daß zwei unterschiedliche Ausdrucksklassen bezüglich der Disjunktion einander homomorph zugeordnet sind: die Klasse der sogenannten *Erwartungsausdrücke* und die Klasse der diese präzisierenden *Aussagen* im logischen Sinne. Die Klasse der dabei auftretenden Homomorphismen wird als *relevante Information* innerhalb dieses Problems bezeichnet. Diese Fassung des Informationsbegriffs ist von dem heute allgemein bekannten Informationsbegriff der Nachrichtentechnik grundsätzlich zu unterscheiden, obwohl beide Arten der Information ihrer Funktion nach verwandt sind. Der Unterschied muß primär darin gesehen werden, daß es sich beim prognostischen Informationsbegriff um einen *qualitativen* Begriff handelt. Dagegen wird im Rahmen der Nachrichtentechnik, gestützt auf rein syntaktische Überlegungen, ein *quantitativer* Informationsbegriff eingeführt. Man stützt sich dabei auf wahrscheinlichkeitstheoretische Erwägungen und setzt damit bereits Probleme von *bestimmter Struktur* voraus. Die beiden Arten der Information gemeinsame *Präzisierungsfunktion* wird daher in diesem Zusammenhang sehr eng aufgefaßt: Die *Unsicherheit* – gemessen durch Wahrscheinlichkeitswerte – des Auftretens der entsprechenden Alternativen wird durch hinzutretende Information verkleinert (vgl. *Hintikka/Suppes* 1970, S. 3–27). Dieser Informationsbegriff läßt sich im Zusammenhang mit Prognoseproblemen nicht anwenden, da man durch seine Anwendung wieder zur Annahme eines wahrscheinlichkeitstheoretisch begründeten Kriteriums zur Begründung von Erwartungen gedrängt wird: zum Versuch einer Begründung, die sich auf die Realisierung der betreffenden Erwartung stützt und daher als inadäquat betrachtet werden muß. Im vorliegenden Zusammenhang besteht die *Präzisierung* erwarteter Zusammenhänge durch hinzutretende Information dadurch, daß inexakten Ausdrücken exakte in eindeutiger Weise zugeordnet werden. Dadurch wird eine *Interpretationsgrundlage* angesichts des vorliegenden Problems *geschaffen;* die beobachteten Fakten werden in gewissem Sinne theoretisch *interpretiert*. Die solchermaßen charakterisierte relevante Information läßt sich zunächst dahingehend unterscheiden, daß sie entweder *umkehrbar* – und damit ein *Isomorphismus* – ist oder *nichtumkehrbar*. Die entsprechende Information wird *unvervollständigbar* bzw. *vervollständigbar* genannt. Die entsprechenden Probleme heißen in Anlehnung an die durch *Helmer* und *Rescher eingeführte* Terminologie exakt bzw. *inexakt* (vgl. *Helmer/Rescher* 1959). Im Falle exakter Probleme besteht eine Eindeutigkeit der Interpretation in etwa folgendem Sinne: *Alle* im Rahmen der relevanten Information dieses Problems möglichen Zuordnungen (Informationen) führen zu theoretischen Präzisierungen, die *logisch äquivalent* sind. Dies ist bei *inexakten* Problemen nicht der Fall. Hier gibt es innerhalb der relevanten Information immer *Teilklassen*, die zu im logischen Sinne *nicht-äquivalenten* Präzisierungen führen. Angesichts dieser Art von Problemen tritt die Frage nach der *Stellungnahme* des Prognostikers an den genannten theoretischen Alternativen auf. Soll diese Stellungnahme keine rein psychologische und daher weitgehend *irrationale* Angelegenheit sein, stützt sie sich auf *Information*, die zur relevanten Information zum Zwecke ihrer relativen Vervollständigung – nur dadurch kann die Lösung inexakter Prognoseprobleme erreicht werden – hinzutritt. Wir nennen diese Information *Zusatzinformation*. Sie ist scharf von den bisher genannten Typen der Information zu unterscheiden, da sie *Annahmen* des Prognostikers über das Problem enthält, die seine Stellungnahme zur bereits vorliegenden relevanten Information bestimmen. Sie sind in diesem Sinne zu Recht als „Apriori-Annahmen" (vgl. *v. Kutschera* 1972, S. 159 f.) zu bezeichnen.

a. „Fragesysteme" und semantische Bewertung

Der eben geschilderte Zusammenhang wird durch *Mitroff* und *Turoff* in besonders klarer und eindringlicher Weise geschildert:
„No matter how well established and technical the field of technological forecasting becomes in its development, it can never become a purely technical or scientific concern. There will always remain at the heart of forecasting a basic philosophical element which can never be completely removed. The basic, ineradicable philosophical element is expressed by any one of the following questions:

What permits us to extrapolate from the past or the present to the future? What guarantees that the future will behave like the present or past? And, what *sure guarantee* do we have that the future will behave as our projections (i.e. our models) of its forecast (i.e. predict)? No matter what approach one takes towards the answering of these questions, one's answers will be indicative of a basic philosophical stance or position" *(Mitroff/Turoff* 1973 a, S. 113 f.).

Die Autoren stellen hier die sogenannten *Prognosetechniken* dem *philosophischen Standpunkt* gegenüber, der ihrer Meinung nach zur Erstellung jeder Prognose Voraussetzung ist. Den Kern dieser engen Verknüpfung zwischen „Philosophie" und „Wissenschaft" sehen sie in den drei genannten Fragen, die alle zu beantworten sind, soll eine entsprechende Erwartung *begründet* werden. Durch die Betonung des philosophischen Charakters der Begründung von Erwartungen wird mit vollem Recht der apriorische Charakter der Elemente der Zusatzinformation betont. Alle genannten Fragen betreffen die Stellungnahme des Prognostikers zu entsprechenden *Vertauschbarkeitsannahmen,* bezogen auf die innerhalb des betreffenden Problems vorliegenden Ereignisse. Der hierin angedeutete Ansatz – er besteht allgemein in der Fragestellung nach der Garantie für die Adäquatheit des zur Präzisierung des Prognoseproblems gewählten Ansatzes – wird in der Folge genauer expliziert, wozu der durch *Churchman* im Anschluß an *Singer* geprägte Begriff des „Fragesystems (Inquiring System)" herangezogen wird (vgl. *Churchman* 1971; *Singer* 1959). Ausgehend von der Voraussetzung *Singers,* wonach jede Frage die Struktur der möglichen Antworten bestimmt, betrachtet *Churchman* in dem genannten Buch historische philosophische Ansätze als Modellfälle für in bestimmter Weise geregelte Fragesysteme; die diesen Ansätzen entsprechenden philosophischen Systeme als Antwortsysteme auf die jeweils charakteristischen Fragestellungen. Er versucht, die jeweils wichtigsten Voraussetzungen dieser Fragesysteme möglichst kurz und übersichtlich zu formulieren. Eine Art von Kontrolle für seine entsprechenden Interpretationen sieht er in dem Entwurf von Strukturskizzen, die als Vorbereitung zur Erstellung eines Simulationsprogramms für Computer, das die wichtigsten Antworten des jeweiligen philosophischen Systems zu erzeugen gestattet. In unserem Zusammenhang ist nicht von besonderer Wichtigkeit, ob und inwiefern eine Erstellung eines derartigen Programms durchführbar ist oder sein kann, vielmehr ist der kurz skizzierte Ansatz *Churchmans* von Interesse, der eine *strukturelle* Klärung der jeweils zugrunde liegenden *Basisannahmen* zum Ziele hat. Insbesondere ist der behauptete enge Zusammenhang zwischen Prognoseproblemen und als Fragesystem verstandenen philosophischen Ansätzen von Bedeutung.

Als derartige Modellfälle werden durch *Churchman* die Ansätze von *Leibniz, Locke, Kant* und *Hegel* besonders betrachtet. Es geht dabei nicht in erster Linie darum, ob die einzelnen Systeme als solche treffend und vollständig interpretiert sind. Zunächst geht es nur um eine möglichst kurze und übersichtliche Charakterisierung dieser Ansätze als typische Fragesysteme, deren Beantwortung jeweils unterschiedliche Ansichten über die Rolle des vorausgesetzten *Wahrheitsbegriffs* – also über die Art der Stellungnahme zum vorliegenden Problem – voraussetzt. In dieser Hinsicht charakterisieren *Mitroff* und *Turoff* zunächst das *Leibniz*sche Fragesystem:

(1) Truth is *analytic*, i.e. the truth content of a system is associated *entirely* with its formal content. A model of a system is a *formal model* and the truth of the model

is measured in terms of *its* ability to offer a theoretical explanation of a wide range of general phenomena and in *our* ability as model-builders to state clearly the formal conditions under which the model holds.
(2) ..., Leibnizian IS not only regard the formal model component as separate from the data input component but prior to it as well..." *(Mitroff/Turoff* 1973 a, S. 117).

Das hierin geschilderte Verhältnis zwischen dem formalen Modell und dem Daten-Input entspricht weitgehend der von uns durchgeführten Analyse *exakter Prognoseprobleme:* Der Ebene der Erwartungsausdrücke (Beobachtungsausdrücke) – sie drücken die „Daten" aus, von denen hier die Rede ist – wird die Ebene der theoretischen Ausdrücke – das „formale Modell" – zugeordnet. Es wird vorausgesetzt, daß dieses Modell die *Wahrheit* über das geschilderte Problem *restlos* auszudrücken imstande ist. Diese Wahrheit wird daher als analytisch betrachtet. Eine vollständige Analyse des vorliegenden Problems ist prinzipiell durchführbar. Ob der gewählte formale Ansatz zum Erfolg, d. i. zu einer adäquaten Darstellung des Problems führt, hängt einzig und allein von der Fähigkeit des Analysierenden – des Prognostikers – ab, die Analyse zu Ende zu führen! – Ist dies der Fall, ist den Daten nicht weiteres zu entnehmen. Die logische Analyse führt grundsätzlich immer zur Wahrheit. Damit ist zugleich ausgedrückt, daß voraussetzungsgemäß die in den bearbeiteten Problemen vorliegende relevante Information als *vollständig* betrachtet wird, denn wir haben es mit *exakten* Problemen zu tun, die eine *affirmative* Erwartungsstruktur enthalten: Die auftretenden Erwartungen werden als begründet betrachtet. Die Begründungsweise von Prognosen ist daher *theoretisch*.

Diesem System wird das *Locke*sche Fragesystem gegenübergestellt:

„Truth is *experiental,* i. e. the truth content of a system is associated *entirely* with the empirical content. A model of a system is an *empirical model* and the truth of the model is measured in terms of *our* ability (a) to reduce every complex proposition down to its simple empirical referents (i. e. simple observations) and (b) to ensure the validity of each of the simple referents by means of the widespread, freely obtained agreement between different human observers.

(2) ... In sum, the data input sector is not only prior to the formal model or theory sector but it is separate from it as well..." *(Mitroff/Turoff 1973 a; S. 119.)*

Auch in diesem Zusammenhang wird ein *exaktes* Problem in unserem Sinne geschildert. Die beiden Komponenten „data-input-sector" und „theory-sector" – Klasse der Erwartungs-(Beobachtungsausdrücke) und Klasse der beschreibenden Ausdrücke – werden auseinandergehalten und einander gegenübergestellt. Hier wird nun eine vollständige empirische Analysierbarkeit der Daten vorausgesetzt. D. h. auch in diesem Fall sind die beiden Ausdrucksklassen einander *isomorph* zugeordnet. Allerdings werden die Erwartungen hier zumindest teilweise als unbegründet betrachtet. Ihre Realisierung bzw. Nicht-Realisierung entscheidet über Wahrheit. Über sie läßt sich immer eine Übereinstimmung zwischen den Beobachtern herbeiführen, sofern die Beobachtungen einwandfrei geregelt sind. Die Behandlung von Problemen im *Locke*schen Sinn setzt voraus, daß diese *unvollständige* Information enthalten, die nicht *vervollständigbar* ist. Diese Probleme lassen sich nur *probabilistisch* lösen.

Die bisher geschilderten Fragesysteme setzen beide voraus, daß die Fragen sich nur auf exakte Probleme beziehen. *Mitroff* und *Turoff* verweisen mit Recht darauf, daß die entsprechenden Fragestellungen nur angesichts *wohldefinierter* Probleme – also solcher Probleme sinnvoll angewandt werden können, über deren Struktur kein Zweifel besteht (vgl. auch *Mitroff/Blankenship* 1973, S. 339–341). Genaugenommen liegt in beiden Fällen die Voraussetzung vor, daß die behandelten Probleme exakt sind, d. h. daß letzten Endes kein ernsthaftes Problem bei der Interpretation der behandelten Probleme auftritt. Gerade in dieser Hinsicht unterscheiden sich die beiden folgenden Fragesysteme von den vorhin geschilderten.

Zunächst wird das *Kant*sche Fragesystem geschildert:

„(1) Truth is *synthetic,* i. e. the truth content of a system is not located in either its theoretical or its empirical components, but in *both*. A model for a system is a synthetic model in the sense that the truth of the model is measured in terms of the model's ability (a) to associate every theoretical term of the model with some empirical referent and (b) to show that (how) underlying the collection of every empirical observation related to the phenomenon under investigation there is an associated theoretical referent.

(2) ... *Theory and data are inseparable.* In other words, Kantian IS require some coordinated image or *plan* of a system as a whole before any sector of the system can be worked on or function properly" *(Mitroff/Turoff* 1973 a, S. 122).

Die hier skizzierte Auffassung des zu bearbeitenden Problems geht zwar auch davon aus, daß eine Zuordnung zwischen der „Theorie" und dem „Inputsektor" besteht. Es wird aber *nicht* davon ausgegangen, daß diese ein *Isomorphismus* sei. Die Frage nach der *Adäquat*-

heit der Beschreibung rückt hier ins Zentrum der Betrachtung, da weder eine vollständige empirische noch eine vollständige theoretische Analysierbarkeit des Problems vorausgesetzt wird. Da es dieser Auffassung gemäß im Rahmen der relevanten Information weder theoriefreie Daten noch eine beobachtungsfreie Theorie geben kann, sind beide Ausdrucksklassen innerhalb des entsprechenden Prognoseproblems *nicht* durch Analyse *restlos* aufeinander reduzierbar. Somit gibt es jedenfalls *unterschiedliche Modelle* zur Interpretation derselben Daten, die ihrerseits durch diese Interpretation zu unterschiedlichen Informationen werden. Es liegt daher voraussetzungsgemäß ein *inexaktes* Problem vor. Die darin enthaltene Information ist *vervollständigbar*. Im Gegensatz zu den bisher behandelten Fragesystemen von *Locke* und *Leibniz* erweist es sich angesichts der betonten *Standpunktabhängigkeit* der Interpretation inexakter Probleme als notwendig, *zusätzliche Information* explizit zu berücksichtigen, um zu einer Lösung des entsprechenden Problems zu gelangen. Entsprechendes gilt auch für das sogenannte *Hegel*sche Fragesystem:
„(1) Truth is *conflictual*, i. e. the truth content of a system is the result of a highly complicated process which depends on the existence of a *plan* and a *diametrically opposed counterplan*. The plan and the counterplan represent strongly divergent and opposing conceptions of the whole system. The function of the plan and the counterplan is to engage each other in an unremitting debate over the ‚true' nature of the whole system, in order to draw forth a new plan that will hopefully reconcile (synthetize, encompass) the plan and the counterplan.
(2) . . . by itself the input sector is totally meaningless and only becomes meaningful, i. e. ‚information' by

being coupled to the plan and the counterplan. Further it is postulated that there is a particular input data set which can be shown to be consistent with both the plan and the counterplan ... Thus, under this system of inquiry, the plan and the counterplan, which constitute the theory sector, are prior to the input sector and indeed constitute opposing conceptions of the whole system ..." (*Mitroff/Turoff* 1973 a, S. 124).

Es liegt voraussetzungsgemäß ein inexaktes Problem vor, denn der „Datensektor" – die Klasse der Erwartungen – und der „Theoriesektor" – Klasse der Beschreibungen – werden auch hier auseinandergehalten. Das Gewicht der Schilderung ruht nun auf der Betonung des Vorliegens *unterschiedlicher* Beschreibungen – „Plan" und „Gegenplan" – zu einer einzigen Datenmenge. Die *Interpretation* des Festgestellten ist also in diesem Zusammenhang ausschlaggebend. Die Zuordnung zwischen Erwartungen (Daten) und Beschreibungen (Plan) ist aus diesem Grunde nicht umkehrbar. Die hier geschilderte allgemeine Situation erinnert stark an die in den vorangehenden Abschnitten analysierten Beispiele der Trendprognose und des *Goodman*schen Problems. Bis zu diesem Punkt der Betrachtung besteht noch kein nennenswerter Unterschied zwischen *Kant*schen und *Hegel*schen Fragesystemen. Beide Systeme setzen offenbar *inexakte* und damit schlecht strukturierte (vgl. *Mitroff/Blankenship* 1973, S. 339–341) Probleme voraus. Der Unterschied zwischen beiden Systemen besteht nun nach *Mitroff und Turoff* darin, daß die *Unterschiede* zwischen den *verschiedenen* theoretischen Versionen bei der Deutung derselben Daten im Falle *Kants* als *Komplementaritäten,* im Falle *Hegels* als *Widersprüche* aufgefaßt werden. Dementsprechend besteht im Rahmen des *Kant*schen Fragesystems die *Hoffnung,* daß es unter den aufgezählten unterschiedlichen Beschreibungen *eine* im Sinne des Entscheiders *beste* bzw. adäquateste gibt (vgl. *Mitroff/Turoff* 1973 b, S. 66). Diese Aussicht besteht im Rahmen des *Hegel*schen Fragesystems nicht. In diesem Falle erwartet man lediglich, daß das Austragen der Debatte zwischen den sich widersprechenden Standpunkten und Beschreibungen den Entscheider *eher* in die Lage versetzt, sich ein adäquates Bild der Situation zu bilden, als wenn dies zuvor nicht geschieht. In diesem Fall läßt sich also nur von einer relativ günstigen Lösung des Problems und nicht von einer besten Lösung sprechen. Das *Hegel*sche Fragesystem hat somit *heuristischen* Charakter (vgl. *Mitroff/Turoff* 1973 b, S. 68). Der in diesem Zusammenhang angesprochene Unterschied zwischen den beiden Fragesystemen liegt demzufolge darin begründet, daß verschiedene Voraussetzungen über die *Lösbarkeit* des vorliegenden inexakten Problems bestehen. Die Ergänzung der relevanten Information durch geeignete *Zusatzinformation* führt *schließlich* doch zu einer *endgültigen* Lösung. Das zunächst inexakte Problem wird dadurch in ein exaktes *übergeführt*. Die Beobachter können sich schließlich doch auf diese Problemanalyse *einigen*. Dies wird im *Kant*schen Fragesystem vorausgesetzt. Dagegen führt die Ergänzung relevanter Information durch Zusatzinformation im Sinne *Hegels* nie zu einer endgültigen Lösung, das Problem wird dabei nur *relativ* exaktifiziert und bleibt so immer *inexakt*.

Betrachtet man die in den vorangehenden Abschnitten III/1 und III/2 behandelten Beispiele *inexakter Probleme*, so neigt man dazu, die *Trendprognosen* eher einer *Hegel*schen Fragestellung zu unterwerfen, die *Goodman*sche Farbprognose dagegen entspricht eher der *Kant*schen Fragestellung. Im erstgenannten Fall ist eine endgültige Lösbarkeit des Problems kaum anzunehmen. Trotzdem bildet eine entsprechende Behandlung des Prognoseproblems sicherlich eine Verbesserung der Entscheidungsbasis für den Unternehmer. Die geschilderte Farbprognose, die sich auf eine Serie von Experimenten stützt, wird dagegen sicherlich als endgültig lösbar betrachtet, sobald eine geeignete Theorie vorliegt.

Der Vergleich dieser Fragesysteme mit unserer rein strukturellen Charakterisierung der Prognoseprobleme zeigt, daß es sich bei diesen tatsächlich um wichtige Typen von Systemen handelt, die sich im Hinblick auf die jeweils in ihnen enthaltene Information unterscheiden. Durch den eben beschriebenen Ansatz *Churchmans* wird besonders unterstrichen, daß die jeweils gestellte Frage nach der Begründung entsprechender Erwartungen von ganz spezifischen *Voraussetzungen* ausgeht, die die Antwort maßgeblich bestimmen. So wird bei der Lösung des Prognoseproblems im Sinne von *Leibniz* vorausgesetzt, daß das Problem *vollständige Information* enthält. Zur Lösung eines Prognoseproblems im Sinne *Lockes* dagegen setzt man voraus, daß dieses Problem *nicht vervollständigbare unvollständige Information* enthält. In beiden Lösungswegen setzt man voraus, daß die im Problem vorliegende Information *nicht vervollständigt* werden kann. Die betreffenden Analysen sind daher voraussetzungsgemäß *endgültig*. Löst man dagegen ein Prognoseproblem im Sinne *Kants* oder *Hegels,* setzt man voraus, daß die in diesem Problem enthaltene Information *vervollständigt* werden kann. Das Heranziehen von *zusätzlicher Information* führt allerdings bei einer Lösung nach *Kant* voraussetzungsgemäß zu einer *endgültigen* Lösung. Schließlich wird also doch ein Informationsstand erreicht, der nicht vervollständigt werden kann. Löst man dagegen ein Prognoseproblem im

Sinne *Hegels*, setzt man damit zugleich voraus, daß die vervollständigbare Information in diesem Problem durch Heranziehen geeigneter Zusatzinformation *nicht* unvervollständigbar wird, sondern dabei immer vervollständigbar *bleibt*.

Diesen Voraussetzungen entspricht die *semantische Bewertung* im Rahmen des Modells (X, R, H). Insbesondere wird die Belegungsfunktion H je nach der betreffenden Voraussetzung unterschiedlich erklärt. Im Falle exakter Probleme – also bei einer Lösung nach *Leibniz* oder *Locke* – fällt die Funktion H bekanntlich mit der Funktion F der zweiwertigen Belegung zusammen, da in diesen Fällen *Unbestimmtheiten* der Bewertung nicht auftreten. Die beiden Systeme unterscheiden sich *nur* im Hinblick darauf, ob die Bewertung im *logischen* oder *faktischen* Sinne verstanden wird. Im Speziellen geht z. B. Leibniz davon aus, daß logische Widersprüche mit Sicherheit feststellbar sind. Er ist daher in der Lage, die „Wahrheit" durch das Nicht-Vorkommen eines derartigen Widerspruchs zu erklären (vgl. *Leibniz:* Monadologie § 31). In der Folge bringt er dann seine berühmte Unterscheidung zwischen „Vernunft- und Tatsachenwahrheit" (vgl. *Leibniz:* Monadologie § 33): Es handelt sich dabei um logisch widerspruchsfreie Aussagen, die nicht im Widerspruch zu ihren „Gegenteilen" stehen (Tatsachenwahrheiten) oder die im Widerspruch zu ihren „Gegenteilen" stehen (Vernunftwahrheiten). Man sieht aus dieser kurzen Darlegung, daß die Belegungsfunktion F sich an *rein logischen* Verhältnissen orientiert. Geht man dagegen von den „Tatsachenwahrheiten" im Sinne von *Leibniz* bei der Bewertung durch F aus, indem einfach festgestellt wird, daß eine Aussage p auf den beschriebenen Sachverhalt ‚p' zutrifft, so hat man es mit faktischen Verhältnissen zu tun und erhält eine dem Fragesystem *Lockes* entsprechende Bewertung. Wird ein Prognoseproblem im Sinne von *Kant* oder *Hegel* gelöst, so unterscheidet sich die H-Funktion von der F-Funktion. In diesen Fällen treten ja *Unbestimmtheiten* der *provisorischen* Bewertung durch U auf. Diese werden bei Interpretation durch die endgültige Bewertung gemäß H beseitigt. Grundlage dazu ist die Bereinigung der *Deutungskonflikte,* die in inexakten Problemen auftreten. Die Art dieser Bereinigung unterscheidet die beiden Fragesysteme hinsichtlich des zugrundeliegenden *Wahrheitsbegriffs*. Rechnet man mit *Kant* mit der *Erreichbarkeit* einer endgültigen Lösung, so hat man bei der Bewertung der Ausdrücke gemäß H im Sinne der *modifizierten zweiwertigen* Logik *Körners* vorzugehen. Man hat sich also einen Überblick über *alle* Möglichkeiten der Konfliktbereinigung zu verschaffen. Eine Bewertung, die in jedem dieser Fälle unverändert bleibt, ist adäquat. Unter diesen Fällen ist auch *die* bisher noch unbekannte *beste* Lösung zu erwarten! – Hier handelt es sich um eine ausschließlich *logisch* orientierte Bewertung. Sie ist in dieser Hinsicht mit der *Leibniz*schen F-Bewertung vergleichbar.

Geht man dagegen mit *Hegel* von der grundsätzlichen *Unmöglichkeit* einer *endgültigen* Bereinigung des vorliegenden Deutungskonflikts aus, muß mit einer *relativen* Bereinigung gerechnet werden. In diesem Fall ist eine geeignete *Teilklasse* aus der Klasse aller möglichen Bereinigungsweisen auszuwählen. Auf diese bezieht sich dann die Bewertung gemäß H. Bei dieser Auswahl orientiert man sich an der jeweils vorliegenden *Zusatzinformation*. Der Prognostiker ist *bestrebt,* die in der entsprechenden Situation umfangreichste Teilklasse auszuwählen. Um dieses Ziel zumindest annäherungsweise erreichen zu können, wird bereits durch *Hegel* eine Vorgehensweise empfohlen, die als *dialektische Methode* bezeichnet wird. Es wird auch durch *Churchman* (vgl. *Churchman* 1971, S. 170–179) und im Anschluß an ihn durch *Mitroff* (vgl. *Mitroff* 1971), *Mitroff* und *Betz* (vgl. *Mitroff/Betz* 1972) und durch *Mason* (vgl. *Mason* 1969) versucht, das Konzept der „dialektischen Methode" im Sinne eines *Fragesystems* zur Behandlung *inexakter* Probleme zu deuten und auch für die Planungspraxis fruchtbar zu machen. Dabei ist davon auszugehen, daß die Deutung vorliegender Daten durch Prognostiker *unterschiedliche* – mindestens zwei verschiedene – Standpunkte zuläßt. Ein übersichtliches Beispiel für eine derartige Situation stellt der Fall der *Trendprognose* dar, wie er in III/1 a behandelt wird: Den Werten *einer* bestimmten statistischen Zeitreihe werden zwei *verschiedene* Trendfunktionen f und g statistisch angepaßt. Sie können als *gleichermaßen adäquate* Beschreibungen des vorliegenden Problems betrachtet werden je nachdem, welche *Voraussetzungen* der Interpretation zugrunde gelegt werden. Die entsprechenden Deutungen – sie gehen von unterschiedlichen „Weltanschauungen" aus – können als gewissermaßen *entgegengesetzt* betrachtet werden. Im Interesse der Auswahl einer *möglichst umfangreichen* Deutungsklasse wird nun danach gestrebt, diejenigen Weltanschauungen zu finden, die den größten Gegensatz aufweisen. Diese können im Sinne *Hegels* als „These" und „Antithese" bezeichnet werden, sofern man mit diesem Begriffspaar *nicht* die Vorstellung eines absoluten logischen Widerspruchs verbindet. Es ist ja bereits vom Ansatz dieser Vorgehensweise her klar, daß es sich gemäß *Churchman* eben um das Anstreben relativer Lösungen handelt. Damit besteht auch der in diesem Zusammenhang verwertete „Gegensatz" nur relativ zur jeweils gegebenen Prognosesituation. Er kann nur im Rahmen einer *Deutung* als extrem betrachtet werden, nicht etwa aufgrund eines absoluten Maßstabs. – Jede dieser relativ extremen Deutungen des vorliegenden Problems stützt sich auf entsprechende zusätzliche Information – die sogenannte „Weltanschauung" des Prognostikers. Betrachtet man also f und g im Trendbeispiel als solche Gegensätze, so ist im nächsten Schritt nach einer Beschreibung h zu fragen, die sich auf zusätzliche Information über dieses Problem stützt, derart, daß die wichtigsten Elemente *beider* extremen Weltanschauungen in ihr enthalten sind. Dies läßt sich im Trendbeispiel etwa dadurch erreichen, daß man nicht die beiden Voraussetzungen der konstanten Zunahme absoluter Differenzen – sie führt zur Beschreibung durch eine *lineare* Funktion – bzw. der konstanten Zunahme der relativen Differenzen – sie führt zur Beschreibung durch eine *Exponentialfunktion* – gegeneinander ausspielt und dabei eine Entscheidung zugunsten der einen *oder* der anderen „Weltanschauung" herbeiführt. Vielmehr kann man davon ausgehen, daß in kurzer Frist eher die erste, in langer Frist dagegen eher die zweite Version zutrifft. Dieser Eindruck läßt sich durch die Wahl einer Funktion h zur Beschreibung der Situation erreichen, die sich aus einer exponentiellen und einer linearen Komponente zusammensetzt: – Man denke u. a. an die S-förmigen Funktionen. – Es gibt in diesem Beispiel allerdings auch andere Möglichkeiten zur Bildung dieser „Synthese", die sich je nach Situation und Deutung der Lage anbieten. Man hat es eben mit der Behandlung eines *inexakten Problems* zu tun und geht dabei von der Voraussetzung aus, daß jede Lösung *relativ* ist. In diesem Sinne stellt das *Hegel*sche Fragesystem einen typischen *heuristischen* Ansatz dar.

b. Die Typen inexakter Probleme und vervollständigbarer Information

Es liegt daher nahe, diesen Ansatz zunächst im Rahmen der *langfristigen Planung* anwenden zu wollen. Ein derartiger Versuch wird durch *Mason* beschrieben (vgl. *Mason* 1969, S. B–409–B–412). Es geht dabei darum, daß ein amerikanischer Stahlkonzern zwei Hauptziele verfolgt – einerseits soll der Gewinn nach Steuern wenigstens um 10% pro Jahr über einen Zeitraum von 10 Jahren hinweg gesteigert werden, andererseits soll die Rendite im zehnten Jahr wenigstens 8% betragen. Es ist nun ein *Plan* für den angegebenen Zeitraum von 10 Jahren zu erstellen, dessen Durchführung die Realisierung der angegebenen Ziele verspricht. Als Unterlage der angestrebten Planung wird erhoben, daß der bisher hohe Marktanteil am heimischen Markt im Sinken begriffen ist. Diese Tendenz scheint sich im Planungszeitraum aus verschiedenen Gründen zu verstärken. Dieser an Hand verschiedener Analysen erhärtete Befund gibt nun dem Management Anlaß zur Bildung zweier *entgegengesetzter* Ansichten: Zunächst wird durch beauftragte Experten empfohlen, das Geschäft auf den internationalen Markt auszudehnen, um dadurch dem im Inland wachsenden Konkurrenzdruck auszuweichen. Dagegen ist ein großer Teil der Führungskräfte der Meinung, daß gerade angesichts dieser Bedrohung verstärkte Aktivität auf dem heimischen Markt notwendig ist, um durch vermehrte Forschung und intensivierte Marktbearbeitung den bisher günstig gewesenen Anteil zumindest zu halten. Daher ist in ihren Augen von einer Expansion auf die internationale Ebene abzuraten. *Mason* veranlaßt nun die Exponenten der geschilderten Pläne, diese angesichts der vorliegenden Daten zu *begründen*. Er ist so in der Lage, jeden der beiden Standpunkte durch zehn Hauptvoraussetzungen zu beschreiben, die mit Hilfe derselben Daten in logisch einwandfreier Weise zur Aufstellung je eines der beiden Pläne führen. Der Katalog der auf diese Weise explizit gemachten Zusatzinformationen zum einen wie zum anderen Plan wird nun Punkt für Punkt einander gegenübergestellt. Den verschiedenen Managern und Planern wird auf diese Weise die Standpunktbezogenheit ihrer Pläne klar. Sie versuchen nun zu einer *neuen Sichtweise* des Planungsproblems zu gelangen. Diese besteht im großen und ganzen in der Einsicht, daß beide Standpunkte in dieser Lage zumindest zum Teil berechtigt sind. Man entschließt sich, beide Pläne im Rahmen eines festgelegten Zeitplanes zu realisieren, der die Abfolge der notwendigen Aktionen regelt.

Wir sehen an dieser abgekürzten Schilderung des durch *Mason* durchgeführten Projekts die strukturelle Übereinstimmung dieser Problemlösung mit dem im Rahmen des Trendbeispiels angedeuteten Vorgehen. Grundsätzlich betrachtet, besteht das Charakteristikum dieses Vorgehens in dem Versuch einer Bereinigung von Deutungskonflikten durch Interpretation des vorliegenden Problems, die in diesem Falle durch Gegenüberstellung und Diskussion der unterschiedlichen Standpunkte nahegelegt wird.

Das geschilderte Fragesystem *Hegels* erfüllt nach *Mason* die folgenden beiden Bedingungen:

„(1) It should expose the assumption underlying a proposed plan so that management can reconsider them.

(2) It should suggest new and more relevant assumptions upon which the planning process can proceed" (*Mason* 1969, S. B–406).

Die erstgenannte Bedingung ist unserer Auffassung nach zur Lösung *jedes* inexakten Problems Voraussetzung.

Die jeweils entscheidende *Zusatzinformation* ist zu artikulieren. Sie wird daher auch im Rahmen eines *Kant*schen Fragesystems erfüllt. Da aber in diesem Falle die *endgültige* Lösbarkeit des Problems vorausgesetzt wird, erfüllt dieses System nicht in jedem Falle die zweite Bedingung. Ist nämlich die endgültige Lösung erreicht, kann eine Neuinterpretation des Problems nicht zu problemadäquateren Lösungen führen. Die *Kant*sche Betrachtungsweise mündet somit in ein *Entscheidungsproblem* der klassischen Art, in dem zwischen *wohldefinierten* Alternativen zu wählen ist. Auf diese Weise bestimmt man die „beste" Lösung! –

Im Rahmen des *dialektischen Fragesystems* existiert voraussetzungsgemäß eine derartig wohldefinierte Entscheidungsstruktur nicht: Immer neue Alternativen lassen sich formulieren. *Mason* charakterisiert Probleme, die im Zeichen *Hegel*scher Fragesysteme adäquat gelöst werden können, in folgender Weise:

„1. Management is unaware of some important assumptions and is in doubt as to both the appropriate assumptions to adopt and the particular plan to choose. In this event there is no basic agreement on assumptions between the manager and the advisor (staff planner).

2. Management acknowledges that there may exist multiple interpretations of the data, each of which indicates a different relevancy of the organisation's databank to the choice to be made. Consequently the dialectic's alternative interpretation of the data is meaningful.

3. In cases of decision-making under uncertainty, the management looks to the advisor to point out *incidence* of the uncertainty or the key assumption upon which it turns instead of resolving or „absorbing" the uncertainty inherent in the situation..."(*Mason* 1969, S. B–412f.).

Der bei Mason folgende vierte Punkt kann in unserem

Zusammenhang aus der Betrachtung ausgeklammert werden. Er betrifft die im Rahmen der Wirtschaftspraxis wichtige Frage, ob sich der Aufwand für den Einsatz dieses relativ komplexen Systems im vorliegenden Fall auch lohnt. Die drei genannten Voraussetzungen kennzeichnen die betreffenden Probleme als *inexakt*, wobei (1) besonderes Gewicht auf die Rolle der *Zusatzinformation* bei der Vervollständigung unvollständiger Information legt. (2) betont die Existenz verschiedener Deutungen des Festgestellten – also die Struktur der *relevanten Information* in exakten Problemen. (3) unterstreicht den speziell *Hegel*schen Aspekt, daß nicht eine *endgültige Lösbarkeit* des vorliegenden Problems vorausgesetzt wird. Dementsprechend läßt sich nicht davon sprechen, daß die im Problem enthaltene Unsicherheit durch den Einsatz zusätzlicher Information beseitigt wird. Für unsere Zwecke ist festzuhalten, daß im Beispiel *Masons* von „Plänen" die Rede ist (vgl. *Churchman* 1973, S. 165–178). Diese wiederum sollen der Realisierung bestimmter *Ziele* dienen. Dieser Charakterzug der diskutierten Informationsproblematik erweist sich als zentral. Die in der Zusatzinformation jeweils enthaltenen *Vertauschbarkeitsannahmen* über die im Problem enthaltenen Ereignisse lassen sich zwanglos als derartige „Pläne" betrachten. In ihnen wird ja zum Ausdruck gebracht, welchen *Anforderungen* die betreffenden Ereignisse (Experimente, Erhebungen etc.) genügen *sollen,* damit sie der Beantwortung der im Rahmen des Problems gestellten Frage überhaupt erst dienen können. In diesem Sinne wird vom *apriorischen* Charakter dieser Annahmen gesprochen. Wie die bisher angestellten Untersuchungen zeigen, gibt es in der Regel unterschiedliche Annahmen dieser Art, die der Realisierung eines bestimmten gesteckten Zieles dienen können: Die Frage nach dem Gesamtumsatz eines bestimmten Unternehmens im kommenden Jahr wird durch Umsatzfeststellungen beantwortet, die im Hinblick auf gleichbleibenden Absolutzuwachs vertauschbar sind. Sie wird ebenso aber auch durch Umsatzfeststellungen beantwortet, die bei konstantem Relativzuwachs vertauschbar sind, usf. – Entsprechendes gilt für die Frage nach *der* Farbe von Smaragden im Beispiel *Goodmans:* Hier gelten Farbuntersuchungen als vertauschbar, wenn sie dieselbe *Farbe* als Ergebnis liefern. Die Frage nach der Farbe wird durch entsprechende Feststellungen beantwortet. Aber auch Farbuntersuchungen an Smaragden führen zur Beantwortung dieser Frage, die als vertauschbar gelten, wenn sie unter Umständen zu unterschiedlichen Ergebnissen hinsichtlich der Farbe führen. Es erscheint daher sinnvoll, verschiedene derartige Annahmen zu einer Klasse zusammenzufassen, wenn sie zur Realisierung eines gemeinsamen Ziels – der Beantwortung der gestellten Frage – beitragen. Allgemein werden derartige Klassen folgendermaßen charakterisiert:

„A teleological entity is an entity which is a member of a class of entities defined by the special properties: (a) no two members of the class are identical in every or even in any, ob their physical properties or structural characteristics; (b) all the members of the class are potential ‚producers‘ ... of a *common* end-‚product‘ ... It is the common endproduct that links the dissimilar teleological class" (*Mitroff/Blankenship* 1973, S. 341 f.).

Die in einem inexakten Prognoseproblem enthaltene *zusätzliche* Information wird dieser Terminologie entsprechend als eine *teleologische Klasse* betrachtet: Die in ihr enthaltenen Vertauschbarkeits*annahmen* über die in diesem Problem enthaltenen Ereignisse sind jedenfalls in struktureller Hinsicht *verschieden* (a). Sie dienen *alle* der Beantwortung der im Rahmen des Problems gestellten *Frage* nach dem Eintritt von Ausgängen bestimmter Ereignisse: Auf diese Weise können sie als potentielle „Produzenten" eines *gemeinsamen* „Produkts" – der angestrebten Prognose – betrachtet werden. Diese „Produktion" findet nur jeweils in einem ganz bestimmten strukturellen Rahmen statt, nämlich innerhalb eines bestimmten *Fragesystems*. Dies läßt sich auch so ausdrükken, daß man sagt, die Produkt-Produzenten-Relation sei nur jeweils auf einer ganz bestimmten Struktur erklärbar. Diese Betrachtungsweise geht auf *Singer* zurück, der teleologische Klassen „funktionale Klassen" nennt (vgl. *Singer* 1959, S. 260 und S. 326 ff.). Im Zusammenhang mit der Betrachtung der Zusatzinformation als teleologische Klasse ist hervorzuheben, daß diese Klasse *nur* im Rahmen *inexakter Probleme* nicht-leer ist. Dagegen liegt in *exakten* Problemen jeweils die leere teleologische Klasse vor. Man ersieht daraus die *Unabhängigkeit* der Lösung eines exakten Problems von der konkreten *Fragestellung:* Die Lösung ist *eindeutig vorgezeichnet,* so daß die Zielsetzung der Prognoseaufgabe gar nicht diskutiert werden muß, um zu ihr zu gelangen. Dagegen spielt diese Diskussion eine immer bedeutendere Rolle zur Erstellung der angestrebten Prognose, je weiter entfernt das Problem vom exakten Typ ist, d. h. je *unvollständiger* die vervollständigbare Information ist. In diesen Fällen ergibt sich eine *befriedigende* Beantwortung der gestellten Frage nur *mit Hilfe* geeigneter Zusatzinformation. Das bedeutet, daß zugleich die konkrete *Zielsetzung* der Prognoseaufgabe diskutiert werden muß. Mit anderen Worten: Steht Prognose im Zusammenhang mit Planung, so handelt es sich beim entsprechenden Problem um ein inexaktes, in dem *vervollständigbare* Information vorliegt. Dieser Zusammenhang wird bereits bei der Erörterung der Bereinigungsweisen von Deutungskonflikten angedeutet (vgl. II/2 c 4). Die dort betonte Frage der Unterscheidung zwischen Konflikten, die in *aktiver* Weise zu bereinigen sind, und solchen, die in eher passiver Weise bereinigt werden können, stellt sich nunmehr als Frage nach dem zugrundeliegenden Fragesystem dar. Der eben angedeutete Unterschied zwischen den Fragesystemen, die den Rahmen der Beantwortung der in dem jeweils vorliegenden Problem gestellten Frage mittels Zusatzinformation bilden, kann auch als Unterschied zwischen „theoretischem" und „praktischem" Wissen gesehen werden. Diese Vorstellung – ihr gemäß werden exakte Probleme als theoretisch, inexakte Probleme als praktisch betrachtet – liegt der Untersuchung *Rescher*s über die pragmatische Rechtfertigung der Anwendung bestimmter Wahrheitskriterien zugrunde:

„Of course, we must begin by specifying the relevant purposes for such a criterion, viz.,

(1) the cognitive purpose of affording the knowledge of truth: the purely intellectual aspect of providing information.

(2) the *practical* purpose of providing a satisfactory guide to our agency – i. e., a guide to satisfactory courses of action" (*Rescher* 1973, S. 6).

Er geht in diesem Zusammenhang davon aus, daß die semantische Bewertung bestimmter Aussagen mit Hilfe bestimmter – jeweils geeignet gewählter – *Kriterien* erfolgt. Diese Kriterien werden als *Mittel* zur Realisierung bestimmter *Ziele* gedeutet. Damit erweist sich die Betrachtungsweise *Rescher*s, ihrem Ansatz nach, mit der von uns vorgetragenen verwandt. *Funktioniert* die Methode M im Sinne der Realisierung des entsprechenden Ziels z, so kann diese Methode im Sinne der gestellten

Aufgabe als adäquat *betrachtet* werden (vgl. *Rescher* 1973, S. 5). *Rescher* betont in diesem Zusammenhang den Unterschied zwischen der oben geschilderten „praktischen" Denkweise, die aus einer *Annahme* der Methode M als geeigneter Weg zur Realisierung des gegebenen Ziels führt, und der „theoretischen" Denkweise, die zur *Feststellung* der zieladäquaten Methode M führt. Ausgehend von dieser Basis, gelangt er zum Schluß, daß die „praktische" Denkweise zur angestrebten Rechtfertigung nicht-pragmatischer Wahrheitskriterien geeignet ist, die „theoretische" dagegen nicht (vgl. *Rescher* 1973, S. 6). In unserem Zusammenhang interessiert der eben angedeutete Gedankengang nur am Rande. Von Interesse ist dagegen der beschriebene Ausgangspunkt der Argumentation, der *Rescher* in der Folge zu einer eingehenden Erörterung der möglichen Bedeutungen des Ausdrucks „M funktioniert relativ zu z" („M works...") zwingt. Wir können festhalten, daß *Rescher* von einem Problem der Bewertung von Ausdrücken spricht, das dem von uns untersuchten verwandt ist. Er betrachtet im Unterschied zu uns faktische Aussagen bzw. deren semantische Bewertung und ihre Voraussetzung. Bei uns steht die Bewertung von Erwartungsausdrücken im Vordergrund der Betrachtung. Wie *Rescher* interessieren wir uns für die Voraussetzungen derartiger Bewertungen. Daher wird in weitgehend entsprechenden Strukturen argumentiert. Die Frage nach der Rechtfertigung von semantischen Wahrheitskriterien führt in beiden Fällen dazu, daß eine geeignete *teleologische Klasse* betrachtet wird: einmal die Klasse der Zusatzinformationen, das andere Mal die Klasse der Wahrheitskriterien als Mittel zum oben geschilderten „praktischen Zweck", des Lieferns einer befriedigenden Handlungsanweisung.

„(W_c) If we use the criterion C as basis for accepting a

claim as to be acted on as true, then it will provide a satisfactory guide to action" (*Rescher* 1973, S. 6).

Trotz dieser sehr engen Berührung ergibt sich ein wichtiger Unterschied zwischen dem Standpunkt *Rescher*s und dem von uns vorgetragenen Standpunkt. *Rescher* gelangt nämlich zum Schluß, daß zur angestrebten Rechtfertigung der Methode M *nur ein Weg* geeignet ist. Der Nachweis des *Funktionierens* von M relativ zu z gelingt seiner Auffassung nach *nur* auf dem Wege der „Erfahrung" – wie er diese Strategie bezeichnet:

„*The Route of Experience*

This approach calls for an empirical justification of C on the basis of observed results. In effect we are to show that C has been tried and found to work out to satisfaction" (*Rescher* 1973, S. 12).

Bei der Gegenüberstellung der unterschiedlichen Rechtfertigungsstrategien geht *Rescher* davon aus, daß es *genau eine* allgemein anwendbare Strategie geben muß. Auf dem Wege einer ausgedehnten Argumentationskette gelangt er auf der Basis dieser Voraussetzung zum genannten Ergebnis. Dies zeigt, daß für ihn die Frage nach dem zugrundeliegenden *Fragesystem* bereits zugunsten des *Kant*schen Fragesystems gelöst erscheint, im Rahmen dessen ja die *endgültige Lösbarkeit* des entsprechenden Problems postuliert wird. Die in diesem Sinne endgültige Lösung besteht in der oben angedeuteten Strategie. *Rescher* selbst weist an verschiedenen Stellen seines Buches auf seine enge Beziehung zu *Kant* und zur *Kant*ischen Tradition hin (vgl. u. a. *Rescher* 1973, S. 18, Fußnote 6). Er stellt daher die Frage nach der Zusatzinformation, d. i. nach den nicht-pragmatischen Wahrheitskriterien, bereits *im* Rahmen des *Kant*schen Fragesystems. Dies zeigt sich auch an den verschiedenen Stellen seiner Untersuchung. Besonders deutlich zeigt sich diese Denkstruktur in der folgenden Darstellung der pragmatischen Bewertung eines Wahrheitskriteriums auf dem Wege der Erfahrungsstrategie, die am Ende seiner Untersuchung zu finden ist:

„The components of a pragmatic validation of a truth-criterion that takes the route of an appeal to experience are as follows:

(1) A practical principle of regulative import is invoced to afford the plausibility (not truth) of matters of record.

(2) We note (as matters of record) that employment of the truth-criterion C has provided the C-validated propositions $p_1, p_2, \ldots$

(3) We note (as matters of record) that in various cases we acted upon these C-validated propositions.

(4) We note (as matters of record) that effectively adventageous results obtained in these cases – at least by and large.

(5) We note (as matters of record) that comparably advantageous results did not obtain in these cases where we acted upon criterion $C', C'', \ldots$, that are alternative to C.

(6) A practical principle of regulative import is invoked to afford the plausibility (not truth) of the claim that the advantageous results that ensued upon the use of C where obtained *because* we employed C. Accordingly we attribute these results to C, and so obtain the essential premiss that ‚C works' in the pragmatic manner suitable for its methodological validation on grounds of ‚success'.

(7) We then take the crucially pragmatic step of moving inferentially from the premiss that ‚C works' in this practical/affective sense to the conclusion of

the (methodological) appropriateness of C, with the full range of wider implications that this carries with it" (*Rescher* 1973, S. 21 f.).

Hierin wird mit vollem Recht der Unterschied zwischen der faktischen Wahrheit – sie soll durch diese Denkstrategie erst bestimmt werden – und den apriorischen *Annahmen,* die zur angestrebten Rechtfertigung Voraussetzung sind, unterstrichen. Er spricht in diesem Zusammenhang von „Plausibilität" im Gegensatz zu „Wahrheit". Wir sehen darin zugleich wieder die Bestätigung dafür, daß *Rescher* hier eine *Strategie* zur Behandlung *inexakter* Probleme darstellt. Elemente der Zusatzinformation sind sicherlich nicht im selben Sinne als „wahr" oder „falsch" zu bezeichnen wie die mit ihrer Hilfe erzeugten Antworten auf die im Problem gestellte Frage – in unserem Zusammenhang die *Prognose* –. „Erfahrung" wird im Sinne *Reschers* beschrieben durch die Bedingungen (2)–(5). Er betrachtet hierbei *verschiedene* Elemente der Zusatzinformation, deren *Funktionieren* im Hinblick auf das Ziel z schrittweise durch angestellte Beobachtungen und *Vergleiche* nachgewiesen werden soll. Wir betrachten besonders die Bedingung (5) als charakteristisch für das durch *Rescher* zugrunde gelegte *Fragesystem:* Hierin werden Alternativen, deren Zugehörigkeit zur selben teleologischen Klasse durch die Untersuchungen gemäß (2)–(4) bereits erwiesen ist, im Hinblick auf ihre Effektivität relativ zu z verglichen. Man stellt dabei fest, daß jedes der anderen Elemente $C', C'', \ldots C$ in dieser Hinsicht *unterlegen* ist. Es handelt sich also hier um ein Schema der klassischen *Entscheidungstheorie:* Unter diversen Alternativen – sie sind im Hinblick auf z bewertet – wird die vergleichsweise „beste" *ausgewählt*. Hierin erweist sich klar, daß *Rescher* einen *Kant*schen Ansatz verfolgt, denn diese Vorgangsweise hat *nur* Aussicht auf Erfolg, wird vorausgesetzt, es gebe *genau eine* Lösung des Problems. Wird unter dieser Voraussetzung eine genügend umfangreiche Zusatzinformation zugrunde gelegt, erweist sich eine der darin auftretenden Alternativen voraussetzungsgemäß als die „beste". Wird dagegen die endgültige Lösbarkeit des betreffenden Problems *nicht* vorausgesetzt, ist das durch *Rescher* empfohlene Vorgehen auch in seinem Sinne nicht zielführend, denn je nach der vorliegenden Situation erweist sich dann unter Umständen eine andere, vielleicht sogar noch gar nicht ins Auge gefaßte, Alternative als „besser" zur Beantwortung der gestellten Frage geeignet als das Kriterium C. Die „Erfahrung", von der *Rescher* an dieser Stelle spricht, ist also „Erfahrung" im Sinne *Kants* und nicht „Erfahrung" im Sinne *Hegels*. Im Gegensatz zu *Rescher* ist daher zu betonen, daß zur Rechtfertigung von Kriterien C nicht nur eine Strategie herangezogen werden muß. Vielmehr läßt sich zu diesem Zweck jedes Fragesystem verwenden, das die Behandlung inexakter Probleme gestattet. Allgemein ist zu betonen, daß bei der Behandlung inexakter Probleme immer zusätzliche Information eine bestimmte Rolle spielt. Die Feststellung, ob eine bestimmte *Annahme* als Element dieser teleologischen Klasse gelten kann oder nicht, hängt von der Wahl des zugrunde liegenden Fragesystems ab. Damit zugleich ergibt sich auch die Abhängigkeit der konkreten Bewertung der Ausdrücke des Problems durch die Funktion H im Rahmen des Modells (X, R, H) von dem jeweils gewählten Fragesystem.

Der eben ausführlich erläuterte Unterschied zwischen *Kant*schen und *Hegel*schen Fragesystemen läßt sich kurz durch die *Fragestellungen* charakterisieren, deren Antworten die gesuchten Prognosen sind:

– *Kant*sche Fragesysteme bilden den Rahmen zur Beantwortung zur Frage nach *der* Lösung des vorliegenden Problems.

– *Hegel*sche Fragesysteme bilden den Rahmen zur Beantwortung zur Frage nach *einer* angemessenen Lösung des vorliegenden Problems.

Diesem Unterschied entsprechend weist die *Zusatzinformation*, die zur Beantwortung der betreffenden Fragestellungen führt, unterschiedliche Struktur auf. Während nämlich die Informations*ergänzung* im erstgenannten Fall an einer geeigneten Stelle *abbricht* – die Lösung ist gefunden –, läßt sie sich im anderen Falle *beliebig fortsetzen*. Sie liefert ja in jedem Schritt immer nur *eine relativ günstige* Lösung, eine Lösung, die für diese Situation in genau diesem Zustand *angemessen* ist. Die eben geschilderte Struktur läßt sich also dadurch charakterisieren, daß man die teleologische Informationsklasse im *Hegel*schen Fragesystem als Klasse von Klassen beschreibt, die ihrerseits jeweils in mindestens zwei verschiedene Teilklassen zerfallen. Inhaltlich gesprochen besteht die Zusatzinformation eines im Rahmen des *Hegel*schen Fragesystems behandelten Prognoseproblems nur aus Teilinformationen, die jeweils aus *entgegengesetzten* Teilinformationen, d. i. „Weltanschauungen" bestehen. Jedes Element der Zusatzinformation enthält eine „These" und eine „Antithese". Unter noch zu behandelnden Voraussetzungen kann eine *teleologische Klasse* dieser Struktur nach *Churchman* als *teleologisches System* bezeichnet werden:

„. . ., every system is teleological and has teleological parts . . . and one system is more effective than an other if its parts are more effective . . . Hence the most effective system has the most effective parts" (*Mitroff/Blankenship* 1973, S. 342).

Diese Erklärung – die genannten Autoren bringen zuvor eine formale Definition dieses Begriffs – stützt sich auf die entsprechenden Begriffsbildungen *Churchmans* (vgl. *Churchman* 1971, S. 42 ff.) und *Singers* (vgl. *Singer* 1959, S. 326–343). Im Hinblick auf die erstgenannte Bedingung stellt die *Hegelsche Zusatzinformation* ein teleologisches System dar. Die *Kantsche* Zusatzinformation ist zwar eine teleologische Klasse, aber kein teleologisches System. Die zweite der genannten Bedingungen betrifft die Effektivität des betreffenden Systems oder Teilsystems im Hinblick auf die Realisierung des jeweils angestrebten Ziels. Wie in der Darstellung *Reschers* wird versucht, diese zur Fassung des Standpunkts des Prognostikers relativ zum gestellten Problem heranzuziehen. Dabei genügt für den hier geschilderten Systembegriff bereits ein rein komparativer Effektivitätsbegriff. Man muß feststellen können, welches von zwei verschiedenen Systemen (teleologischen Objekten) relativ zum angestrebten Ziel adäquater ist. Im Hinblick auf die Behandlung von Prognoseproblemen ist das Ziel die Erstellung einer entsprechenden Prognose. Dazu erweisen sich in der Regel unterschiedliche Vertauschbarkeitsannahmen bzw. Gruppen solcher Annahmen als geeigneter als andere, sofern die Fragestellung im Sinne eines entsprechenden Fragesystems präzisiert ist. Dies zeigen bereits die von uns behandelten einfachen Beispiele deutlich (vgl. III/1, 2). Obwohl gerade im Hinblick auf die *Messung* derartiger Effektivitätsgrade derzeit ernste Probleme bestehen, ist auf Grund der genannten intuitiven Befunde davon auszugehen, daß diese offenen Probleme in Zukunft gelöst werden können. Man kann festhalten, daß – zumindest in einem vorläufigen Sinne – die zur Lösung der entsprechenden *inexakten* Prognoseprobleme notwendige Zusatzinformation eine teleologische Klasse darstellt, die im Falle des *Hegel*schen Fragesystems sogar als teleologisches System bezeichnet werden kann. Zusammenfassend kann somit als Ergebnis der vorangehenden Untersuchung des Zusammenhangs zwischen Prognose und Information in inexakten Problemen festgehalten werden:

Inexakte Probleme enthalten stets eine *teleologische Klasse* der zu ihrer Lösung erforderlichen *Zusatzinformation*. Sie lassen sich daher einteilen in folgende Kategorien:

(i) *Endgültig lösbare* Probleme. Die in ihnen enthaltene teleologische Klasse von Apriori-Annahmen ist kein teleologisches System.
(ii) *Vorläufig lösbare Probleme*. Die in ihnen enthaltene teleologische Klasse ist ein *teleologisches System*.

Jede dieser Problemkategorien enthält entsprechende *relevante Information:*

(i) *Endgültig vervollständigbare Information* ist in endgültig lösbaren Problemen enthalten. Der ihr entsprechende nicht-umkehrbare Homomorphismus der Erwartungsstruktur in die Aussagenstruktur wird durch Zusatzinformation zu einem Isomorphismus ergänzt.
(ii) *Relativ vervollständigbare Information* ist in vorläufig lösbaren Problemen enthalten. Der ihr entsprechende nicht-umkehrbare Homomorphismus der Erwartungsstruktur in die Aussagenstruktur wird durch Zusatzinformation *nicht* zu einem Isomorphismus ergänzt.

Anhang

A. Das semantische Erwartungsmodell

Zwei *Klassen* von Ereignissen liegen vor: X, Y. Durch die *Elemente* f einer *Klasse* von *Homomorphismen* F bezüglich der *Ereigniszusammensetzung* (vgl. II/2 c 3) wird X in Y abgebildet: $f: X \to Y$. Durch diese Homomorphismen werden *Deutungskonflikte* in X im Hinblick auf ein bestimmtes Ereignis P aus X (Bezugsereignis) bereinigt. Sie erfüllen daher zusätzlich die folgende Bedingung:

(i) Aus $fP = Q$ folgt $fQ = Q$ für alle P aus X und entsprechende Q aus Y (vgl. [a], S. 92).

Auf Y ist eine zweistellige *Relation* R erklärt, die sogenannte *Interpretationsrelation*, derart daß für jedes Element aus $Y : Q$ und ein fest gewähltes Element P aus X (das *Bezugsereignis*) gilt:

(ii) Entweder $R(Q, P)$ *oder* Nicht-$R(Q, P)$.

Das Bild von $X - fX$ - unter der Abbildung f aus F in Y heißt dann *Interpretationsgrundlage* von P bezüglich X - in Zeichen: $fX = I(P/X)$. fX ist Teilklasse von Y. A ist eine *Klasse von Aussagen*; p, q, r, ... aus einer geeignet gewählten *Sprache* S. Sie sollen die *Ausgänge* der Ereignisse aus X *beschreiben*. Daher wird *geordneten Paaren* (p; P) aus $A \times X$ (Paarmenge) durch eine *Funktion* H je *ein* Element aus der Klasse W der Wahrheitswerte: w, f zugeordnet. H heißt (semantische) *Belegungsfunktion*. Diese Zuordnung soll *stabil* sein im folgenden Sinne:

(iii) Für alle f aus F gilt: $H(p;P) = H_f(p;P)$

wobei gilt:

(iv) $H_f(p;P) = H(fp;fP)$ mit $fp = q$ als Aussage, die p als Ausgangsbeschreibung von P aus X bei der Abbildung f zugeordnet ist: Als Ausgangsbeschreibung von $fP = Q$ (konfliktfreies Ereignis).

Das *geordnete Tripel* (X, R, H) heißt semantisches *Erwartungsmodell* genau dann, wenn für H die folgenden Bedingungen erfüllt sind (vgl. S. 102):

(H.1) Entweder $H(p;P) = w$ oder $H(p;P) = f$.
(H.2) $H(-p;P) = w$ genau dann, wenn $H(p;P) = f$.
(H.3) $H(pvq;P) = w$ genau dann, wenn $H(p;P) = w$ oder $H(q;P) = w$.
(H.4) $H(Ep;P) = w$ genau dann, wenn für jedes Q aus Y mit $R(Q,P)$ gilt: $H(p;Q) = w$.

Im Fall, daß es sich bei F um eine *Isomorphismenklasse* handelt, entspricht die Bewertung durch H der bekannten aussagenlogischen Bewertung durch V. Das Modell (X, R, H) entspricht dann einem *modallogischen* Modell (X, R, V).

B. Prognoseprobleme und Information

In syntaktischer Hinsicht besteht ein *Prognoseproblem* (Ausdrucksklasse) aus zwei verschiedenen *Ausdrucksklassen*:

– Klasse der *Aussagen* der zweiwertigen Logik (theo-

retische Klasse) T mit den Elementen p, q, r, ... (logische Aussagen).
- Klasse der *Erwartungen* (Beobachtungsklasse) B mit den Elementen p′, q′, r′, ... (Erwartungen: Ep, Eq, Er, ...).

Zwischen diesen Klassen bestehen *Zuordnungen*, die *relevante Information* genannt werden genau dann, wenn sie die folgenden Bedingungen erfüllen:

(i) Die Klasse B wird eindeutig in die Klasse T *abgebildet*, durch diese Zuordnungen.
(ii) Die auf der Klasse B erklärte *Verknüpfung* zweier Ausdrücke p′ und q′ – „p′ vq′" – genannt *Disjunktion* – bleibt bei dieser Abbildung erhalten.

Die Elemente der Klasse I der *relevanten Information* – die relevanten Informationen – sind also Homomorphismen der Klasse B in die Klasse T bezüglich der Disjunktion. Nur im Falle, daß die Klasse I *nicht leer* ist, kann von einem Prognoseproblem gesprochen werden.
Prognoseprobleme zerfallen in zwei Gruppen:

- *Exakte Probleme.* Sie enthalten *nur* im Sinne der zweiwertigen Aussagenlogik *bestimmte* Ausdrücke (Aussagen).
- *Inexakte Probleme.* Sie enthalten mindestens einen im oben genannten Sinne *unbestimmten* Ausdruck.

Diesen Problemtypen entsprechen unterschiedliche Typen relevanter Information:

- *Unvervollständigbare Information.* Die beiden Ausdrucksklassen sind *isomorph* bezüglich der *Disjunktion*. Die *Klasse aller* entsprechenden *Isomorphismen* U heißt *unvervollständigbare Information*.
- *Vervollständigbare Information.* Der Disjunktions-

homomorphismus aus I ist *nicht umkehrbar* (kein Isomorphismus). Die Klasse aller vervollständigbaren Informationen wird *vervollständigbare Klasse* genannt.

Die *exakten Prognoseprobleme* zerfallen in die folgenden Typen:

– *Theoretische Probleme.* Sie enthalten *nur Prognosen.*
– *Probabilistische Probleme.* Sie enthalten mindestens eine *unbegründete* Erwartung.

Diese Problemtypen enthalten folgende Typen relevanter Information:

– *Vollständige Information.* Die Elemente der Klasse B werden *alle* durch w bewertet (affirmative Disjunktionsstruktur). Die Klasse aller entsprechenden Abbildungen aus U heißt vollständige Information (vgl. S. 184).

Die *inexakten Probleme* zeigen erst klar den *offenen* Charakter echter Probleme im Sinne von *Fragestellungen*. Zu ihrer *Lösung* ist daher die Gestalt der Antwort festzulegen. Dies geschieht durch *zusätzliche Information,* die die Struktur einer *teleologischenn Klasse* aufweist (Fragesystem). Es lassen sich im Hinblick auf die *Zusatzinformation* die folgenden Problemtypen unterscheiden:

– *Endgültig lösbare Probleme.* Die heranzuziehende Zusatzinformation ist eine teleologische Klasse, aber *kein teleologisches System.*
– *Vorläufig lösbare Probleme.* Die heranzuziehende Zusatzinformation ist ein *teleologisches System* (vgl. III/ 3 c).

Diese *Prognoseprobleme* enthalten *relevante Information* der folgenden Typen:

- *Endgültig vervollständigbare Information.* Die Zusatzinformation ermöglicht schließlich die Ersetzung des nicht-umkehrbaren Homomorphismus durch einen Isomorphismus. (Dieser Vorgang kann als Lernprozeß gedeutet werden.)
- *Relativ vervollständigbare Information.* Der nichtumkehrbare Homomorphismus der Klasse U wird durch Ergänzung mit Hilfe zusätzlicher Information nicht zu einem Isomorphismus (vgl. S. 309).

Die vorstehenden Problem- und Informationsbegriffe unterstreichen den wechselseitigen Zusammenhang zwischen Prognoseproblem und Information. Exakte Probleme erfordern zu ihrer Lösung keine zusätzliche Information. Dagegen können inexakte Probleme nur mit Hilfe zusätzlicher Information und daher unter expliziter Rücksichtnahme auf die gestellte Frage gelöst werden.

C. *Problemtypen und Wahrheitsbegriffe*

Der Bewertung gemäß (X, R, H) ist die Art und Weise ausschlaggebend, wie der jeweilige Deutungskonflikt bereinigt wird, bzw. zunächst ist zu fragen, ob ein solcher Konflikt überhaupt besteht.

- Besteht kein *Deutungskonflikt*, handelt es sich um ein *exaktes Problem*.
- Besteht ein *Deutungskonflikt*, handelt es sich um ein *inexaktes Problem*.

Der in *exakten Problemen* zugeordnete Wahrheitswert $H(p;P)$ entspricht dem Wahrheitswert $V(p;P)$ in *modalen* Systemen. Im Falle *theoretischer Probleme* ent-

spricht die *Wahrheit* (w) der *notwendigen* Wahrheit. Sie kann im weitesten Sinne als *analytisch* bezeichnet werden.
Im Falle *probabilistischer Probleme* entspricht *Wahrheit* (w) einer *möglichen* Wahrheit. Sie läßt sich in gewisser Weise als *empirisch* betrachten.

Der in *inexakten Problemen* zugeordnete Wahrheitsbegriff H(p;P) entspricht erst *nach* der *Bereinigung* des vorliegenden Deutungskonflikts dem modallogischen Wert V(p;P). In diesem Falle ist der entsprechende Wahrheitsbegriff sowohl empirisch als auch analytisch. Er kann unter der Voraussetzung der *endgültigen Lösbarkeit* des Problems als *synthetisch* betrachtet werden. Dagegen ist er im Falle einer nur *relativen Lösbarkeit* des Problems konflikthaltig und daher in gewissem Sinne als *dialektisch* zu bezeichnen.

Literaturverzeichnis

Abkürzungen der herangezogenen Zeitschriften

AQu	American Philosophical Quarterly
Analysis	Analysis
BPS	The British Journal for the Philosophy of Science
Conceptus	Conceptus
IEE-Spectrum	IEE-spectrum
JM	Journal of Marketing
JMR	Journal of Marketing Research
JP	The Journal of Philosophy
JRS	Journal of the Royal Statistical Society
JSL	The Journal of Symbolic Logic
Mind	Mind
MS	Management Science
PhS	Philosophical Studies
PPR	Philosophy and Phenomenological Research
PR	Philosophical Review
PS	Philosophy of Science
Ratio	Ratio
RM	The Review of Metaphysics
Science	Science
Synthese	Synthese
TFS	Technological Forecasting and Social Change
ZfB	Zeitschrift für Betriebswirtschaft
ZfbF	Zeitschrift für betriebswirtschaftliche Forschung

Literatur

Achinstein, P.	(1963 a)	Confirmation Theory, Order, and Periodicity, in: PS 30, S. 17–35.
	(1963 b)	Variety and Analogy in Confirmation Theory, in: PS 30, S. 207–221.
Albert, H.	(1967)	Marktsoziologie und Entscheidungslogik. Soziologische Texte, Bd. 36, Maus/Fürstenberg (eds.), Neuwied/Rhein: Luchterhand 1967.
Ayres, R. U.	(1969)	Technological Forecasting and Long Range Planning. New York: McGraw-Hill 1969.
Baetge, J.	(1974)	Betriebswirtschaftliche Systemtheorie. Opladen: Westdeutscher Verlag 1974.
Bar-Hillel, J.	(1968)	On alleged rules of detachment in inductive logic, in: *Lakatos* (ed.) 1968, S. 120–130.
Barker, S. F./ Achinstein, P.	(1960)	On the New Riddle of Induction, in: PR 69, S. 511–522.
Baum, J./ Dennis, K.	(1961)	The Estimation of Expected Brand Share of a New Product. ESOMAR-Congress 1961.
Blackburn, S.	(1973)	Reason and Prediction. Cambridge: Cambridge University Press 1973.
Cardwell, C. E.	(1971)	Gambling for Content, in: JP 68, S. 860–864.
Carnap, R.	(1945)	On Inductive Logic, in: PS 12, S. 72–97.
	(1946)	Remarks on Induction and Truth, in: PPR 6, S. 590–602.
	(1947 a)	On the Application of Inductive Logic, in: PPR 8, S. 133–147.
	(1947 b)	Reply to Nelson Goodman, in: PPR 8, S. 461–462.

	(1963 a)	Remarks on Probability, in: PhS 14, S. 65–77.
	(1963 b)	Confirmation Theory, Order, and Periodicity, in: PS 30, S. 222–227.
	(1968 a)	On Rules of Acceptance, in: *Lakatos* (ed.) 1968, S. 146–150.
	(1968 b)	Symbolische Logik. Wien–New York: Springer ⁴1968.
Cetron, M. J.	(1969)	Technological Forecasting. New York–London–Paris: Gordon and Breach 1969.
Chisholm, R. M.	(1957)	Perceiving: A Philosophical Study. Ithaca–New York: Cornell University Press 1957.
Church, A.	(1950)	On Carnap's Analysis of Statements of Assertion and Belief, in: Analysis 5, S. 97–99.
Churchman, C. W.	(1971)	The Design of Inquiring Systems. New York–London: Basic Books 1971.
	(1973)	Philosophie des Managements. Freiburg i. Br.: Rombach 1973. = Challenge to Reason. New York: McGraw-Hill 1968.)
Cleave, J. P.	(1970)	The Notion of Validity in Logical Systems with Inexact Predicates, in: BPS 21, S. 269–274.
Cohen, L. J.	(1966)	What has Confirmation to do with Probabilities?, in: Mind 75, S. 463–480.
	(1970)	The Implications of Induction. London: Methuen 1970.
Cooley, C. E.	(1957)	Professor Goodman's Fact, Fiction, and Forecast, in: JP 54, S. 293–311.
Dalkey, M./ Helmer, O.	(1963)	An Experimental Application of the Delphi Method to the Use of Experts, in: MS 9, S. 458–467.

Darmstadter, H. (1971) Consistency of Belief, in: JP 68, S. 301–310.

Davidson, D./ (1957) Decision Making. An Experi-
Suppes, P./Siegel, S. mental Approach. Stanford, Cal.: Stanford University Press 1957.

Diesing, P. (1971) Patterns of Discovery in the Social Sciences. Chicago: Aldine Atherton 1971.

Dretske, F. J. (1971) Reasons, Knowledge, and the Ravens, in: JP 68, S. 216–220.

Foster, L. (1971) Hempel, Scheffler, and the Ravens, in: JP 68, S. 107–114.

Frege, G. (1962) Funktion, Begriff, Bedeutung. Fünf logische Studien. Patzig, G. (ed.) Göttingen: Vandenhoeck und Rupprecht 1962.

Frey, G. (1970) Philosophie und Wissenschaft. Urban Taschenbuch Bd. 133, Stuttgart–Berlin–Köln–Mainz: Kohlhammer 1970.

Gilchrist, W. G. (1967) Methods of Estimation Involving Discounting, in: JRS 13, S. 355–369.

Gillies, D. A. (1973) An Objective Theory of Probability. London: Methuen 1973.

Goodman, N. (1946) A Query on Confirmation, in: JP 43, S. 383–385.

(1947) On Infirmities of Confirmation Theory, in: PPR 8, S. 149–151.

(1957) Reply to an Adverse Ally, in: JP 54, S. 531–535.

(1960) Positionality and Pictures, in: PR 69, S. 523–525.

(1965) Fact, Fiction, and Forecast. Indianapolis–New York–Kansas City: Bobbs-Merrill 1965 (1955).

(1967) Two Replies, in: JP 64, S. 605–608.

	(1970)	An Improvement in the Theory of Projectibility, in: JP 67, S. 605–608.
	(1972)	On Kahane's Confusions, in: JP 69, S. 83–84.
Green, P.	(1963)	Bayesian Decision Theory in Pricing Strategy, in: JM 37, S. 5–14.
Hanen, M.	(1967)	Goodman, Wallace, and the Equivalence Condition, in: JP 64, S. 271–280.
Hanson, N. R.	(1971)	What I Do Not Believe And Other Essays. Stephen Toulmin/Harry Woolf (eds.), Dordrecht: Synthese Library Reidel 1971.
	(1973)	Constellations And Conjectures. W. C. Humphreys (ed.), Dordrecht–Boston: Synthese Library Reidel 1973.
Helmer, O.	(1966)	Social Technology, with contributions of Brown and Gordon. New York–London: Basic Books 1966.
Helmer, O./ Rescher, N.	(1959)	On the Epistemology of Inexact Sciences, in: MS 5, S. 25–52.
Hempel, C. G.	(1942)	The Function of General Laws in History, in: JP 39, S. 35–48.
	(1943)	A Purely Syntactical Definition of Confirmation, in: JSL 8, S. 122–143.
	(1945 a)	Studies in the Logic of Confirmation I, in: Mind 54, S. 1–26.
	(1945 b)	Studies in the Logic of Confirmation II, in: Mind 54, S. 97–121.
	(1960)	Inductive Inconsistencies, in: Synthese 12, S. 439–469.
Hempel, C. G./ Oppenheim, P.	(1945)	A Definition of ‚Degree of Confirmation', in: PS 12, S. 98–115.

	(1948)	Studies in the Logic of Explanation, in: PS 15, S. 135–175.
Hilbert, D./ Ackermann, W.	(1959)	Grundzüge der theoretischen Logik. Berlin–Göttingen–Heidelberg: Springer ⁴1959.
Hilpinen, R.	(1968)	Rules of Acceptance and Inductive Logic. Acta Philosophica Fennica 22.
Hintikka, J./ Suppes, P. (eds.)	(1966)	Aspects of Inductive Logic. Amsterdam: North-Holland 1966.
	(1970)	Information and Inference. Dordrecht: Synthese Library Reidel 1970.
Hughes, G. E./ Cresswell, E. M. J.	(1968)	An Introduction to Modal Logic. London: Methuen 1968.
Hullett, J./ Schwartz, R.	(1967)	Grue: Some Remarks, in: JP 64, S. 271–280.
Huppert, B.	(1967)	Endliche Gruppen I. Die Grundlehren der mathematischen Wissenschaften in Einzeldarstellungen, Bd. 134, Berlin–Heidelberg–New York: Springer 1967.
Jantsch, E.	(1967)	Technological Forecasting in Perspective. Paris: OECD-Publications 1967.
Jeffrey, R. C.	(1956)	Valuation and Acceptance of Scientific Hypotheses, in: PS 23, S. 237–246.
	(1965)	Ethics and the Logic of Decision, in: JP 62, S. 528–539.
	(1966)	Goodman's Query, in: JP 63, S. 281–288.
	(1967)	Logik der Entscheidung. Wien–München: Oldenburg 1967. (Aus dem Englischen: The Logic of Decision. New York: McGraw-Hill 1965.)
Jeffreys, H.	(1931)	Scientific Inference. Cambridge: Cambridge University Press 1931.

Kahane, H.	(1965)	Nelson Goodman's Entrenchment Theory, in: PS 32, S. 377–383.
	(1971)	A Difficulty on Conflict and Confirmation, in: JP 68, S. 488–489.
Kemeny, J. G.	(1951)	Carnap on Probability, in: RM 5, S. 145–156.
	(1952)	Extension of the Methods of Inductive Logic, in: PhS 3, S. 38–42.
	(1955)	Fair Bets and Inductive Probabilities, in: JSL 20, S. 263–273.
Kleene, S. C.	(1964)	Introduction to Metamathematics. Amsterdam–Groningen: North-Holland 1964 (1952).
Knapp, H. G.	(1969)	Funktionsstrukturen und Aussagenlogik. Unveröffentlichte Dissertation Graz 1969.
	(1972)	Prognose und Entscheidung im Marketing. Modernes Marketing – Moderner Handel. J. Bidlingmaier (ed.), Wiesbaden: Dr. Gabler 1972, S. 105–123.
	(1975)	,Bestimmender Grund' und Prognose bei Leibniz, in: Ratio 17, S. 17–31.
Koch, H.	(1974 a)	Zum Methodenproblem der betriebswirtschaftlichen Theorie I, in: ZfB 44, S. 223–242.
	(1974 b)	Zum Methodenproblem der betriebswirtschaftlichen Theorie II, in: ZfB 44, S. 327–342.
Köhler, R.	(1966)	Theoretische Systeme der Betriebswirtschaftslehre im Lichte der neueren Wissenschaftslogik. Stuttgart: Poeschel 1966.
	(1975)	Systemforschung und Marketing, in: Systemforschung in der Betriebswirtschaftslehre. E. Jehle

		(ed.), Stuttgart: Poeschel 1975, S. 53–86.
Körner, S.	(1959)	Conceptual Thinking. A logical Inquiry. New York: Dover Publications 1959.
	(1968)	The Philosophy of Mathematics. London: Hutchinsons University Library 1968 (1960).
	(1970 a)	Categorial Frameworks. Library of Philosophy and Logic. Oxford: Blackwell 1970.
	(1970 b)	Erfahrung und Theorie. Frankfurt a. M.: Suhrkamp 1970. (Aus dem Englischen: Experience and Theory. 1966.)
Kripke, S. A.	(1959)	A Completeness Theorem in Modal Logic, in: JSL 24, S. 1–14.
Kroeber-Riel, W./ Roloff, S.	(1972)	Zur Problematik von Wendepunkten in Trendfunktion, dargestellt an einem Modell zur Prognose von Marktanteilen, in: ZfbF, N. F. 24, S. 294–300.
v. Kutschera, F.	(1972)	Wissenschaftstheorie I. München: Wilhelm Fink 1972.
Kyburg, H. E.	(1961)	Probability and the Logic of Rational Belief. Middletown, Conn.: Wesleyan University Press 1961.
	(1963)	A Further Note on Rationality and Consistency, in: JP 60, S. 463–465.
	(1964)	Recent Work in Inductive Logic, in: AQu 1, S. 249–287.
	(1970)	Probability and Inductive Logic. London: Macmillan 1970.
Lakatos, I. (ed.)	(1968)	The Problem of Inductive Logic. Proceedings of the International Colloquium in the Philosophy of Science 1965, 2. Vol.

		Amsterdam: North-Holland 1968.
Lanford, H. W.	(1972)	A Penetration of the Technological Forecasting Jungle, in: TFS 4, S. 207–225.
Leblanc, M.	(1961)	The Problem of the Confirmation of Laws, in: PhS 12, S. 81–84.
	(1963 a)	A Revised Version of Goodman's Confirmation Paradox, in: PhS 14, S. 49–51.
	(1963 b)	That Positive Instances are no Help, in: JP 60, S. 453–462.
Lehrer, K.	(1964)	Knowledge and Probability, in: JP 61, S. 368–372.
	(1970 a)	Induction, Reason and Consistency, in: BPS 21, S. 103–114.
	(1970 b)	Justification, Explanation, and Induction, in: *Swain*, M. (ed.) 1970.
Lehrer, K./ Paxon, Th.	(1969)	Knowledge: Undefeated Justified True Belief, in: JP 64, S. 225–237.
Leibniz, G. W.	(1875 a)	Studien zur Theodizee (1710), in: Die Philosophischen Schriften von G. W. Leibniz. C. J. Gerhardt (ed.), 7 Bde. Berlin 1875–1890, Bd. VI.
	(1875 b)	Monadologie (1720), in: Die Philosophischen Schriften von G. W. Leibnitz. C. J. Gerhardt (ed.), 7 Bde. Berlin 1875–1890, Bd. VI.
Lenk, H.	(1972)	Erklärung, Prognose, Planung. Freiburg i. Br.: Rombach 1972.
Levi, I.	(1963)	Corroboration and Rules of Acceptance, in: BPS 13, S. 307–313.
	(1967)	Gambling with Truth. London: Routledge and Kegan Paul 1967.

	(1971)	Truth, Content, and Ties, in: JP 68, S. 865–876.
Lorenzen, P.	(1962)	Formale Logik. Göschen, Berlin: Walter de Gruyter ²1962.
Lorenzen, P./ Schwemmer, O.	(1973)	Konstruktive Logik, Ethik und Wissenschaftstheorie. Mannheim–Wien–Zürich: Bibliographisches Institut 1973.
Luce, R. D./ Raiffa, H.	(1967)	Games and Decisions. New York–London–Sidney: John Wiley 1967 (1957).
Mackie, L. J.	(1963)	The Paradox of Confirmation, in: BPS 13, S. 265–277.
	(1969)	The Relevance Criterion of Confirmation, in: BPS 20, S. 27–40.
	(1973)	Truth, Probability and Paradox. Oxford: Clarendon 1973.
Martin, R.	(1963)	Intention and Decision. Englewood Cliffs, N. Y.: Prentice Hall 1963.
Martino, J. P.	(1972 a)	Technological Forecasting for Decisionmaking. New York: Policy Sciences Series Elsevier 1972.
	(1972 b)	The Effect of Errors in Estimating the Upper Limit of a Growth Curve, in: TFS 4, S. 77–84.
Maruyama, M.	(1974)	Paradigma of Communication, in: TFS 6, S. 3–32.
Mason, R. O.	(1969)	A Dialectical Approach to Strategic Planning, in: MS 15, S. B-403–B-414.
Mellor, D. H.	(1965)	Experimental Error and Deducibility, in: PS 32, S. 105–122.
	(1966)	Inexactness and Explanation, in: PS 33, S. 345–359.
	(1971)	The Matter of Chance. Cambridge: University Press 1971.

Mitroff, I. I.	(1971)	A Communication Model of Dialectical Inquiring Systems. – A Strategy for Strategy Planning, in: MS 17, S. B-634–B-648.
Mitroff, I. I./ Betz, F.	(1972)	Dialectical Decision Theory: A Meta-Theory of Decision Making, in: MS 19, S. 11–24.
Mitroff, I. I./ Blankenship, V. L.	(1973)	On the Methodology of the Holistic Experiment: An Approach to the Conceptualization of Large-Scale Social Experiments, in: TFS 4, S. 339–353.
Mitroff, I. I./ Turoff, M.	(1973 a)	Technological Forecasting and Assessment: Science and/or Mythology, in: TSF 5, S. 113–134.
	(1973 b)	The whys behind the hows – Effective application of the many forecasting methods requires a grasp of their underlying philosophies, in: IEE-spectrum, S. 62–71.
Parfitt, J. H./ Collins, B. J. K.	(1968)	Use for Consumer Panels for Brand-Share Prediction, in: JMR 5, S. 131–145.
Popper, K. R.	(1935)	Logik der Forschung. Wien: Springer 1935.
	(1960)	The Propensity Interpretation of Probability, in: BPS 10, S. 25–43.
	(1972 a)	Objective Knowledge. An Evolutionary Approach. Oxford: Clarendon 1972.
	(1972 b)	The Poverty of Historicism. London: Routledge and Kegan Paul 1972 (1957).
Quine, W. V.	(1956)	Quantifiers and Propositional Attitudes, in: JP 53, S. 177–187.
Rescher, N.	(1963)	Discrete State Systems, Markov Chains and the Problems in the Theory of Scientific Explana-

		tion and Prediction, in: PS 30, S. 325–345.
	(1973)	The Primacy of Practice. Essays towards a Pragmatically Kantian Theory of Empirical Knowledge. Oxford: Blackwell 1973.
Roberts, E. B.	(1969 a)	Exploratory and Normative Technological Forecasting: A critical Appraisal, in: TFS 1, S. 113–127.
	(1969 b)	Exploratory and Normative Technological Forecasting: A critical Appraisal, in: *Cetron* 1969, S. 245–261.
Robinson, A.	(1965)	Introduction to Model Theory and to the Metamathematics of Algebra. Amsterdam: North-Holland 1965 (1963).
Sanford, D. H.	(1970)	Disjunctive Predicates, in: AQu 7, S. 162–170.
Savage, L. J.	(1954)	The Foundations of Statistics. New York: John Wiley 1954.
	(1967)	Implications of Personal Probability, in: JP 62, S. 593–607.
Scheffler, I.	(1957)	Explanation, Prediction, and Abstraction, in: BPS 7, S. 293–309.
	(1958)	Inductive Inference: A New Approach, in: Science 127, S. 177–181.
	(1969)	The Anatomy of Inquiry. New York: Knopf 1969 (1963).
Scheffler, I./ Goodman, N.	(1972)	Selective Confirmation and the Ravens: A Reply to Foster, in: JP 69, S. 78–83.
Schick, F.	(1963)	Consistency and Rationality, in: JP 60, S. 463–465.
Schönpflug, F.	(1954)	Betriebswirtschaftslehre – Methoden und Hauptströmungen. Stuttgart: Poeschel ²1954.

Schütte, K.	(1960)	Beweistheorie. Berlin–Heidelberg–New York: Springer 1960.
Schwartz, R.	(1971)	Confirmation and Conflict, in: JP 68, S. 483–487.
Shimony, A.	(1955)	Coherence and the Axioms of Confirmation, in: JSL 20, S. 1–28.
Singer, E. A.	(1959)	Experience and Reflection. Philadelphia: University of Pennsylvania Press 1959.
Sleigh, R. G.	(1964 a)	A Note on Some Epistemic Principles of Chisholm and Martin, in: JP 61, S. 216–218.
	(1964 b)	A Note on Knowledge and Probability, in: JP 61, S. 478.
Small, K.	(1961)	Professor Goodman's Puzzle, in: PR 70, S. 544–552.
Smokler, H.	(1966)	Goodman's Paradox and the Problem of Rules of Acceptance, in: AQu 3, S. 71–75.
Stegmüller, W.	(1969)	Probleme und Resultate der Wissenschaftstheorie und Analytischen Philosophie. Bd. I: Wissenschaftliche Erklärung und Begründung. Berlin–Heidelberg–New York: Springer 1969.
	(1973)	Probleme und Resultate der Wissenschaftstheorie und Analytischen Philosophie. Bd. IV: Personelle und Statistische Wahrscheinlichkeit. Berlin–Heidelberg–New York: Springer 1973.
Stenner, A. J.	(1964)	On Predicting our Future, in: JP 61, S. 415–465.
Swain, M. (ed.)	(1970)	Induction, Acceptance, and Rational Belief. Dordrecht: Reidel 1970.
Swinburne, R. G.	(1970)	Choosing Between Confirmation Theories, in: PS 37, S. 602–613.

	(1973)	An Introduction to Confirmation Theory. London: Methuen 1973.
Tarski, A.	(1969)	Logic, Semantics, Metamathematics. Papers from 1923 to 1938 by Alfred Tarski. Woodger (ed.), Oxford: Clarendon 1969 (1956).
Teller, P.	(1969)	Goodman's Theory of Projection, in: BPS 20, S. 210–238.
Thomson, J. J.	(1966 a)	Grue, in: JP 63, S. 289–309.
	(1966 b)	More Grue, in: JP 63, S. 528–534.
Turoff, M.	(1972)	An Alternative approach to Cross Impact Analysis, in: TFS 3, S. 309–339.
Ullian, J. S.	(1961)	More on ‚Grue' and Grue, in: PR 70, S. 386–389.
Vickers, J. M.	(1967)	Characteristics of Projectible Predicates, in: JP 64, S. 280–286.
Wallace, J. R.	(1966)	Goodman, Logic, Induction, in: JP 63, S. 310–328.
Weinberger, O.	(1970)	Probleme der normativ-juristischen Deutung des Modalkalküls bei Oskar Becker, in: Conceptus IV, Nr. 1/2, S. 22–31.
	(1972)	Der Begriff der Nicht-Erfüllung und die Normenlogik, in: Ratio 14, S. 15–32.
Wild, J.	(1969)	Unternehmerische Entscheidungen, Prognosen und Wahrscheinlichkeit, in: ZfB 39, Zweites Ergänzungsheft, S. 66–89.
Williams, P. N.	(1969)	Goodman's Paradox and Rules of Acceptance, in: PS 36, S. 311–315.
v. Wright, G. H.	(1951)	A Treatise on Induction and Probability. London: Routledge and Kegan Paul 1951.

(1957) The Logical Problem of Induction. Oxford: Blackwell 1957.
(1968) An Essay in Deontic Logic and the General Theory of Action. Acta Philosophica Fennica 21 (1968).

Personenregister

Achinstein, P. 243, 255 f.
Ackermann, W. 179
Albert, H. 138, 176
Ayres, R. U. 209–216, 222 f.

Baetge, J. 151
Barker, S. F. 243, 255 f.
Baum, J. 214
Betz, F. 293
Blackburn, S. 43, 246, 254
Blankenship, V. L. 25 f., 42, 286, 288, 299, 307
Borel, E. 121

Carnap, R. 126–128, 241–243, 269 f., 272
Chisholm, R. M. 33 f.
Churchman, C. W. 11, 42, 186, 282 f., 290, 293, 298, 307 f.
Cleave, J. P. 84 f., 87, 97
Cohen, L. J. 72
Collins, B. J. K. 45, 214, 216, 218, 220–223
Cresswell, E. M. J. 65 f.

Dalkey, M. 37
Darmstadter, H. 151
Dennis, K. 214

Frege, G. 203
Frey, G. 18

Galilei, G. 42
Gilchrist, W. G. 214
Goodman, N. 12, 46, 190, 228 bis 234, 238–241, 243–246, 253, 255–260, 262–265, 268 bis 270, 272–274, 278, 288 f., 299
Green, P. 131

Hansen, N. R. 48
Hegel, G. W. F. 283, 287–293, 296–298, 306–309
Helmer, O. 18, 26, 37, 45, 104, 153, 280
Hempel, C. G. 15, 24, 43, 49, 189–192, 199–201, 254
Hilbert, D. 179
Hilpinen, R. 14, 122 f., 125
Hintikka, J. 123, 125, 128, 186, 280
Hughes, G. E. 65 f.
Hullett, J. 43, 201 f., 254

Jantsch, E. 112–114, 117, 214
Jeffrey, R. C. 128
Jeffreys, H. 200

Kahane, H. 232–235, 237, 262 bis 264
Kant, I. 283, 286, 288–290, 292, 297, 303, 305–308
Kemeny, J. G. 33, 121
Kleene, S. C. 65, 80–82, 84 f., 87, 118
Knapp, H. G. 32, 35, 38, 40, 54, 163, 179
Koch, H. 175–178
Köhler, R. 151
Körner, S. 25 f., 65, 86–88, 92, 119, 187, 195–198

Kripke, S. A. 57
Kroeber-Riel, W. 44, 221, 223
v. Kutschera, F. 266–273, 276, 281
Kyburg, H. E. 14, 122, 125 f.

Lakatos, I. 123
Leblanc, M. 244, 246
Lehrer, K. 116, 121 f., 124
Leibniz, G. W. 35, 238, 287, 290 f.
Levi, I. 123 f.
Locke, J. 283, 285, 287, 290, 292
Lorenzen, P. 69–72, 104–109, 146, 173
Luce, R. D. 132
Lukasiewicz, J. 83

Mackie, L. J. 121
Martino, J. P. 38, 109–111, 132, 134, 214
Mason, R. O. 293, 295–298
Mellor, D. H. 121
Mitroff, J. J. 25 f., 42, 281–286, 288 f., 293, 299, 307

Oppenheim, P. 15, 24

Parfitt, J. H. 45, 214, 216, 218, 220–223
Popper, K. R. 8, 15, 69–72, 121, 173 f., 176, 211

Quine, W. V. 146

Raiffa, H. 132
Rescher, N. 18, 26, 45, 104, 150 bis 154, 280, 301–303, 305 f.

Roberts, E. B. 112, 114
Robinson, A. 45
Roloff, S. 44, 221, 223

Sanford, D. H. 246–251
Savage, L. J. 33, 120
Scheffler, J. 235–237, 240, 262
Schönpflug, F. 151
Schütte, K. 85 f.
Schwartz, R. 43, 201 f., 254, 262
Schwemmer, O. 69–72, 104–108, 110
Shimony, A. 33, 121
Singer, E. A. 11, 76, 282, 300, 308
Sleigh, R. G. 34, 126
Smokler, H. 236–238, 240 f., 245
Stegmüller, W. 32–35, 38, 49, 120
Stenner, A. J. 69, 72
Suppes, P. 128, 186, 280
Swinburne, R. G. 43, 199–202

Tarski, A. 28, 83, 165
Teller, P. 263
Thomson, J. J. 258–261, 272, 274
Turoff, M. 47, 281–286, 288 f.

Ullian, J. S. 244

Weinberger, O. 65, 108 f., 115, 157–159
Wild, J. 116–120, 135, 149 f.
v. Wright, G. H. 106

Sachregister

Abbildung 90, 100, 108, 157, 159, 164, 168, 196, 198, 202
Absatzprognose 73–77, 83, 88, 137, 187, 192, 198, 207
Alternativ
 -erwartung 132, 134, 136, 139
 -prognose 19 f., 131, 136, 139
Annahme (= Voraussetzung) 127, 211, 215, 224, 266 f., 271 f., 274, 276–278, 281, 283, 298 f., 205 f., 309
 -regel 116, 122–127
Äquivalenz 140, 206
 -klasse 204 f.
Ausdruck(s) 27, 32, 36, 39, 86, 163, 167, 179, 199, 227, 267 f., 280, 284, 302
 -klasse 61, 100, 163, 254, 279, 285, 287, 311
 wohlgeformter 51, 61, 66, 139 f.
Aussage(n) 17, 21, 27–30, 38, 47, 53, 60, 74, 97, 108, 117 f., 131, 139, 156 f., 159, 162, 172, 227, 235, 238, 279, 291, 301 f., 311
 definite 84 f.
 exakte 86 f.
 indefinite 84–86, 88
 inexakte 84, 86
 kontingente 30 f., 36, 50
 -struktur 164–166, 168, 170 f., 174, 179, 184 f., 309
 zusammengesetzte 161, 163
Auszeichnung 35 f., 42, 44, 49, 51 f., 128, 140, 156, 191

Begriff
 exakter 26, 195 f.
 inexakter 25 f., 195 f.
 teleologischer 278
Begründung(s) 19, 33, 40, 42, 72, 111, 115, 133, 147, 151, 154, 204, 226 f., 239, 256, 267, 278, 280, 282, 290, 295
 empirische (= theoretische) 154 f., 160, 165, 172, 174, 237, 284
 modellhafte 154, 160, 237
Belegung(s)
 -funktion F 60–62
 -funktion G 79 f., 97–100
 -funktion H 97, 99
 -funktion 291, 311
Beobachtung(s) 52, 193, 251, 254, 256 f., 305
 -klasse 194, 196, 198, 202, 205, 254, 312
 -prädikat 195, 198, 254, 257
Beschreibung 28 f., 29, 31 f., 97, 111, 114–116, 118, 128, 165, 189, 251, 257, 259, 262, 266 bis 268, 272, 274, 278, 287 f., 289, 293 f., 310
Bewertung 96, 278 f., 281, 291 f., 301 f., 304, 306

Delphiprognose (= verfahren) 18 f., 21, 47
Deutung(s) 101 f., 113 f., 145, 169, 294
 -konflikt (s. Konflikt) 101,

104–106, 110, 114, 170, 292, 296, 301, 310, 314 f.
Disjunktion(s) 51, 85, 131, 135, 146, 166, 179 f., 182, 202, 245, 247 f., 250, 257, 260, 279, 312
-struktur 163, 180, 313

Einfachheit 199–201
Entrenchment (= Verankerung) 223, 263–265
Entwicklungstendenz 16, 23
Ereignis 29, 31 f., 36, 47, 52 f., 61 f., 89, 90 f., 105, 117, 182, 209, 271, 277 f., 282, 298
-ausgang 30, 32, 36, 38, 41 f., 52 f., 56, 97, 107, 116 f., 121, 126, 128 f., 131, 139, 161 f., 181, 267, 275, 278, 310
exaktes 92, 96 f., 101 f., 105, 121, 124–129, 153
inexaktes 96, 101 f., 113, 129, 150 f.
-klasse 54 f., 61 f., 100, 153, 310
kontrollierbares 102 f., 105 bis 108, 110, 113 f., 117, 150, 159 f.
notwendiges 30
unbestimmtes 68, 70, 76, 91
unkontrollierbares 102–105, 107, 109, 113, 160
vereinbares 92, 95 f.
wiederholbares 102
zusammengesetztes 92, 161 f.
Erfüllungsfunktion f 108 f., 157–159
Ergänzungsfunktion d 94, 96, 101
Ersetzungsfunktion e 89 f., 92, 94, 96, 98 f., 101, 109, 170, 183 f.
Erwartung(s) 13, 16, 18, 21, 27, 32, 37–41, 48–50, 52, 56, 59, 73, 82, 84, 102, 110, 115, 118, 128 f., 133, 139, 150, 154–157, 173, 186, 190, 203 f., 226 f., 235, 237 f., 277 f., 280, 288, 310, 312
-ausdruck 9, 13 f., 17, 21, 29, 32, 36 f., 64, 79, 82, 88, 116, 127, 140–142, 146 f., 172, 176, 227, 279, 284 f., 302
-begriff 34, 65, 116
begründete 9, 14 f., 20 f., 26, 32, 40, 58, 60, 110 f., 136, 235
-logik 51, 61 f., 66 f., 73, 84, 99 f., 140, 143, 147, 156, 159, 170, 172
nicht begründete 64
-struktur 164–166, 168, 170 f., 174, 179, 182, 184 f., 284, 309
unbegründete 9, 14, 40, 60, 64, 111, 156, 177, 183 f., 264, 313
Experiment 73, 259 f.
Experte 17, 20, 24, 37, 295

falsch 28, 38 f., 53, 60, 63, 79, 82, 119, 155 f., 179, 241, 305
Fiktivprämisse 175–177
Frage 123 f., 277, 279, 282, 299 bis 301, 306
-stellung 11 f., 278, 282 f., 286, 300, 306–308, 313
-system 11, 281, 283, 285 bis 290, 292 f., 296 f., 300 f., 303, 306–309, 313
Funktion 76 f., 253, 310

Gesamterwartung 139
-prognose 132 f., 142
Gesetz(es) 15, 104, 108, 150, 153, 159, 191, 198
-prognose 15 f., 23
Goodman's Problem (= Paradox) 46, 228, 288
grue 229 f., 240, 243, 245, 247 bis 249, 252–256, 259–261, 266, 268–270, 274, 277 f.

Grund 14, 16 f., 20, 33, 36, 42, 234, 258–261, 272

Handlung(s)
-anweisung 106, 108, 114, 302
-weise 115, 177
Heuristik 289, 294
Homomorphismus 164 f., 168, 170, 179, 202–204, 226, 257, 279, 309 f., 313 f.
Hypothese 230–233, 235, 264 f.
projizierbare 262, 264 f.

Implikation 140, 146, 150, 154 bis 156, 263
Inexaktheit 84, 98, 100, 119, 126, 263
Information(s) 28, 31 f., $\overline{40}$, 49, 129, 135, 169, 184, 186, 198, 255, 278–281, 287, 290, 311
endgültig-vervollständigbare 309, 314
-ergänzung 11, 226, 274, 307
irrelevante 42 f., 49, 129, 218, 279
relativ-vervollständigbare 309, 314
relativ-vollständige 204 f., 219, 221, 226, 228
relevante 10, 40–42, 44, 48 f., 52, 54, 59, 129 f., 156, 164 f., 169, 171, 184, 188, 197, 204, 206, 210, 216 f., 219, 220 bis 222, 224–228, 265 f., 275, 279 f., 281, 287, 289, 309, 311, 313
vervollständigbare 11, 170 f., 174, 178, 185, 187, 202 f., 218, 258, 280, 285, 287, 290 f., 295, 300, 309, 312
vollständige 82 f., 130, 137 bis 139, 155, 160, 173 f., 183 f., 187, 205, 208, 284, 290, 313
unvollständigbare 169, 171, 179, 183 f., 280, 290, 312
unvollständige 82 f., 130, 139, 155, 160, 174 f., 177–180, 183 f., 202, 285, 290, 300
zusätzliche 11, 82, 129, 187, 203–208, 215–218, 220 f., 225, 227 f., 258 f., 261, 265–267, 272, 274 f., 277 f., 281 f., 287, 289–292, 294, 296 f., 299 bis 303, 305–309, 313
Interpretation(s) 10, 12, 48, 55 f., 85, 91, 93, 96, 112, 124, 168, 256, 286–288, 292 f., 296
-grundlage 56 f., 59, 61, 67, 70, 74, 77–79, 88 f., 125, 143, 147, 152, 280, 310
Isomorphismus 168–170, 174, 179, 184, 280, 285 f., 309, 311 f., 314

Klasse
intuitive 54
teleologische 11, 42, 49, 186, 299 f., 302, 307–309, 313
theoretische 194, 196, 198, 202, 205, 254, 256, 312
Konflikt 10, 90, 92 f., 94–96, 101 f., 103, 106, 129, 162, 232 f., 235, 262–264, 301, 314
Konjunktion(s) 85, 137, 140, 162, 179 f., 247, 250, 271
-erwartung 139
-prognose 138
-struktur 179 f.
Kontradiktion 20, 30
Koordinatensprache 242

Lernen 12, 82 f., 88, 128 f.
Leibnizbedingung 35, 43
Logik 12, 35, 111, 235, 241, 244 f., 260, 279 f., 284, 291
dreiwertige 65, 80, 84, 87, 118
deontische 65
induktive 128, 190, 198, 269 f.

mehrwertige 83
modifiziert-zweiwertige 65, 86, 98, 100, 119, 292
zweiwertige 66, 85, 311
Lotterie 13 f., 41, 60, 63, 132, 181
-beispiel 14, 175
-paradox 14, 122–124

Marktanteilsprognose 214
Meinungsforschung 40
Modal 10, 70
-logik 10, 57, 64–67, 73, 77, 82, 172, 311, 314 f.
-operator 32, 73, 108
Modell 135, 139, 141, 149, 151, 178, 227, 237, 239, 259, 284 f., 287, 310 f.
(W, R, V) 68, 311
(X, R, F) 62, 64, 68, 73 f. 78, 167
(X, R, G) 80, 96
(X, R, H) 100 f., 109, 112, 115, 125, 139 f., 146, 163, 167, 170, 291, 306, 311, 314
formales 11, 283 f.
-konstruktion 135, 138, 149
-platonismus 138, 178
semantisches 10, 27, 49, 60, 62, 67, 99 f., 139 f., 310
sozialwissenschaftliches 11, 150, 155, 227
statistisches 226 f.
Möglichkeit 32, 108, 315

Negation(s) 51, 179
-erwartung 139
Norm 106–109, 115, 158 f.
Notwendigkeit 65–67, 69 f., 77, 82, 108, 315

Operator 36, 50, 67, 141

Pflicht 102, 106, 108, 115, 158
Plan(ung) 103, 105, 117, 119, 160, 288, 293, 295–297, 300

Prädikat 196 f., 230 f., 233, 240, 243–246, 248, 251 f., 256 f., 259, 262–264, 266–273, 278
disjunktives 274 f., 250
einschließend-disjunktives 248
gemischtes 241 f.
inexaktes 195–197
irreguläres 249 f.
positionales 241–243, 255
projektibles (= projizierbares) 241 f., 247
qualitatives 241–243
theoretisches 194, 196, 254, 256 f.
unverbundenes 247 f.
unzusammenhängendes 248
verankertes 263
Pragmatik 269, 301–304
Problem 11, 104, 113, 155, 170, 180, 246, 253, 278 f., 286, 293
deterministisches 186
endgültig-lösbares 309, 313
exaktes 10, 26, 120, 153 f., 167, 169, 172, 183 f., 186, 205, 211 f., 223, 263, 270, 272, 280, 284–286, 289, 291, 300 f., 312–314
inexaktes 10 f., 25 f., 31, 153, 167, 172, 174 f., 178, 184–187, 202, 205, 208, 212, 216, 228, 253, 258, 260–263, 265, 270, 276, 280 f., 287 f., 289, 292 bis 297, 299–301, 305 f., 308 f., 312–315
kurzfristiges 24, 104, 223, 273, 277
langfristiges 25, 278
probabilistisches 184, 186, 285, 313, 315
schlecht-strukturiertes 25
theoretisches 173, 184, 313
-typ (= kategorie) 26, 184, 295, 300, 309, 312–314
vorläufig-lösbares 309, 313
wohldefiniertes 285

Produkt 44, 76 f., 105, 130, 137, 209
-einführung 44, 215, 223–235
Prognose 13 f., 18, 21, 27, 42, 48, 52, 56, 60 f., 67, 69 f., 74, 77, 79, 82, 109 f., 116 f., 125, 128 f., 139, 154, 157, 160, 172, 184, 186, 189, 191, 206, 214, 216, 244, 250, 259, 265, 268, 277, 279, 282, 305 f., 308 f., 313
-ausdruck 9, 13, 27, 186
-begriff 49, 72, 108, 115, 186
erklärende 15
explikative 112–115
kurzfristige 22, 208 f.
langfristige 22, 69 f., 72, 208 f., 278
normative 112–115, 117
-probleme (s. Problem) 10 bis 12, 19 f., 22, 26, 44, 77, 91, 98, 115 f., 117, 120, 124, 126, 128, 160, 163–167, 169, 171, 177–180, 183 f., 186, 188 f., 191, 194–196, 199, 202, 204, 208 f., 214, 221, 223, 228 f., 234, 238 f., 241 f., 246, 250 f., 253, 256, 267 f., 270, 272 f., 275, 279 f., 282, 287, 290, 292, 307 f., 311
-situation 21, 33, 186, 190, 192, 209, 215–217, 219, 223, 225, 265, 293 f.
-verfahren 21, 112, 139
-zeitraum (= zeitspanne) 22 f., 216, 225
zusammengesetzte 130
Projektionsschluß 212 f.

Realisierung 109–111, 115, 157, 159 f., 165–167, 171, 181, 203, 227, 264, 274, 276, 280, 285, 298 f., 301 f., 308
Regel 89 f., 161 f., 267, 274 f.

-system 89, 90 f., 97, 101 bis 103, 106 f., 111 f., 114, 163
Relation R 52 f., 55 f., 77, 82, 90, 100 f., 310

Schlußregel 140, 146–148, 151
Sozialprognose 69, 79
Statistik 11 f., 16, 33–36, 44, 192, 221 f., 293
Streichung(s) 85 f., 95, 101
-funktion s 94, 96, 99, 101
Syntax 10 f., 129 f., 139 f., 154, 233, 240–246, 250, 258, 260 f., 267, 269
System
teleologisches 307–309, 313

Tautologie 20, 30, 78
Technologie 24, 104, 109, 125, 132–135, 214
Theorie 198, 286 f., 290
betriebswirtschaftliche 175 f., 178
empirische 11, 72, 135, 150 f., 172–174, 196 f., 286 f.
Teil
-erwartung 131 f., 136, 138 f.
-prognose 130, 132, 138, 142
Trend 188–193, 198, 207, 210, 212–216, 226 f.
-beispiel 52, 198, 294, 296
-kurve 44, 201 f.
-funktion 133–135, 188–193, 203 f., 207, 212–214, 218, 221 f., 224 f., 293
-prognose (= verfahren) 12, 18 f., 22–25, 43, 187–189, 203, 209, 211 f., 216, 254, 288 f., 293
-umkehr 188, 212, 215–217
-verlängerung (= extrapolation) 191, 207 f., 212

Unbestimmtheit 65, 77, 79–83, 85, 87 f., 96, 102, 118 f., 126, 194, 246, 250 f., 291 f.

Unsicherheit 118–120, 181, 183, 215, 223, 280

Vertauschbarkeit(s) 266–268, 270, 276 f., 282, 298 f.
 -annahme (s. Annahme) 276 bis 278, 308
Voraussetzung (s. Annahme) 206, 226, 289 f., 293
Vorwissen (= prior knowledge) 45, 47

wahr 28, 38 f., 53, 59 f., 63, 79, 82, 87, 119, 157, 159, 241, 252, 305
Wahrheit(s) 38, 85, 284, 291, 305, 315
 -begriff 11, 283, 292, 315
 -bewertung 54, 58, 86 f., 96, 165 f., 252, 266
 dialektische 287, 315
 empirische 285
 -funktion 37
 synthetische 286, 315
 -wert 29, 31, 37, 40, 53, 61, 64, 79 f., 84, 100, 118, 194, 196, 239, 253, 267, 280, 310 f., 314
Wahrscheinlichkeit(s) 116, 154, 181, 270 f.
 -aussage 116 f., 124, 126–128
 -begriff 121
 -grad (= wert) 119–121, 126 bis 128, 270 f., 314
 -maß 116, 181, 183
 -messung 116, 120
 -rechnung 66, 120
 -theorie 11, 34 f., 182, 270, 272, 280
 -theorie, personalistische 33, 83, 128, 270
Wendepunktprognose 44
Wette 33, 120 f.
Wiederholbarkeit 104, 107, 246, 274 f.

Ziel(setzung) 106 f., 113–115, 119, 259, 273, 295, 297, 299 bis 302, 305, 308
Zufallsereignis 63, 66
Zusammenfassung (= Zusammensetzung) 90, 161, 163, 310
Zweck 42, 105, 261, 274, 302

Alber-Broschur Philosophie

Karl Acham: Analytische Geschichtsphilosophie. Eine kritische Einführung
Gellért Béky: Die Welt des Tao
Günther Bien: Die Grundlegung der politischen Philosophie bei Aristoteles
Hans Czuma: Autonomie. Eine hypothetische Konstruktion praktischer Vernunft
Ferdinand Fellmann: Das Vico-Axiom: Der Mensch macht die Geschichte
Eugen Fink: Nähe und Distanz. Phänomenologische Vorträge und Aufsätze
Eugen Fink: Sein und Mensch. Vom Wesen der ontologischen Erfahrung
H.-G. Gadamer, W. Marx, C. F. v. Weizsäcker: Heidegger. Freiburger Universitätsvorträge zu seinem Gedenken
Gerd-Günther Grau (Hrsg.): Probleme der Ethik – zur Diskussion gestellt
Hubert Hendrichs: Modell und Erfahrung. Ein Beitrag zur Überwindung der Sprachbarriere zwischen Naturwissenschaft und Philosophie
Hans-Ulrich Hoche: Handlung, Bewußtsein und Leib. Vorstudien zu einer rein noematischen Phänomenologie
Norbert Hoerster: Utilitaristische Ethik und Verallgemeinerung
Wolfram Hogrebe: Archäologische Bedeutungspostulate
Wolfram Hogrebe: Kant und das Problem einer transzendentalen Semantik
Harald Holz: Die Idee der Philosophie bei Schelling. Metaphysische Motive in seiner Frühphilosophie
Harald Holz: Philosophie humaner Praxis in Gesellschaft, Religion und Politik
Kurt Hübner: Kritik der wissenschaftlichen Vernunft
Fernando Inciarte: Eindeutigkeit und Variation. Die Wahrung der Phänomene und das Problem des Reduktionismus
Wolfgang Kluxen (Hrsg.): Thomas von Aquin im philosophischen Gespräch
Hans Georg Knapp: Logik der Prognose. Semantische Grundlegung technologischer und sozialwissenschaftlicher Vorhersagen
Reinhard Lauth: Die Entstehung von Schellings Indentitätsphilosophie in der Auseinandersetzung mit Fichtes Wissenschaftslehre (1795–1801)

Franz von Magnis: Normative Voraussetzungen im Denken des jungen Marx (1843–1848)
Henri-Irénée Marrou: Über die historische Erkenntnis. Welches ist der richtige Gebrauch der Vernunft, wenn sie sich historisch betätigt?
Rainer Marten: Platons Theorie der Idee
Werner Marx: Schelling: Geschichte, System, Freiheit
Max Müller: Philosophische Anthropologie
Severin Müller: Vernunft und Technik. Die Dialektik der Erscheinung bei Edmund Husserl
Eckhard Nordhofen: Das Bereichsdenken im Kritischen Rationalismus. Zur finitistischen Tradition der Popperschule
Luis Noussan-Lettry: Spekulatives Denken in Platons Frühschriften. Apologie und Kriton
Wilhelm Perpeet: Ästhetik im Mittelalter
Cornelis Anthonie van Peursen: Wirklichkeit als Ereignis. Eine deiktische Ontologie
Otto Pöggeler: Hegels Idee einer Phänomenologie des Geistes
Otto Pöggeler: Philosophie und Politik bei Heidegger
Heinrich Rombach: Strukturontologie. Eine Phänomenologie der Freiheit
Richard Schaeffler: Religion und kritisches Bewußtsein
Werner Schneiders: Die wahre Aufklärung. Zum Selbstverständnis der Deutschen Aufklärung
Josef Simon (Hrsg.): Aspekte und Probleme der Sprachphilosophie
Josef Simon (Hrsg.): Freiheit. Theoretische und praktische Aspekte des Problems
Jörg Splett: Gotteserfahrung im Denken. Zur philosophischen Rechtfertigung des Redens von Gott
Jörg Splett: Die Rede vom Heiligen. Über ein religionsphilosophisches Grundwort
Jochen Stork (Hrsg.): Fragen nach dem Vater. Französische Beiträge zu einer psychoanalytischen Anthropologie
Fridolin Wiplinger: Metaphysik. Grundfragen ihres Ursprungs und ihrer Vollendung. Mit einem Geleitwort von Martin Heidegger
Fridolin Wiplinger: Der personal verstandene Tod. Todeserfahrung als Selbsterfahrung

Verlag Karl Alber · Freiburg/München